西安外国语大学资助立项教材

ВНЕШНЕТОРГОВЫЕ ПЕРЕГОВОРЫ
теория и практика (русский язык)

俄语外贸谈判
理论与实战

主　编 ◎ 吴　梅
副主编 ◎ О.В. Дубкова　吕　寒
编　者 ◎ 汤喜龙　闫海啸　李倍倍　陈　璐
　　　　 许　柔　庄　源　杨小倩　王　浩
　　　　 宋俊妮　王　涛　刘若雨

北京大学出版社
PEKING UNIVERSITY PRESS

图书在版编目(CIP)数据

俄语外贸谈判：理论与实战 / 吴梅主编. —— 北京：北京大学出版社，2022.1
ISBN 978-7-301-32788-3

Ⅰ. ①俄⋯ Ⅱ. ①吴⋯ Ⅲ. ①对外贸易－贸易谈判－俄语 Ⅳ. ①F740.41

中国版本图书馆 CIP 数据核字(2021)第 273676 号

书　　　名	俄语外贸谈判：理论与实战 EYU WAIMAO TANPAN: LILUN YU SHIZHAN
著作责任者	吴　梅　主编
责任编辑	李　哲
标准书号	ISBN 978-7-301-32788-3
出版发行	北京大学出版社
地　　　址	北京市海淀区成府路 205 号　100871
网　　　址	http://www.pup.cn　新浪微博：@北京大学出版社
电子邮箱	编辑部 pupwaiwen@pup.cn　总编室 zpup@pup.cn
电　　　话	邮购部 010-62752015　发行部 010-62750672　编辑部 010-62759634
印　刷　者	北京虎彩文化传播有限公司
经　销　者	新华书店
	787 毫米 ×1092 毫米　16 开本　22 印张　500 千字 2022 年 1 月第 1 版　2025 年 1 月第 3 次印刷
定　　　价	68.00 元

未经许可，不得以任何方式复制或抄袭本书之部分或全部内容。
版权所有，侵权必究
举报电话：010-62752024　电子邮箱：fd@pup.cn
图书如有印装质量问题，请与出版部联系，电话：010-62756370

前 言

近年来，随着"一带一路"倡议的提出和俄罗斯经济"向东看"发展策略的实施，中俄贸易合作领域日益拓宽。紧跟俄语外贸迅猛发展的形式，我国众多高校开设了"俄语外贸谈判"课程，因此，亟需适用于高校高年级俄语外贸教学的教材和中俄文对照的理论和实战相结合的对外贸易参考书籍。

本教材是编者在七年"俄语外贸谈判"课程的教学基础上，根据外贸谈判的理论和实战环节，按照高校课程设置编写而成。教材共设有 16 个主题，体现在 16 课中。每课由五个部分组成：理论、对话、本课知识点、练习、单词。教材最后附有单词汇总，每个单词后标有出处，便于查找。

本教材理论部分是针对俄语专业学生外贸理论欠缺的情况而编写的。理论内容是综合俄文、中文外贸谈判相关的主题知识，并结合编者自身的外贸工作经验编写而成。理论的选择同外贸谈判的心理、谈判步骤、谈判策略、外贸实务（包装、运输、价格构成、单证、合同签订、合同履行、索赔和理赔等）密切相关。

对话部分同本课的理论主题相关，有利于进一步了解外贸谈判环节。对话所涉及的商品，均为中俄贸易中的热点商品，其中包括中方出口商品（智能手机、针织品、水果、羽绒被、红木家具、瓷器、医疗器械等）、中方进口商品（菜籽油、石油、仪器、板材等）。贸易环节完整：从谈判准备、接机、首次会晤、参观工厂、商品价格的谈判、货物运输、运输单据、合同的签订、合同的执行，一直到索赔和理赔。对话还涉及新能源开发合作、建立巧克力生产合资企业、俄罗斯农工综合体、杨凌农高会等主题。此外，谈判中的心理战术及礼节常识也是对话中所贯穿的内容。

教材中外贸谈判理论和外贸实务对话内容全面，可以作为俄语外贸实务的指南。

知识点部分是本课理论和对话环节所须掌握的内容。

练习部分是对本课内容掌握情况的检验、拓展和深化。

本教材编写的教学目标：

1. 了解外贸谈判的基本理论和规则；
2. 熟悉外贸谈判的全过程；

3. 掌握外贸谈判各个环节的主要俄语词汇及表述；

4. 掌握中俄贸易主要商品的基本知识及进出口环节；

5. 通过阅读主题原文，扩大主题商品及其进出口方面的相关知识。

本教材编写的特点：

外贸谈判的理论和实战紧密结合，理论契合外贸谈判的进程，对话部分具有较强的实战可操作性。

本教材采用俄中对照的格式，便于学习者更准确、更透彻地了解外贸谈判的内涵和程序。

为了便于及时掌握相关知识，本教材中附有练习参考答案。

本教材可用作我国高等学校经贸方向"俄语外贸谈判"课程的教材，也可供从事俄语国家经贸的人士使用。

本教材是西安外国语大学 2018 年教材立项专项资助项目的最终成果，在项目的申报、论证、完成和结项过程中得到西安外国语大学教务处的全程跟踪指导。西安外国语大学俄语学院的领导和同事们对本教材的规划、申报、编写、教学实验、质量跟踪和教学评估给予了大力支持。西安外国语大学经济金融学院的吕寒副教授、俄语学院的外籍教师 О. В. Дубкова 分别对本教材经贸内容和俄文文稿进行了审核。编者的研究生们参与了文稿的校对。北京大学出版社编辑李哲老师对本教材的审校和出版做了大量的工作。另外，前外贸工作单位的同事汤喜龙、李继生、祖凤鸣对本教材的外贸流程进行了指导和建议。在此，谨向他们表示由衷的感谢！

由于编者水平有限，教材中的纰漏和不妥之处在所难免，恳请专家和同行批评指正。

编者
2021.10

ОГЛАВЛЕНИЕ
目　录

Урок 1 Подготовка к внешнеторговым переговорам. Экспорт смартфонов
第一课　外贸谈判的准备·智能手机出口 ································· 1

Урок 2 Приветствие и взаимное представление. Встреча в аэропорту
第二课　欢迎与互相介绍·机场迎接 ····································· 19

Урок 3 Психологические факторы в переговорах.
Первая встреча. Краткие сведения о текстильной фабрике
第三课　谈判中的心理因素·首次会晤·纺织品厂简介 ····················· 38

Урок 4 Деловой этикет. Посещение Зоны освоения новых высоких технологий
第四课　商务礼仪·参观高新技术开发区 ································· 57

Урок 5 Агропромышленный комплекс России. Китайская /Янлинская/ выставка достижений новых высоких технологий в области сельского хозяйства. Импорт рапсового масла
第五课　俄罗斯农工综合体·杨凌农高会·进口菜籽油 ····················· 73

Урок 6 Стратегия и тактика внешнеторговых переговоров. Посещение текстильной фабрики
第六课　外贸谈判的战略和战术·参观纺织厂 ····························· 90

Урок 7 Создание совместного предприятия. Создание совместного предприятия по производству шоколада
第七课　创办合资企业·建立巧克力生产合资企业 ························ 108

Урок 8 Упаковка и маркировка товаров. Экспортная упаковка мебели из красного дерева
第八课　商品的包装和标志·红木家具的出口包装 ························ 126

Урок 9 Внешнеторговые цены. Формирование цен на экспортные товары. Переговоры о цене фарфора
第九课　对外贸易价格·出口商品价格的构成·瓷器价格的谈判 ············ 144

Урок 10	Способы платежа и методы расчётов в международной торговле. Покупка медицинского оборудования традиционной китайской медицины
第十课	国际贸易中的付款方式和结算方式·购买中医医疗器械 ································ 163

Урок 11	Инкотермс 2020. Отгрузка яблок «Хунфуши»
第十一课	《国际贸易术语解释通则 2020》·发运"红富士"苹果 ································ 182

Урок 12	Транспортные операции. Импортная перевозка российской нефти
第十二课	运输业务·俄罗斯石油的进口运输 ································ 200

Урок 13	Внешнеторговая документация. Экспортные документы на пуховые одеяла
第十三课	对外贸易单证·出口羽绒被的单据 ································ 218

Урок 14	Заключение договора международной купли-продажи товаров
第十四课	签署国际货物买卖合同 ································ 236

Урок 15	Исполнение договора на экспорт товара. Импорт аппаратуры
第十五课	商品出口合同的履行·进口仪器 ································ 257

Урок 16	Претензии и их урегулирование. Претензия на импорт пиломатериалов
第十六课	索赔和理赔·进口板材索赔 ································ 273

Словарь
词汇表 ································ 291

Ключи к упражнениям
练习参考答案 ································ 301

Урок 1
Подготовка к внешнеторговым переговорам. Экспорт смартфонов

第一课
外贸谈判的准备·智能手机出口

Часть I. Понятие внешнеторговых переговоров и подготовка к ним

第一部分 外贸谈判概念与谈判准备

I. Внешнеторговые переговоры

1. Понятие внешней торговли

Под внешней торговлей понимается обмен товарами, услугами и технологиями между одной страной (регионом) и другой страной (другим регионом).

2. Понятие внешнеторговых переговоров

Внешнеторговые переговоры – это процесс переговоров по различным условиям сделки между различными заинтересованными сторонами в международной коммерческой деятельности для достижения определённой торговой операции. Внешнеторговые переговоры являются важным звеном во внешнеторговых операциях.

Если говорить конкретно, то полный процесс внешнеторговых операций включает в себя три этапа: подготовку к переговорам, заключение контракта, исполнение контракта. Внешнеторговые переговоры охватывают весь процесс внешнеторговых операций.

Этапы ведения внешнеторговых переговоров:

1) подготовка переговоров;

2) проведение переговоров;

3) анализ содержания переговоров;

4) решение проблемы (завершение переговоров).

一、外贸谈判

1. 外贸的概念

外贸是指一个国家（地区）与另一个国家（地区）之间的商品、劳务和技术的交换行为。

2. 外贸谈判的概念

外贸谈判是国际商业活动中不同的利益主体，为了达成某笔交易，就交易的各项条件进行磋商的过程。外贸谈判是外贸业务中非常重要的一个环节。

具体地说，一笔完整的对外贸易业务包括三个阶段：交易准备阶段、签约阶段和履约阶段。外贸谈判贯穿外贸业务的整个过程。

外贸谈判的步骤：

1）谈判准备；

2）进行谈判；

3）分析谈判内容；

4）解决问题（谈判结束）。

II. Подготовка к внешнеторговым переговорам

Полная и тщательная подготовка к конкретной сделке является гарантией успешного проведения целой внешнеторговой операции. Если импортёр или экспортёр намерен долгосрочно выходить на внешний рынок и увеличивать объёмы зарубежного бизнеса, ему следует организованно и систематически запрашивать, собирать, накапливать и анализировать необходимую информацию для осуществления экспортно-импортных операций, поэтому подготовка к внешнеторговым переговорам – это непрерывная кропотливая работа, не прекращающаяся после заключения контракта.

Успех или провал внешнеторговых переговоров в значительной степени зависит от подготовки к переговорам. Подготовительная работа в целом может быть разделена на следующие этапы:
- поиск иностранных клиентов с возможностями сотрудничества;
- установление контактов с иностранными клиентами;
- сбор и анализ информации об иностранных клиентах;
- определение «ключевой» персоны другой стороны, мнение которой определяет решения руководства;
- выработка и улучшение программы переговоров;
- назначение даты, времени и места проведения переговоров;
- подготовка принимающей стороной помещения для переговоров;

二、外贸谈判的准备

对一笔业务进行充分和细致的准备是整笔外贸业务得以顺利进行的保证。如果进口商或出口商有意长期进入国外市场，并不断扩充海外外贸业务，就需要对进出口业务有组织、有体系地进行综合信息的查询、收集、积累和分析。因此，外贸谈判的准备是一项不间断的、需要细心和耐心的工作，在签约后也不能中断。

外贸谈判成败与否，在很大程度上取决于谈判前的准备工作。准备工作大致可以分为以下几个步骤：
- 寻找有合作商机的国外客户；
- 同国外客户建立联系；
- 收集和分析国外客户信息；
- 确定对方公司的"关键"人物，他的意见对领导层的决议起决定性作用；
- 加工、润色谈判计划；
- 确定谈判进行的日期、时间及地点；
- 接待方准备谈判接待的会议室；

- решение вопросов материально-технического обеспечения переговорного процесса (трансфер; освещение зала заседаний; установка звуковоспроизводящего оборудования; подготовка аудиовидеотехники, проекторов, экрана, оборудования для синхронного перевода и т.д.);
- формирование количественного и качественного состава делегации: цель переговоров, численный состав и должности;
- назначение ответственного лица за подготовку справочных материалов (каталоги, рекламные проспекты, образцы товаров);
- определение круга ответственных за организацию питания (ресторан, кафе) и угощений (кофебрейк, фуршет) в ходе переговоров;
- разработка и совершенствование плана ведения переговоров;
- выполнение плана приёма делегации.

В целом, подготовка к внешнеторговым переговорам должна максимально достичь следующего:
- познать себя и познать своего противника;
- максимизация прибыли;
- максимальный предел уступки;
- разработка плана реагирования.

- 解决谈判过程中所需要的物质技术保障问题（接送服务、会议室照明布置、音响设备的安装、影音技术的准备、投影仪、屏幕、同传设备等）；
- 确定谈判代表团人员组成数量和规格：谈判目的、组成人员和职务；
- 指定专人负责准备参考资料（目录、广告材料、样品）；
- 指定专人负责谈判期间的餐饮（饭店、小餐厅）和招待（茶歇、冷餐会）；
- 研究和完善谈判计划；
- 完成代表团接待计划。

总的来说，外贸谈判的准备要尽最大可能做到：
- 知己知彼；
- 利润最大化；
- 让步的最大限度；
- 制定好应对方案。

Часть II. Диалоги. Подготовка к переговорам
(Д – директор компании Чжан Сяочэнь;
С – сотрудник компании Лю Ли)

第二部分　对话　谈判准备
（经——公司经理张晓晨；员——公司工作人员刘利）

Д: Лю Ли, в ближайшее время наша компания намерена открыть российский рынок смартфонов. Нам следует провести маркетинговое исследование.

С: Хорошо, Чжан Сяочэнь. Сегодня мы начнём заниматься этой работой и сообщим Вам после сбора и отбора информации.

С: Чжан Сяочэнь, согласно российскому сайту https://trutop.ru/ от 23 апреля 2018 года, по количеству пользователей, цене и качеству смартфоны «Хуавэй» уже обогнали «Эппл» и занимают второе место, уступая лишь «Самсунгу». Китайские смартфоны HTC, OnePlus (OPPO), Xiaomi тоже вошли в десятку рейтинга 2018 года. С каждым годом повышается доля китайских смартфонов на рынке России. Соответствующие данные:
Согласно сообщению на сайте «Жэньминьван» в июле-августе текущего года, объём продаж смартфонов «Хуавэй» в России превысил объём продаж смартфонов «Самсунг» и «Эппл», заняв первое место.

经：刘利，最近我们公司打算开辟俄罗斯智能手机市场，我们要做一下市场调研。

员：好的，张经理，我们今天就开始着手这方面的工作，待收集、筛选资料后向您汇报。

员：张经理，根据俄罗斯网站https://trutop.ru/ 2018年4月23日报道：俄罗斯市场上的华为手机在用户数量、手机质量等方面已经超过苹果手机，位于第二位，位列三星之后。我国的HTC、OnePlus(OPPO)、小米手机均在2018年排行榜前十位。我国智能手机在俄罗斯手机市场的份额逐年增加。这是这方面的数据：根据人民网7月和8月的进一步报道：华为手机在俄罗斯销量超过三星和苹果，排在第一。

ТОП-10: Рейтинг лучших смартфонов 2018 года по мнению пользователей и редакции

Название	Рейтинг пользователей	Рейтинг по цене и качеству	Цена по данным маркета
Samsung Galaxy S9 Plus	96 %	★ 4.1	~ 65 000 р.
Samsung Galaxy Note 8	95.8 %	★ 5	~ 53 000 р.
Huawei P20 Pro	95.6 %	★ 4.6	~ 63 000 р.
Apple iPhone X	95.1 %	★ 4.5	~ 65 000 р.
HTC U11	94.5 %	★ 4.8	~ 32 000 р.
Sony Xperia XZ2	93.4 %	★ 4.5	~ 44 000 р.
LG V30	93.1 %	★ 4.4	~ 36 000 р.
Google Pixel 2 XL	92.8	★ 4.3	~ 53 000 р.
OnePlus 5T	91 %	★ 4.3	~ 35 000 р.
Xiaomi Redmi 5 Plus	90 %	★ 4.5	~ 10 000 р

2018年智能手机排名榜前十名（根据用户意见和反馈）

名称	用户满意度	性价比	市场价格
三星 Galaxy S 9 Plus	96%	4.1	约65000卢布
三星 Galaxy Note 8	95.8%	5	约53000卢布
华为P20Pro	95.6%	4.6	约63000卢布
苹果iPhone X	95.1%	4.5	约65000卢布
HTC U11	94.5%	4.8	约32000卢布
索尼Xperia XZ2	93.4%	4.5	约44000卢布
LG V30	93.1%	4.4	约36000卢布
谷歌 Pixel 2 XL	92.8%	4.3	约53000卢布
OnePlus 5T	91%	4.3	约35000卢布
小米 红米5 Plus	90%	4.5	约10000卢布

По данным розничной сети «Связной» и «Евросети», в первом полугодии 2018 года объёмы продаж китайских смартфонов в России увеличились на 50 %. На сегодняшний день в России каждый третий продаваемый смартфон произведён в Китае.

Флагманский магазин «Хуавэй» открыт на Тверской, а «Vivo» стал официальным спонсором Чемпионата мира по футболу...

Д: Замечательно! Какая у Вас другая информация?

С: Каналы продаж мобильных телефонов на российском рынке в основном включают прямые продажи, продажи в Интернете, продажи через агентские магазины и различных дистрибьюторов и поставщиков услуг.

根据电子产品零售商Svyaznoy和Euroset的调查数据，2018年上半年，在俄罗斯，中国产智能手机销售额增长了50%。现在，在俄罗斯，每售出三台手机，就有一台是中国制造。

华为手机的旗舰店开到了著名的特维尔大街上，Vivo作为官方赞助商亮相世界杯赛场……

经：非常好！你还了解什么其他的情况？

员：在俄罗斯市场手机的销售渠道主要有直销模式、网络销售、代理店和各类经销商、运营商等。

Учитывая, что время занятия смартфонами нашей компании не слишком продолжительное и в России не очень хорошо знают наши смартфоны, мы можем использовать Интернет для продвижения наших мобильных телефонов, а также установить контакты и вести переговоры с местными клиентами для продвижения продаж.

Д: Отличная работа! Продолжайте работу с онлайн-продажами и агентами.

С: Чжан Сяочэнь, в Интернете я нашёл российскую компанию «Viqi». Эта компания была создана в 2010 году и в последние годы пользуется всероссийской известностью. В 2018 году компания «Viqi» начала работу со смартфонами «Viqi».

Я познакомил их со смартфонами нашей компании. Они этим очень заинтересовались и выразили своё желание приехать в нашу компанию для посещения, осмотра, чтобы развивать дальнейшее сотрудничество.

Д: Приглашаем их посетить наш завод в конце августа. Подготовьтесь к приёму и переговорам.

С: Хорошо. Я подготовлю цифровые данные, материалы, каталоги и образцы нашей продукции.

Д: Ещё нужно заказать отель, встретить и проводить гостей, устроить питание и организовать сопровождающих сотрудников.

Нам ещё нужно подготовить оборудование в помещении заседаний для переговоров, переводчиков и другие. Кроме того, важно

鉴于我公司经营手机时间不是太长，俄罗斯对我们品牌并不是很了解，我们可以运用互联网对我公司手机进行推销，并与当地客户联系、商谈，从而促进我公司手机的销售。

经：工作做得不错！你们继续开展网络销售和代理商等方面的工作。

员：张经理，我在互联网上查到俄罗斯Viqi公司。该公司成立于2010年，并且近几年在俄罗斯具有知名度。Viqi公司从2018年开始研发Viqi牌智能手机。

我向他们介绍了我们公司的智能手机，他们对此很感兴趣，表示愿意来我公司参观、考察，展开进一步的合作。

经：邀请他们八月底到我们工厂来参观。请做好接待和谈判准备。

员：好的。我来做数据、资料、产品目录、样品等方面的准备。

经：还需要订宾馆，接送客人，安排饮食和陪同人员。

我们还要准备谈判会议室的设备、配备翻译人员等。另外，了解对方公司的资金构成、公司经

узнать структуру фондов компании, состояние бизнеса контрагентов. Важным также является состав делегации. Ведь недаром говорят: «Знание врага и знание себя позволяет пройти невредимым через сотню битв».
С: Хорошо. Мы всё это подготовим.

营状况情况、代表团的成员情况也非常重要。要知道:"知己知彼,百战不殆。"
员:好的,我们去安排这些。

Часть III. Общая информация
第三部分 知识点

I. Запомните следующие словосочетания.（记住下列词组。）

1) 外贸 внешняя торговля
2) 出口智能手机 экспортировать смартфоны
3) 签约 заключение контракта
4) 外贸业务 внешнеторговая операция
5) 积累信息 накапливать информацию
6) 关键人物 ключевая фигура; ключевая персона
7) 会议室 конференц-зал; помещение для заседаний
8) 同传设备 оборудование для синхронного перевода
9) 代表团组成 состав делегации
10) 市场调研 маркетинговое исследование; исследование рынка
11) 进入排行榜前十名 войти в первую десятку рейтинга
12) 旗舰店 флагманский магазин; флагман
13) 网络销售 продажа в Интернете; интернет-продажа
14) 经营状况 состояние бизнеса
15) 知己知彼,百战不殆。Знание врага и знание себя позволяет пройти невредимым через сотню битв.

II. **Запомните названия главных запчастей для смартфона.**（记住智能手机主要部件的名称。）

1) корпус 机身
2) процессор 信息处理器
3) материнская плата 主板
4) батарея 电池
5) камера 相机
6) датчик 发射器
7) модуль 组件
8) дисплей 显示器
9) оперативная память 运行内存
10) жёсткий диск 机身容量
11) передняя панель 正面
12) задняя панель 背面
13) сенсорный экран; тачскрин 触摸屏
14) динамик и микрофон 扬声器和麦克风

Часть IV. Упражнения
第四部分 练习

Упражнение 1. Объясните следующие термины.（解释下列术语。）

1) Внешняя торговля
2) Внешнеторговые переговоры
3) Внешнеторговая операция

Упражнение 2. Переведите следующие слова и словосочетания.（翻译下列单词和词组。）

1) 准备外贸谈判
2) 履约
3) 收集和分析信息
4) 音响设备的安装
5) 智能手机市场
6) 直销模式
7) 代理销售
8) международная коммерческая деятельность

9) зарубежный бизнес

10) подготовка аудиовизуальной техники

11) кофе-брейк

12) объём продаж

13) канал продаж / канал сбыта

14) дистрибьютор

15) поставщик услуг

Упражнение 3. Прочитайте следующие диалоги, составьте аналогичные диалоги.（朗读下列对话，按示例编排对话。）

Мобильный телефон

– Извините, одну минуту, мне надо сделать звонок по мобильному телефону.

– У Вас здесь есть приём? Мой телефон не работает в этом месте.

– Иногда звонки прерываются, но, в основном, у меня хороший сервис.

– Вы довольны своим контрактом или собираетесь его менять?

– Знаете, мой сотовый телефон довольно старый. Очень часто приходится заряжать аккумулятор. И качество связи оставляет желать лучшего.

– У меня то же самое, я всегда делаю важные звонки по обычному телефону, когда прихожу домой.

В магазине

– Чем я могу Вам помочь?

– Я хочу купить телефон, который отвечает всем моим требованиям.

– Каковы Ваши основные требования к телефону?

– Моё первое требование: мне нужен телефон с превосходной камерой.

– В настоящее время OPPO является одним из лучших вариантов для всех, кто хочет иметь очень хорошую камеру и особенно для создания селфи.

– Какой объём памяти?

– Встроенная память объёмом 64 ГБ и 4 ГБ RAM.

– А как насчёт камеры?

– Задняя –13 MP, а передняя – 16 MP.

– О, это замечательно. Сколько он стоит?

– Цена составляет 19 500 рублей.

– Какие у Вас есть другие телефоны, если я хочу больше памяти?

– Вы можете взять Apple iPhone 7.

– Какой у него объём памяти?

– У него память – 256 ГБ.

– Сколько он стоит?

– Этот 75 000 рублей.

– О нет, это очень дорого, помогите мне с экономичным вариантом телефона, который имеет хорошую камеру и хорошую память.

– Тогда Вы можете купить OPPO F1, тот, о котором я рассказывал ранее, потому что он также имеет объём памяти 128 ГБ.

– Есть ли у него опция Dual SIM?

– Да, у него также есть слот Dual SIM вместе с расширяемым слотом памяти.

– Какую скидку Вы можете предложить?

– Это последняя цена, поскольку она уже является дисконтной.

– Хорошо, Вы можете упаковать этот телефон?

– Конечно. Как Вы заплатите?

– Я буду платить банковской картой.

– Хорошо, спасибо за покупку.

Упражнение 4. Прочитайте следующую информацию о российской компании «Связной» и выполните задания. (阅读关于俄罗斯«Связной»公司的文章，完成练习。)

Связной (объединённая компания под брендами «Связной» и «Евросеть») – крупнейшая в мире розничная сеть в сегменте высоких технологий более чем с 5 500 магазинами. Компания работает в 1 300 городах по всей России, более 30 тысяч продавцов-консультантов обслуживают более двух миллионов покупателей в день.

Компания является лидером e-commerce в своём сегменте, продолжает активное развитие собственной платформы онлайн-продаж и реализацию стратегии многоканального развития.

Глубокая интеграция с производителями высоких технологий и разработчиками различных сервисов позволяет компании создавать уникальные и совершенно неожиданные возможности для клиентов. Миссия компании – сделать позитивным опыт взаимодействия человека с технологиями.

В магазинах объединённой компании Связной и Евросеть, помимо смартфонов, представлены следующие товарные категории: планшетные компьютеры, устройства для доступа в Интернет (модемы), фото-, аудио- и видеоаппаратура, smart wearables, аксессуары, квадрокоптеры, система «умный дом», умные часы, фитнес-трекеры, VR-очки и многие другие гаджеты.

Компания предоставляет расширенный спектр услуг, включая дополнительные гарантии на устройства, настройку и установку приложений, оплату Интернета, цифрового ТВ, коммунальных услуг, покупку авиабилетов и многого другого.

Объединённая компания Связной и Евросеть также оказывает финансовые услуги. В частности, в магазинах можно получить кредит на товар, оформить кредитные и дебетовые карты, приобрести страховые продукты, сделать денежный перевод и погасить кредит. Также в компанию входит сеть Apple Premium Reseller под брендом Cstore, которая насчитывает 32 магазина в 22 городах России. В Cstore представлена вся техника Apple, доступная в России: iPhone, iPad, MacBook, Apple Watch, iMac, а также аксессуары для устройств Apple.

В апреле 2020 года интернет-магазин Связной вошёл в десятку рейтинга «Топ-100 интернет-магазинов России».

Задание 1. Переведите следующие слова и словосочетания на китайский язык.（将下列单词和词组翻译成中文。）

1) розничная сеть в сегменте высоких технологий

2) стратегия многоканального развития

3) планшетный компьютер

4) квадрокоптер

5) система «умный дом»

6) VR-очки

Задание 2. Переведите следующие предложения на русский язык. (将下列句子翻译成俄文。)

1) 公司的使命——在人机交互领域积累积极经验。

2) 公司的业务范围广泛，包括互联网支付、数字电视、公共服务等等。

3) 电信公司还提供金融服务，例如发行信用卡和借记卡、汇款、偿还贷款。

Упражнение 5. Прочитайте тексты и ответьте на вопросы. (读课文，回答问题。)

Текст 1

Подготовка к внешнеторговым переговорам включает два основных направления работы: решение организационных вопросов и проработка основного содержания переговоров. К организационным вопросам относят, прежде всего, определение времени и места встречи, формирование количественного и качественного состава делегации: цель визита делегации, её персональный состав и уровень представительства, с точки зрения протокола, самые существенные моменты, которые определяют уровень делегации и особенности её приёма. Другими словами, форма приёма зависит от цели приезда делегации и ранга её главы.

Подготовка также включает следующее:

– получение как можно большей информации о фирме-партнёре, о членах делегации, в особенности о главе делегации (должность, полномочия, семейное положение, интересы, пристрастия, сильные и слабые стороны, биография и т.д.);

– обнаружение «ключевых персон» в фирме-партнёре. Практика изучения фирм-партнёров и их представителей настолько распространена и естественна, что не следует стесняться показать, что вы много знаете о них. Более того, это представит вас с лучшей стороны и одновременно избавит от неприятных ситуаций, когда, надеясь на неосведомлённость оппонентов, начинают блефовать, «пускать пыль в глаза» и т.п.

Прежде чем совершить экспортную или импортную сделку, необходимо найти партнёра. Выбор контрагента – вопрос очень важный и сложный. Он зависит от характера и предмета сделки, страны заключения и исполнения контракта, ёмкости рынка, конъюнктуры на данном рынке. При выборе контрагента возникает вопрос, на каком рынке (т.е. в какой стране) лучше продать или купить товар, а также с каким иностранным покупателем или поставщиком лучше заключить сделку. В период подготовки к заключению сделки производятся выбор и установление контактов с предполагаемым контрагентом.

При выборе контрагента учитываются многочисленные факторы и, прежде всего, наличие межправительственных торговых соглашений или протоколов о взаимных поставках в течение определённого периода, степень монополизации рынка крупными фирмами, возможность проникновения на рынок, деятельность торговых отношений с той или иной фирмой (предпочтение оказывается фирме, хорошо зарекомендовавшей себя в прошлом), характер деятельности фирмы (т.е. является ли фирма потребителем или производителем данного товара или выступает в качестве торгового посредника).

Важно помнить, что во всём мире коммерческая информация является товаром, поэтому при необходимости нужно пойти на расходы для приобретения информации, так как при эффективном её использовании они окупятся. Определив возможных контрагентов, экспортёр или импортёр приступают к установлению контактов с ними.

Кроме того, при подготовке к проведению внешнеторговых переговоров необходимо подготовить пакет документов для подписания. Состав и количество документации будет зависеть от вида внешнеторговой операции, от страны-партнёра, от того, чьё законодательство будет использовано при заключении контрактов. Но существует ряд документов, наличие которых будет необходимо в большинстве случаев. Ниже приведён один из вариантов классификации внешнеторговой документации по назначению.

Классификация внешнеторговой документации

1) товарные и расчётные (дают стоимостные, качественные характеристики,

документы, характеризующие качество: сертификат качества, протокол испытаний, разрешение на отгрузку);

2) страховые (страховой полис, сертификат, объявление, извещение);

3) транспортные и отгрузочные (извещение о готовности товара к отгрузке, заявка на аренду, отгрузочная инструкция, разрешение на поставку, извещение об отгрузке);

4) платежно-банковские операции (это либо инструкция клиента банку о способах осуществления платежей, либо отчёт банка клиенту, инструкция по банковскому переводу, заявление на открытие товарного аккредитива, товарный аккредитив, извещение о принятии документа к оплате по товарному аккредитиву, извещение об инкассаторском платеже, банковские гарантии, банковские тратты, переводной вексель);

5) транспортно-экспедиторские (обслуживают выполнение эксплуататором сопроводительных операций, отгрузочные поручения, извещение об отправке, складская записка экспедитора, товарно-складская квитанция, распоряжение на выдачу товара);

6) экспедиторские (таможенная декларация, экспортные, импортные, валютные лицензии, сведения происхождении товара, ветеринарные, санитарные и карантинные свидетельства).

Документы оформляются на специальных бланках с определёнными реквизитами.

Задание 1. Ответьте на следующие вопросы. （回答下列问题。）

1) Какие основные направления работы включает в себя подготовка к переговорам? Расскажите о них.

2) Как выбрать контрагента во внешнеторговой сделке?

3) Как подготовить документы для подписания контракта?

Текст 2
Китайские мобильные телефоны преобладают на мировом рынке
Источник: Сайт «Жэньминьван» от 1 августа 2018 года

Благодаря освоению зарубежных рынков китайские бренды смартфонов стабильно удерживают прочные позиции на глобальном рынке, предполагается, что в этом году их доля увеличится до 54 %.

31 июля был опубликован доклад о результатах деятельности китайской компании Huawei в первой половине 2018 года. Согласно информации, опубликованной на официальном сайте компании, доход от продаж Huawei за первые полгода составил 325,7 млрд юаней, что на 15 % больше по сравнению с первым полугодием прошлого года, операционная прибыль – 14 %.

Главный исполнительный директор отдела потребительской деятельности компании Huawei Юй Чэндун на пресс-конференции NOVA сказал: «Вплоть до 18 июля объём глобальных поставок мобильных телефонов Huawei превысил 100 млн, подобный масштаб в этом году достигнут на два месяца раньше, чем в прошлом». В 2017 году объём поставок смартфонов Huawei в мире составил 153 млн единиц, в этом году ожидается, что данный показатель превысит 200 млн. По сообщениям деятелей компании Huawei, темпы роста доходов от продаж услуг конечным потребителям приблизятся к 40 %, рост зарубежного рынка станет основной движущей силой развития компании.

На самом деле, особое внимание привлекает не только деятельность компании Huawei. Согласно новейшим результатам исследования консалтинговой компании Trendforce, благодаря освоению зарубежных рынков китайские бренды смартфонов устойчиво занимают более половины мирового рынка, предполагается, что в этом году их доля достигнет 54 %.

Доминирование на мировом рынке

Согласно данным разных исследовательских компаний, в 2017 году доля китайских компаний на мировом рынке составляла от 42 до 45 %. Однако, вслед за ускоренным выходом предприятий страны за границу их доля постепенно превышает 50 % за первые шесть месяцев этого года. Особенно стремительное расширение их деятельности наблюдается в Индии, России и странах Европы.

По мнению аналитика компании Trendforce Яо Сияна, китайские бренды одерживают победу в конкуренции и продолжают осваивать обширные рынки благодаря успешной ценовой политике, соответствию цены и качества, а также большому ассортименту. Однако, выход на зарубежные рынки сложнее, чем кажется. Проведения пресс-конференций и непоследовательной маркетинговой конкуренции уже недостаточно, не так легко пройти технический порог.

«При выходе на зарубежные рынки внимание необходимо уделять не только стоимости, в конечном итоге, важна ценность. В будущей конкуренции в эпоху глобализации победителями будут те, кто способен в соответствии с мировыми торговыми правилами развивать свои технологии и продукцию. Международная торговля и личная безопасность бросают новые вызовы торговле», – считает президент отдела мобильных телефонов Honor компании Huawei Чжао Мин.

Задание 2. Ответьте на следующие вопросы. （回答下列问题。）

1) Какое положение у китайских брендов смартфонов на зарубежных рынках в 2018 г.?
2) Почему китайские бренды смартфонов доминируют на мировом рынке?
3) Какие бренды могут одержать победу в эпоху глобальной конкуренции?

Упражнение 6. Составьте и разыграйте диалоги на тему «Подготовка к внешнеторговым переговорам». （编写并演练题目为"外贸谈判准备"的对话。）

Словарь

подгото́вка [阴] 准备
внешнеторго́вый [形] 对外贸易的
перегово́ры [复] 谈判, 会谈; 洽谈
смартфо́н [阳] 智能手机
услу́га [阴] 效劳, 效力, 服务, 帮助
сде́лка [阴] 交易, 议定书, 契约
звено́ [中] 环节; （党政机关的）级, 层

опера́ция [阴] （金融、贸易上的）业务; 交易
гара́нтия [阴] 保证, 保障
импортёр [阳] 进口商
экспортёр [阳] 出口商
кропотли́вый [形] 费力细致的, 需要细心和耐性的

осуществле́ние [中] 实现，实施

прова́л [阳] 失败，垮台，破产

по́иск [阳] 寻找

вы́работка [阴] 加工，润色

звуковоспроизводя́щий [形] 放音的

аудиовидеоте́хника [阴] 影音设备

прое́ктор [阳] 投影仪，幻灯机

синхро́нный [形] 同期的，同时的，同步的

ко́фе-брейк [阳] 茶歇

фурше́т [阳] 冷餐会

разрабо́тка [阴] 加工处理；深入研究

соверше́нствование [中] 完善

проти́вник [阳] 反对者；对手，对方

реаги́рование [中] 应对，反应

отбо́р [阳] 选择，筛选

обогна́ть [完] 超过

ре́йтинг [阳] 排行榜

до́ля [阴] 份额

ро́зничный [形] 零售的

полуго́дие [中] 半年

фла́гманский [形] 旗舰的；领头的

дистрибью́тор [阳] 推销商，经销人

продолжи́тельный [形] 长时间的，长期的；持续（相当）长久的

фонд [阳] 基金；储备（额），储存（量）；总额，总量，资源

невреди́мый [形] 未受损伤的，未受损害的，平安的，安全的

Урок 2
Приветствие и взаимное представление. Встреча в аэропорту

第二课
欢迎与互相介绍·机场迎接

Часть I. Приветствие и взаимное представление
第一部分　欢迎与互相介绍

Прежде чем приветствовать делегацию, нам нужно убедиться, что предстоящие переговоры являются внешнеторговыми, поэтому визит торгового партнёра считается рабочим визитом.

Во время рабочего визита торговые партнёры прибывают с конкретными деловыми целями: рабочие встречи, консультации, торговые переговоры, подписание договора.

В связи с регулярностью торговых переговоров первая встреча между партнёрами двух стран является формальной как по форме, так и по содержанию. Тёплая встреча – основа для дружеской атмосферы в процессе переговоров, поэтому глава компании должен встретить и организовать приветственную церемонию.

С первых минут встречи соблюдайте правила речевого этикета при обращении к прибывшим гостям.

Деловое общение предполагает взаимное уважение партнёров и коллег, поэтому в деловой обстановке принято обращение на «вы».

Если другая сторона не просит называть себя только по имени, деловой этикет требует обращаться к другой стороне по имени-отчеству.

При встрече зарубежных торговых партнёров в аэропорту или на вокзале следует также обратить

在迎接代表团之前，首先需要明确此次的谈判是外贸业务谈判，所以对方的访问属于工作访问。

贸易伙伴的商务访问带有具体的商务目标：工作会见、协商、贸易谈判、签订合同。

鉴于外贸谈判的正规性，两国贸易伙伴的第一次见面无论从形式还是内容上都应是正式的。热情的迎接是谈判过程中拥有友好氛围的基础，所以公司领导应该迎接客人，并举办隆重的欢迎仪式。

从迎接的第一时间起，在称呼到来的客人时，您就要遵循言语礼节。

商务交际中，商业伙伴和同事之间应该互相尊重，所以，在商务情境下，打招呼应用"您"。

如果对方不要求只按名字称呼自己，商务礼节就要求根据名字–父称称呼对方。

在机场或火车站迎接国外贸易伙伴时，还应注意：

внимание на следующее:
- первым приветствует всех и представляется глава принимающей делегации. Если с ним приехала его супруга, то он представляет и её;
- следующим представляется глава прибывшей зарубежной делегации и представляет свою супругу;
- глава принимающей делегации представляет членов делегации, которые приехали встречать гостей по рангам;
- глава прибывшей делегации таким же образом представляет членов своей делегации.
- Если среди встречающих есть женщины, то их представляют по рангам и в первую очередь.
- Во время представления мужчины, как правило, обмениваются рукопожатиями, женщины делают это по обоюдному желанию. При обмене рукопожатиями женщина первая подаёт руку мужчине.
- Следует протягивать для рукопожатия правую руку. Исключение не делается даже для левшей.
- Невежливо вытягивать несколько пальцев или кончиков пальцев вместо того, чтобы пожимать руку всей рукой.
- Если женщина или пожилые люди не собираются обмениваться рукопожатием, следует слегка поклониться.
- Один человек должен представить его двум, нескольким людям или группам.
- Во время представления, если вы сидите, вам следует встать. Женщины могут слегка поклониться

- 迎接方代表团团长率先介绍自己。如果他的夫人一同前来，那么他也要介绍夫人；
- 接下来，国外代表团团长做自我介绍，并介绍其配偶；
- 迎接方代表团团长按照职务高低介绍前来迎接客人的成员；
- 国外代表团团长以同样的方式介绍己方代表团成员。
- 如果迎接方中有女性，同级职务介绍时应先介绍女性。
- 在介绍过程中，通常男人之间要握手，而女人则要根据双方意愿。握手时，女人先向男人伸出手。
- 应伸出右手握手，即使是左撇子也不例外。
- 只伸出几根手指或指尖，而不是用整个手去握手，这是不礼貌的。
- 如果妇女或年长者不打算握手，则应略微欠身鞠躬。
- 单个人要主动将自己介绍给两人、多人或团体。
- 在介绍过程中，如果您是坐着的，应该起立。女性轻微鞠躬或

или кивнуть. При знакомстве обе стороны должны визуально смотреть друг другу в глаза.
- Согласно деловому этикету, нельзя целовать руку даме на официальной встрече.

Наиболее распространённая форма представления следующая: «Позвольте / разрешите мне представить Вам ...». При произнесении имя должно называться громко и чётко, чтобы не пришлось переспрашивать.

В деловом общении используются универсальные формы приветствия: «Здравствуйте!», «Доброе утро!» «Добрый день!», «Добрый вечер!». Кроме вышеизложенных, в торжественной обстановке ещё чаще употребляются следующие формы: «Рад Вас видеть!», «Приветствую Вас!» и т.д.

点头即可。在相识过程中，双方应目视对方。
- 按照商务礼节，在正式见面时，不能亲吻女士的手。

在介绍时，最常见的句式有："请允许我向您介绍……"在报名字的时候，一定要清晰且响亮，以免人们再次询问。

在商务交际中，有些欢迎句式是通用的："您好！""早上好！""日安！""晚上好！"除了上面列出的句式，在隆重的场合下，下列句式也是常用的："很高兴见到您！""欢迎您的到来！"等等。

Часть II. Диалоги. Встреча в аэропорту
(П – переводчик; К – директор китайской стороны; Р – директор российской стороны)

第二部分　对话　机场迎接
（翻—翻译；中—中方经理；俄—俄方经理）

П: Простите, Вы из Санкт-Петербурга?

Р: Да, мы представители компании «Gloria International» из Петербурга.

К: Приветствуем Вас в нашем городе! Разрешите мне представиться: Меня зовут Ли Хуа – переводчик. Это директор отдела маркетинга нашей компании Ли Мин.

翻：请问，你们是从圣彼得堡来的吗？

俄：是的，我们是圣彼得堡Gloria International 公司的代表。

翻：欢迎来到我们的城市！请允许我做自我介绍。我叫李华，是翻译。这是我们公司的市场部经理李明。

К: Здравствуйте! Это моя визитка.

Р: Очень рад с Вами познакомиться. Позвольте представиться: Владимир Иванович Павлов – генеральный директор компании. Это господин Александр Сергеевич Рублёв – коммерческий директор.

К: Очень приятно с Вами познакомиться. Как Вы долетели?

Р: Спасибо. Всё хорошо. Куда мы сейчас?

К: Мы заказали отель для Вас. Пойдёмте к выходу. Там ждёт машина.

Р: Хорошо.

К: Разрешите Вам помочь!

Р: Спасибо. Не беспокойтесь. Чемодан совсем не тяжёлый.

Путь до отеля

К: Это наша машина. Садитесь, пожалуйста.

Р: Спасибо.

К: Сейчас мы поедем в отель. Вы там немного отдохнёте, попозже наша компания организует для Вас приветственный банкет.

Р: Вы так любезны.

К: Теперь я познакомлю Вас с нашим городом. Сиань – один из древнейших городов Китая, история которого насчитывает более 3 000 лет. Он является столицей провинции Шэньси. Сиань – древняя столица тринадцати династий и отправная точка Великого Шёлкового пути. Именно здесь находится одно из современных

中：您好！这是我的名片。

俄：很高兴和你们认识！请允许我也介绍一下自己。我叫弗拉基米尔·伊万诺维奇·巴甫洛夫，公司总经理。这位是亚历山大·谢尔盖耶维奇·鲁布廖夫先生——商务经理。

中：很高兴认识你们。一路顺利吗？

俄：谢谢，非常好。我们现在去哪里？

中：我们为你们订好了宾馆。现在我们先去出口，车在那里等着。

俄：好的。

中：我来帮您拿吧！

俄：谢谢您，不用了。箱子一点也不重。

去宾馆途中

中：这是我们公司的小轿车，请上车。

俄：好的。

中：现在我们出发去宾馆。你们在宾馆稍事休息。我们公司为你们安排了迎接晚宴。

俄：您太客气了。

中：我现在来介绍一下我们的城市。西安是中国最古老的城市之一，有3000多年的历史。它是陕西省省会。西安是十三朝古都，"伟大丝绸之路"的起点。

正是在这里，有来中国必到之

«чудес света» и загадка века – Терракотовая армия Цинь Шихуана, посещение которой просто нельзя пропустить, будучи в Китае.

Р: У нас будет свободное время туда поехать?

К: Мы уже организовали для Вас специальное время для экскурсий по Сианю.

Р: Замечательно! Какие другие места мы можем посмотреть?

К: Большая пагода диких гусей – Даяньта, Музей «Лес стел», Исторический музей провинции Шэньси, Колокольная башня, горячие источники Хуацинчи – это обязательные места для туристов. Ещё 10 минут и мы доедем до отеля. Отель «Цзяньго» – 5 звёзд. В нём представлен весь ассортимент услуг.

Р: Благодарим за Ваше подробное представление. Верим, что нам понравится и отель, и Ваш город.

К: Мы доехали до отеля. Выходите, пожалуйста.

Размещение гостей в отеле

(Х – хозяин; Г – гость;

О – обслуживающий персонал отеля)

Х: Здравствуйте, мы заказывали номера.

О: Фамилия и имя, пожалуйста.

Х: Лю Ли.

О: Сейчас проверю. Да, два одноместных номера. Какой этаж Вы хотите?

Г: Лучше номера повыше. Хотелось бы поспокойнее, а также можем получить возможность любоваться пейзажем города.

处——现代"世界奇观"和世纪之谜——秦始皇兵马俑。

俄：我们有时间去那里参观吗？

中：我们已经给你们安排了参观西安市的时间。

俄：太棒了！还有什么地方我们可以看看？

中：大雁塔、碑林博物馆、陕西历史博物馆、钟楼、华清池都是游客必去之地。

现在离宾馆还有10分钟。建国饭店是五星级宾馆，里面物品一应俱全。

俄：非常感谢您的详细介绍。我相信，我们会喜欢宾馆、喜欢西安的。

中：我们已经到达宾馆，请下车。

入住宾馆

（主—主人；客—客人；

服—酒店服务人员）

主：您好，我们之前预订了房间。

服：请提供一下姓名。

主：刘利。

服：我马上查一下。是的，您预订了两个单人间。您想住哪个楼层？

客：最好是楼层高一点的。我们想安静些，还能看看城市的风景。

О: Хорошо. Ваши номера – 1901, 1902. На сколько дней Вы собираетесь у нас остановиться?

Г: На три дня.

О: Предъявите Ваши паспорта, пожалуйста. Прошу Вас расписаться вот здесь.

Г: Хорошо.

О: Вот Ваши ключ-карты от номеров.

Г: Спасибо.

О: Скажите, пожалуйста, Вам нужна услуга «Звонок-будильник»?

Г: Да, в 7:00. В номере есть доступ к Интернету?

О: Да. Наш отель пятизвёздочный. В номере всё есть: бесплатный Wi-Fi, компьютер, центральный кондиционер, телевизор и т.д. В отеле тоже есть ресторан, бассейн, фитнес-зал, бюро обслуживания, обмен валюты, сауна, массаж. Лифт в углу вестибюля.

Х: Вот Ваши номера. Если Вам нужна какая-то помощь, обращайтесь к администратору или к нам.

Г: Вы очень внимательны к нам.

Х: Отдохните немного! Увидимся на приветственном банкете сегодня вечером.

Г: Замечательно! Спасибо за заботу и радушный приём. До вечери!

Х: До свидания!

服：好的，房间号是1901，1902。你们打算住几天？

客：3天。

服：请出示护照。麻烦在这里签字。

客：好的。

服：这是房卡。

客：谢谢。

服：请问，您需要叫醒服务吗？

客：是的，请在7点叫醒我。房间里可以上网吗？

服：可以。我们的宾馆是五星级宾馆。房间设施齐全，有免费WiFi、电脑、中央空调、电视等。宾馆内有餐厅、游泳池、健身俱乐部、服务处、外汇兑换处、桑拿、按摩服务。电梯在大厅的拐角。

主：这是你们的房间。如果还需要什么帮助，请找前台管理人员，或联系我们。

客：你们考虑得真周到。

主：请稍作休息。今晚欢迎晚宴见。

客：太好了，谢谢你们的关心和热情接待。晚上见！

主：再见！

Часть III. Общая информация
第三部分 知识点

I. Запомните следующие словосочетания.（记住下列词组。）

1) 欢迎代表团 приветствие делегации
2) 友好氛围 дружеская атмосфера
3) 到来的客人 прибывший гость
4) 欢迎宴会 приветственный банкет
5) 世界奇观 чудо света
6) 秦始皇兵马俑 Терракотовая армия Цинь Шихуана
7) 钟楼 Колокольная башня
8) 房卡 ключ-карта от номера
9) 免费WiFi бесплатный Wi-Fi
10) 隆重接待 торжественный приём
11) 迎接方代表团团长 глава принимающей делегации
12) 点头 кивать головой
13) 大雁塔 Большая пагода диких гусей – Даяньта
14) 陕西历史博物馆 Исторический музей провинции Шэньси
15) 外汇兑换 обмен валюты

II. Прочитайте следующий текст и узнайте немного о деловых приёмах.（读下列文章，了解有关业务接待方面的知识。）

Деловые приёмы

Приём от имени руководства принимающей компании в честь зарубежных гостей – обязательная часть программы визита. Деловые приёмы играют большую роль, поскольку на них продолжаются те же дискуссии, что и за столом переговоров, только в более непринуждённой и раскованной обстановке. Следовательно, организации приёмов, манере поведения и формам общения на них следует уделять пристальное внимание и не забывать о правилах делового этикета.

Согласно международной практике, приёмы подразделяются на дневные и вечерние, а также приёмы с рассадкой за столом и без неё. Дневные приёмы принято считать менее торжественными, чем вечерние.

Дневные приёмы

- «бокал шампанского» («бокал вина»);
- завтрак.

Вечерние приёмы

- чай;
- фуршет;
- коктейль;
- обед (шведский стол);
- банкет.

Завтрак, обед и ужин проводятся со строгой рассадкой. При организации приёмов «обед-буфет» или «чай» рассадка достаточно свободная, хотя столы, как правило, сервируются заранее.

Часть IV. Упражнения
第四部分 练习

Упражнение 1. Переведите следующие словосочетания.（翻译下列词组。）

1) 晚宴

2) 商务经理

3) 碑林博物馆

4) 五星级宾馆

5) 健身房

6) 服务处

7) 中央空调

8) 言语礼节

9) рабочий визит

10) глава прибывшей зарубежной делегации

11) загадка века

12) горячие источники Хуацинчи

13) услуга «Звонок-будильник»

14) деловая делегация

Упражнение 2. Впишите недостающие реплики в диалогах. (补足对话。)

1) – Как долетели?

– _____.

– Предлагаю, что сначала разместиться в гостинице и немного отдохнуть.

2) – Профессор Петухов очень хотел познакомиться с Вами.

– _____.

– Хорошо. Он будет ждать Вас в холле отеля в 17 часов.

3) – У нас насыщенная программа.

– Будет время посетить Терракотовую армию?

– _____.

4) – Разрешите Вам помочь?

– _____?

– Я спрошу у нашего директора.

Упражнение 3. Отметьте правильные предложения знаком (+), неправильные – знаком (–). (给正确的句子划 "+", 错误的句子划 "–"。)

1) Встреча в аэропорту предполагает представление и знакомство хозяев и гостей. (   )

2) При встрече и знакомстве желательно давать визитные карточки. (   )

3) После прилёта необходимо зарегистрироваться в миграционной службе аэропорта. (   )

4) Размещение в гостинице предполагает регистрацию на стойке регистрации и получение ключей от номера. (   )

5) Паспорт – самый важный документ для заселения иностранцев в гостинице. (   )

6) При всех проблемах по питанию необходимо обращаться к дежурному администратору гостиницы. (   )

7) В состав каждой делегации входит гид-переводчик. (   )

8) Обычно в номерах гостиницы есть бесплатный Интернет и телефон. (   )

Упражнение 4. Прочитайте тексты и выполните задания. （读课文，完成任务。）

Текст 1
Встреча делегации (в аэропорту, на вокзале)

В зависимости от уровня руководителя пребывающей делегации в аэропорту её может встречать либо сам глава нашей переговорной группы, либо кто-то из её участников. Если в составе делегации есть женщина, то с нашей стороны в аэропорт также должна поехать женщина.

В случае приезда делегации из 3–4 человек следует предусмотреть две автомашины. Лучшим вариантом является обеспечение переговоров микроавтобусом.

Высшим знаком внимания для приезжающих является их встреча у трапа самолета. Если такой возможности нет, то встреча происходит в зале прилёта.

Встречая делегацию в аэропорту или на вокзале, глава принимающей стороны должен вручить цветы всем дамам, входящим в состав делегации или прибывшим вместе с членами делегации.

На встрече и проводах в аэропорту или на вокзале уместно преподносить цветы, завернутые в целлофан.

Что касается традиции целовать руку женщинам, то во многих странах в настоящее время он практически не употребляется, кроме Польши. В Австрии женщинам руку целуют лишь в особо торжественных случаях. В России этот жест уместен только в закрытых помещениях.

Вне зависимости от времени прилёта гостей желательно сразу же из аэропорта (или вокзала) отвезти их в гостиницу.

Переезд в гостиницу осуществляется на автомобилях или на специальном автобусе (в зависимости от уровня и количества членов делегации).

В международной протокольной практике места в автомобилях делятся на почётные и менее почётные.

Первым почётным местом является место на заднем сиденье справа по ходу движения машины.

Если глава делегации прибыл с супругой, то первое почётное место занимает супруга, супруг находится рядом на менее почётном месте.

На переднем месте рядом с водителем садится переводчик или один из сопровождающих лиц.

См. на следующий рисунок:

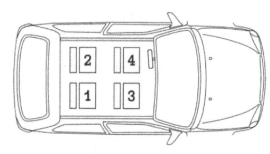

1 — глава иностранной делегации;
2 — глава встречающей делегации;
3 — переводчик;
4 — водитель.

В том случае, когда в качестве транспорта используется такси, то нарушением протокола считается предложение почётному гостю сесть на переднее сиденье рядом с водителем.

Если в качестве транспорта используется личный автомобиль и водитель – встречающий член делегации, то тогда самым почётным местом для гостей будет место рядом с ним.

Перед тем, как гости сядут в автомобиль или захотят выйти из него, необходимо открыть им дверцу, а затем закрыть её за ними. Эта обязанность лежит на членах встречающей делегации и, в зависимости от рассадки по автомобилям, может лежать либо на водителе, на переводчике или на одном из сопровождающих лиц.

Водители должны инструктироваться по порядку работы во время встречи и приёма делегации, иметь опрятный внешний вид, быть в костюме и галстуке.

По прибытии в гостиницу гостей провожают до вестибюля, в случае необходимости помогают оформить все необходимые документы и прощаются.

Провожать гостей до номера не принято, так как в этом случае гостеприимный человек вынужден пригласить провожающего на чашечку чая или кофе, к чему он совершенно не готов.

При подготовке встречи делегации необходимо продумать и вопрос её проводов. В первый же день работы этот вопрос обсуждается с членом иностранной делегации, ответственным за организационные вопросы. С ним уточняются дальнейший маршрут делегации, приемлемое время отъезда и вид транспорта. Целесообразно заранее приобрести билеты и внести коррективы в программу приёма делегации.

Церемониал проводов практически аналогичен церемониалу встречи.

Ни в коем случае нельзя поселять двух человек в один номер (даже в 2-х местный).

Если это ваша гостиница и у вас есть соответствующие возможности, то в зависимости от сезона и местоположения вашего предприятия было бы неплохо оборудовать номера небольшими холодильниками, куда заранее поставить прохладительные напитки, а возможно и фрукты. В номер г-жи N можно поставить цветы. Следует заранее переговорить с обслуживающим персоналом гостиницы и попросить их оказать внимание гостям.

Задание 1. Ответьте на следующие вопросы. (回答下列问题。)

1) Что нужно делать, если в составе делегации есть женщина?
2) Что должен глава принимающей стороны делать при встрече делегации в аэропорту?
3) Какие правила действуют в различных странах в отношении обычая целовать руку женщине?
4) Как проходит церемониал проводов?

Задание 2. Заполните пропуски в следующих фрагментах текста.（根据课文内容填空。）

1) В международной протокольной практике места в автомобилях делятся на _____ и _____.

   Первым почётным местом является место _____ по ходу движения машины.

   Если глава делегации прибыл с супругой, то _____ занимает супруга, супруг находится _____ на менее почётном месте.

   На переднем месте рядом с водителем садится _____.

   Если в качестве транспорта используется личный автомобиль и водитель – встречающий член делегации, то тогда самым почётным местом для гостей будет _____.

2) Перед тем, как гости сядут в автомобиль или захотят выйти из него, необходимо открыть им дверцу, а затем _____.

   Эта обязанность лежит на _____ и, в зависимости от _____, может лежать либо на _____, на _____ или _____.

3) По прибытии в гостиницу гостей провожают до _____, в случае необходимости помогают _____ и прощаются.

   Провожать гостей до номера _____, так как в этом случае гостеприимный человек вынужден пригласить провожающего на _____ или _____, к чему он совершенно не готов.

Текст 2

Терракотовая армия в Китае

В 70-х годах XX века, во время археологических раскопок в Китае, была найдена глиняная Терракотовая армия императора Цинь Шихуана. Эта находка сразу же стала мировой сенсацией, поэтому не зря некоторые окрестили её восьмым чудом света.

На сегодняшний день Терракотовая армия является одной из главных достопримечательностей Китая наряду с Великой Китайской стеной.

В 1974 г. Терракотовая армия обнаружена неподалёку от города Сиань. Она располагается рядом с гробницей императора, и, согласно верованиям древних китайцев, должна охранять его в загробной жизни.

Интересно, что Терракотовая армия представляла собой около 8 100 глиняных воинов и коней, выполненных в натуральную величину. Помимо терракотовых скульптур, также были обнаружены десятки тысяч единиц разного оружия из бронзы.

Глиняная армия была захоронена вместе с императором Цинь Шихуаном в 210 году до н.э. Помимо этих фигур, археологи нашли останки 70 тысяч рабочих с их семьями, а также тела 48 наложниц императора. Экспертиза показала, что все эти люди были погребены заживо. Скорее всего, это делалось для того, чтобы скрыть тайну изготовления данной армии.

Создание

Терракотовые воины захоронены вместе с первым императором династии Цинь – Цинь Шихуаном, в 210-209 годах до н.э. объединившим Китай и соединившим все звенья Великой Китайской стены.

Потомственный историограф династии Хань Сыма Цянь сообщает, что через год после восхождения на престол в 246 году до н. э. 13-летний Ин Чжэн (будущий император Цинь Шихуан) начинает строить свою гробницу.

По его замыслу, статуи должны сопровождать его после смерти, и, вероятно, предоставить ему возможность удовлетворять свои властные амбиции в потустороннем мире так же, как он делал это при жизни.

Строительство мавзолея потребовало усилий более чем 700 тыс. рабочих и ремесленников и длилось 38 лет. Периметр внешней стены захоронения равен 6 км.

Хотя вместо живых воинов, вопреки традиции, вместе с императором похоронены их глиняные копии, также закопано, по различным оценкам, до 70 тысяч рабочих вместе с их семьями.

Основные сведения

Статуи обнаружены в марте 1974 года местными крестьянами во время бурения артезианской скважины к востоку от горы Лишань. Гора Лишань – это рукотворный некрополь первого императора династии Цинь. Материал для части статуй брался именно с этой горы.

Первый этап раскопок прошёл с 1978 по 1984 гг. Второй – с 1985 по 1986 гг. 13 июня 2009 г. начался третий этап раскопок. Армия глиняных воинов покоится в боевом построении в параллельных склепах в 1,5 км на восток от гробницы императора.

Все эти склепы были найдены на глубине от 4 до 8 м. Поражает и то, что все статуи уникальны, то есть каждая фигура имеет свою форму, экипировку и лицо. В числе этих воинов присутствуют рядовые, лучники, кавалеристы и главнокомандующие.

В относительной близости от места захоронения, археологами были обнаружены статуи музыкантов, акробатов и государственных деятелей.

Специалисты из Китая установили, что часть фигур, а также лошади и колесницы выполнены из глины. А вот с остальными воинами дело обстоит гораздо сложнее. До сих пор достоверно неизвестно, откуда они привезены. Каждая человеческая статуя весит около 130 кг.

Учёные и сегодня ломают голову над тем, каким образом изготавливались эти статуи. Определённо ясно то, что изначально фигурам предавалась та или иная форма, а потом происходил их обжиг. Но как? Дело в том, что поблизости археологи не обнаружили ни одной печи для обжига. И это не удивительно, ведь в то время люди ещё не обладали такими высокоразвитыми технологиями, необходимыми для изготовления подобных скульптур. Помимо этого, каждая статуя покрыта специальной глазурью и окрашена краской.

Популярность и значение

В 1987 году на 11-й сессии ЮНЕСКО Терракотовая армия включена в Список Всемирного наследи как часть комплекса «гробницы первого императора династии Цинь». Комплекс гробницы Цинь Шихуана оказался первым из китайских объектов, включённых в этот Список.

Посещение Терракотовой армии часто входит в программу пребывания глав иностранных государств в Китае. В 1984 году экспозицию осмотрел президент США Рональд Рейган с супругой, в 1986 году – королева Великобритании Елизавета II с принцем Филиппом, в 1998 году – президент США Билл Клинтон с семьёй, а в 2004 году – президент России Владимир Путин.

Терракотовая армия сегодня

Раскопки Терракотовой армии полностью не остановлены до сих пор, поскольку власти Китая делают всё возможное, чтобы выявить и сохранить наследие своих предков. Однако на официальном уровне раскопки сейчас не проводятся.

Причиной приостановки археологических исследований является то, что согласно легенде, в загробном мире сопровождать императора должны реки из ртути.

На всякий случай, учёные решили проверить эту версию, чтобы не столкнуться с неприятностями. Очень может быть, что под землёй скрывается ещё много интересных и поразительных артефактов. Поэтому впереди нас могут ждать ещё более новые и удивительные открытия.

Задание 3. Ответьте на следующие вопросы. （回答下列问题。）

1) Когда была найдена Терракотовая армия императора Цинь Шихуана?
2) Какое место занимает Терракотовая армия Цинь Шихуана?
3) Какое значение, по преданию, имеет Терракотовая армия?
4) Почему рабочих, занимающихся построением могилы, были заживо погребены в могилу?
5) Когда была построена Терракотовая армия?
6) Почему Цинь Шихуан решил создать для себя гробницу?
7) Какие этапы археологических раскопок указаны в данном тексте? Перечислите и укажите их особенности.
8) Какие воины присутствуют в склепах?
9) Что остаётся загадкой для современных учёных?
10) Когда главы каких иностранных государств побывали на Терракотовой армии?
11) Почему остановлены раскопки Терракотовой армии?

Задание 4. Заполните пропущенные цифровые данные.（填写空缺的数字。）

1) Терракотовая армия представляла собой около _____ глиняных воинов и коней, выполненных в натуральную величину.

2) Помимо этих фигур, археологи нашли останки _____ тысяч рабочих с их семьями, а также тела _____ наложниц императора.

3) Цинь Шихуан объединил Китай и соединил все звенья Великой Китайской стены в _____ годах до н. э.

4) Армия глиняных воинов покоится в боевом построении в параллельных склепах в _____ км на восток от гробницы императора.

5) Все эти склепы были найдены на глубине от _____ до _____ м.

6) Каждая человеческая статуя весит около _____ кг.

7) В _____ году на _____ сессии ЮНЕСКО Терракотовая армия была включена в Список Всемирного наследия, как часть комплекса «гробницы первого императора династии Цинь».

Упражнение 5. Составьте и разыграйте диалоги на тему «Встреча иностранной делегации на вокзале».（编写并演练题目为"火车站迎接外国代表团"的对话。）

Словарь

приве́тствие [中] 致意，问候；欢迎

делега́ция [阴] 代表团

представле́ние [中] 呈请，出示；提出；向……介绍

зарубе́жный [形] 国外的，外国的

убеди́ться [完] в чём或接连接词что 确认，确信；信服

визи́т [阳] 拜访；出诊；访问

партнёр [阳] （某一联盟、集团、协议的）参与国，伙伴

консульта́ция [阴] 协商，磋商，商讨；咨询

регуля́рность [阴] 规律性；经常性；正规性

форма́льный [形] 正式的；表面上的；形式的

торжественный [形] 隆重的

коллега [阳及阴] 同事，同行；（高等学校的）同学

деловой [形] 事务上的；公务的；业务上的

исключение [中]（исключить-исключать的动名词）开除，除去；排除；例外

супруга [阴] 夫人（多半用以称呼别人的妻子；在交际场合称жена是不够客气的）

обоюдный [形] 双方（共同的），双边的，相互的

протягивать [未] что 拉；伸出

левша [阳及阴] 左撇子

распространённый [形] 普遍的，普及的，详细的

вышеизложенный [形] 上述的

маркетинг [阳] 营销，营销学；市场营销

визитка [阴]（口）名片

отель [тэ] [阳]（大）旅馆，（大）饭店

попозже [副] 稍晚些，稍迟些

династия [阴] 朝代；皇朝；王朝

терракотовый [形] 赤陶的，赤陶色的，赤土色的

стела [тэ] [阴]（刻有文字或雕饰的）石碑，石柱

номер [阳] 号，号码；（旅馆、浴室等的）房间

фитнес [阳] 健身

обслуживающий [形] 服务的，服务性的

обслуживание [中]（обслуживать的动名词）为……服务，招待

вестибюль [阳]（公共建筑物或大宅的）前室，前厅，外室，入口处的大厅

администратор [阳] 行政干部；管理人员

радушный [形] 亲热的，殷勤的

Урок 3
Психологические факторы в переговорах. Первая встреча. Краткие сведения о текстильной фабрике

第三课

谈判中的心理因素·首次会晤·纺织品厂简介

Часть I. Психологические факторы в переговорах
第一部分　谈判中的心理因素

Инициатива в переговорах всегда принадлежит психологически подготовленной к этому стороне.

Исходя из различных потребностей, и для достижения своих соответствующих интересов в ходе внешнеторговых переговоров участвующие стороны проводят обмены и консультации, координируют взаимоотношения. Важную роль в этом играет психология.

С точки зрения психологии, главная задача переговоров заключается в том, чтобы убедить другую сторону принять ваши идеи и предложения. Участники переговоров, обладающие психологическими преимуществами, будут контролировать процесс, содержание и исход переговоров.

Атмосфера переговоров очень важна. Она оказывает прямое влияние на психологию участников переговоров. Переговоры должны вестись в обстановке вежливости, гармонии и взаимного доверия, и не должны использовать никакие неэтичные и грубые методы. Следует отметить, что слишком напряжённые переговоры не увенчаются успехом. В процессе переговоров творческая атмосфера предоставит возможность всем заинтересованным сторонам найти выгодное решение.

Перед началом переговоров все стороны планируют содержание и процесс переговоров,

谈判的主动权始终属于为之做好心理准备的那一方。

外贸谈判中，各参与方因彼此需求不同，所以进行交流、磋商，并协调相互关系，以赢得各自利益。谈判心理在其中发挥着重要的作用。

从心理方面来讲，谈判的主要任务是说服对方，让他接受你的想法和建议。心理上占有优势的谈判者会控制谈判的进程、内容和结局。

谈判的氛围是非常重要的，它对谈判各方的心理产生直接影响。谈判应在礼貌、和谐、彼此信任的环境中进行，不应使用任何不道德、粗鲁的方式。需要注意的是，过于严肃的谈判不会成功。谈判过程中，有创意的氛围会为利益各方达成有利的解决方案提供可能。

在谈判前，各方都会对谈判的内容和流程有所规划，但谈

но переговоры – динамичный и сложный процесс, иногда появляются непредвиденные ситуации, будет меняться психология участников переговоров.

Для общего переговорного процесса очень важен контроль времени: продление или отсрочка переговоров может стать сильным средством давления.

Как всем известно, внешнеторговые переговоры – это социально-экономическая деятельность, сочетающая в себе политику, технологию и искусство, это действие и процесс заинтересованных сторон, стремящихся достичь согласия путём консультаций в целях координации своих отношений друг с другом для удовлетворения соответствующих потребностей.

Чтобы другая сторона согласилась с вами, вам необходимо приложить все усилия, чтобы убедить в том, что вы начинаете с его позиции. Для этого нужно постараться убедить другую сторону, чтобы она не испытывала при этом неудовлетворённости или обиды. В ходе переговоров, если точка зрения другой стороны совершенно неверна, вы не должны прямо критиковать её, потому что, возможно, она не знает, что она не права. В таком случае полезно поставить себя на место другой стороны, постараться рассматривать проблему с её точки зрения. Всем нужна эмпатия. Если вы стараетесь занять их позицию, то они будут больше доверять вам и будут более дружелюбны.

Если с первой фразы вы говорите: «Я докажу

是一个动态和复杂的过程，有时会出现出乎意料的情况，谈判人员的心理也会因之发生变化。

对于一般的谈判过程而言，对时间的把控有着重大意义：延长或推迟谈判会成为制造压力的有力手段。

众所周知，外贸谈判是一项集政策性、技术性、艺术性于一体的社会经济活动，是利益各方为了协调彼此之间的关系，满足各自的需要，通过协商而争取达到意见一致的行为和过程。

为了使对方同意您的观点，应当尽力使他相信您是从他的角度出发的。为此，要努力说服对方，而又要不让他感到不满或委屈。如果谈判对方的观点完全不对，您也不要直接批评他，因为有可能他并不知道他不对。那么把自己放在对方的位置，尽力从他的角度来看待事物，是非常有益的。每个人都需要有同理心。如果您真诚地为对方着想（站在他们的立场），他们就会对您更加信任和友善。

如果您开头的句子是："我

вам...», то таким образом вы доказываете противоположной стороне, что вы умнее, что, само собой разумеется, вызовет у неё противодействие.

Когда точка зрения противоположной стороны неверна, можно показать это взглядом, позой или интонацией. Если вы будете говорить прямо, это может повредить чувству гордости и самоуважению. Это заставит его быть осторожнее, но не изменит его мировоззрение.

Дистанция между сторонами переговоров также является аспектом, который требует внимания. Если вы находитесь слишком близко к своему деловому партнёру, это может заставить его чувствовать себя вторгшимся в его личное пространство, и наоборот, если он находится слишком далеко, он может потерять к вам интерес. Следует помнить, что комфортное расстояние может варьироваться от человека к человеку. Кроме того, отношение делового партнёра к вам может варьироваться в зависимости от направления, в котором вы к нему находитесь (слева, справа, лицом к лицу).

Следующим фактором, который показывает заботу и понимание, является применение языка делового партнёра в переговорах. В процессе переговоров старайтесь выражаться так, чтобы другая сторона могла вас понять.

Во внешнеторговых переговорах очень помогает понимание законов возникновения, развития и изменения психологии внешнеторговых переговоров, их психологических особенностей, развития благо-

给您来证明这一点",那么将会给对方造成这样的感觉："我比您聪明",自然,会遭到他内心的抵触。

当对方的观点不正确时,可以用目光、姿势或语调来提醒他。如果您直接跟他说,那么会打击他的骄傲和自尊。这就会让他有提防的想法,但不会改变其观点。

谈判各方之间的距离也是需要注意的一个方面。如果与合作伙伴距离太近,就有可能让他产生侵犯其领地的感觉,相反,如果距离太远,他可能会失去对您的兴趣。应该记住,使人舒适的距离有可能因人而异。此外,合作伙伴对您的态度可能会因您面对他的方向（左、右、面对面）而有所不同。

下一个让对方感到安慰和能得到理解的因素是在谈判时使用对方的语言。在谈判过程中,应努力使用对方可以理解的方式表达。

了解外贸谈判心理发生、发展、变化的规律,把握外贸谈判的心理特点,对于谈判人员优良的心理素质、良好心态的培养,以

приятных психологических качеств участников переговоров, положительного менталитета, а также понимание психологического состояния и мотивации поведения другой стороны, предвидение и руководство её поведением.

及对对方心理状态、行为动机的把握，猜测和引导谈判对手的行为，都大有裨益。

Часть II. Диалог. Первая встреча. Краткие сведения о текстильной фабрике
第二部分　对话　首次会晤·纺织品厂简介

К: Доброе утро! Владимир Иванович, разрешите представить Вам: это генеральный директор нашей компании Чжан Хуа.

中：早上好！弗拉基米尔·伊万诺维奇，请允许我向您介绍，这是我们公司总经理张华。

Р: Очень рад с Вами познакомиться.

俄：很高兴认识您。

К: Очень приятно с Вами познакомиться, Владимир Иванович. Вы хорошо отдохнули прошлой ночью?

中：很高兴认识您，弗拉基米尔·伊万诺维奇先生。昨晚休息得好吗？

Р: Прекрасно отдохнул. Я полностью восстановился. Отель очень комфортный.

俄：休息得非常好。我完全恢复过来了。宾馆很舒适。

К: Вы специально приехали к нам из Санкт-Петербурга, что меня очень трогает. Вы первый раз приехали в Китай?

中：您专程从圣彼得堡赶来，我很感动。这是您第一次来中国吗？

Р: Да, впервые. Я всегда мечтал посетить Вашу прекрасную страну.

俄：对，是第一次。我一直期待着访问你们这个美丽的国家。

К: Надеюсь, что у Вас будет приятное пребывание здесь. Если у Вас будут какие-нибудь проблемы, не стесняйтесь, обращайтесь к Лю Ли.

中：希望您能在这儿过得愉快！如果有什么困难，请不要客气，请找刘利。

Р: Хорошо. Спасибо!

俄：好的。谢谢！

К: Попробуйте наш ханьчжунский зелёный чай «Сяньхао».

Р: С удовольствием. Я всегда хотел попробовать Ваш местный чай. У Вас чай очень вкусный и ароматный, кроме того, полезен для здоровья.

К: На сколько дней Вы собираетесь у нас остановиться?

Р: Дней на пять.

К: Понятно. В эти дни мы приглашаем Вас посмотреть нашу фабрику. Во время Вашего пребывания мы также организуем экскурсию, чтобы Вы осмотрели наш город.

Р: Замечательно! Очень Вам благодарен!

К: Работы предстоит много. Давайте приступим к делу.

Р: Пожалуйста.

К: Прежде всего, мы немного познакомим Вас с нашей компанией.

Наша компания была создана в феврале 2001 года, и сфера её деятельности – импорт и экспорт текстильных изделий. Благодаря многолетним усилиям компания уже установила деловые связи и сотрудничество более чем с 200 компаниями в США, России, Великобритании, Индии и других странах.

Наша продукция включает в себя одежду, ткани, домашний текстиль и продукцию других областей, охватывающих производство и продажу всей текстильной продукции от сырья до готовой

中：请品尝我们的汉中仙毫。

俄：非常乐意。我一直想品尝你们当地的茶叶。你们茶叶的味道很好，气味芬芳，而且有益健康。

中：你们打算在我们这里待多久？

俄：5天左右。

中：知道了。在这几天期间，我们邀请你们参观我方工厂。在你们逗留期间我们也会安排游览，请你们参观市容。

俄：那太好了，非常感谢。

中：事物繁多，我们现在就开始进入主题吧。

俄：请吧。

中：首先，为你们简要介绍一下我们公司的情况。

我们公司成立于2001年2月，经营范围涉及纺织品的进出口。经过多年努力，公司目前已同美国、俄罗斯、英国、印度等国家的两百多家公司建立起了业务联系和合作关系。

我公司经营的产品包括服装、服装面料、家用纺织品及其它领域的产品。业务涵盖从原料到成品的生产和销

одежды.

Р: Сколько рабочих и служащих в Вашей компании?

К: Более 1000 рабочих и служащих.

Р: То есть у Вас компания среднего масштаба. Каков годовой оборот Вашей компании?

К: Около 5 миллионов долларов США.

Р: Как хорошо, что у Вас такой масштаб бизнеса.

Мы приехали к Вам, чтобы поговорить с Вами об импорте текстильных изделий. Если всё будет благополучно, мы с Вами подпишем договор.

К: Прекрасно! Это каталог текстильных изделий, производимых нашей компанией. Можете ли Вы предоставить конкретный перечень требований, чтобы продвинуть наши дальнейшие переговоры?

Р: Конечно. Мы принесли с собой перечень требований от наших клиентов. Посмотрите, пожалуйста.

К: Спасибо.

Р: Нас очень интересует льняная ткань в клетку с артикулом № 20 в Вашем каталоге. Это очень похоже на спецификации и технические стандарты продукта с номером позиции 11 в списке спроса наших клиентов. Какая Ваша цена? Каковы время и способ доставки?

К: Мы также заметили, что эти две ткани очень похожи, но их технические показатели различаются. Вы тоже в курсе. Технические требования к

售。

俄：你们公司有多少员工？

中：有1000多员工。

俄：那也就是说，你们是中型规模公司。贵公司的年营业额是多少呢？

中：500万美金左右。

俄：你们有如此的经验规模，真不错！

我们来你们这里是为了同你们谈进口纺织品的问题。如果一切进展顺利，我们会和你们公司签署合同。

中：太好了！这是我公司生产的纺织品产品目录。贵方能否提供一份具体的需求清单，以便进一步谈判。

俄：当然可以。我们带来了客户的需求清单。请过目。

中：谢谢。

俄：你们产品目录中货号为20的亚麻棉格布我们很感兴趣。这和我们客户的需求清单中货号为11的商品在规格、技术标准上都非常相似。请问你们这个的价格是多少？ 交货时间和方式是什么？

中：我也发现了，这两种布匹非常相似，但它们的技术指标

данной ткани очень высоки, поэтому цена не может быть низкой, но она также зависит от объёма и сроков поставок.

Как правило, мы поставляем ткани в течение 3 месяцев после получения аккредитива при условии ФОБ порт Тяньцзинь.

Р: Мы можем обсудить условия поставки и прочие вопросы попозже. Завтра нам хотелось посмотреть Вашу фабрику.

К: Нет проблем. Когда вернёмся в наш офис сегодня позднее, мы рассчитаем цену ткани этого типа в соответствии с потребностями Ваших клиентов, а затем обсудим условия поставки и другие вопросы.

Р: Спасибо за Ваше гостеприимство и тщательную подготовку, и Ваш переводчик прекрасно говорит по-русски. Всё это убеждает нас в том, что сотрудничество между нами будет очень успешным и плодотворным.

还是不同的。你们也深知这点。这个编号布匹的技术要求很高，所以价格不会便宜。但价格还是取决于供货的数量和时间。

一般情况下，我们布匹交货期都是在收到信用证后的3个月，交货条件是FOB天津港。

俄：交货条件等问题我们可以一会儿再商量，明天我们想参观一下你们工厂。

中：没问题。今天回去后，我们将按照你们客户的需求，核算这种布料的价格，然后我们双方再谈论交货条件等问题。

俄：谢谢你们的热情款待和细心准备，而且，你们的翻译俄文讲得非常好。这一切让我们感觉到和你们的合作会非常愉快。

Часть III. Общая информация
第三部分 知识点

I. Запомните следующие словосочетания.（记住下列词组。）

1) 心理因素 психологические факторы

2) 不道德和粗鲁的方式 неэтичные и грубые методы

3) 利益双方 заинтересованные стороны

4) 动态过程 динамичный процесс

5) 对时间的把控 контроль времени

6) 社会经济活动 социально-экономическая деятельность

7) 尽一切努力 приложить все усилия

8) 观点 точка зрения, мнение

9) 批评对方 критиковать противоположную сторону

10) 内心的抵触 внутреннее сопротивление

11) 侵犯他人的领地 вторгнуться на чужую территорию

12) 面对面 лицом к лицу

13) 行为动机 поведенческая мотивация

14) 纺织产品 текстильная продукция

15) 中型规模公司 компания среднего масштаба

II. Прочитайте текст и запомните фразы, помогающие провести переговоры, и фразы-запреты.（读课文，记住有助于谈判顺利进行的语句和禁忌语句。）

На всех этапах переговоров для достижения взаимовыгодных соглашений и выстраивания отношений важно следовать принятым нормам речевой коммуникации. Далее мы рассматриваем некоторые фразы, содействующие переговорам, и фразы, препятствующие партнёрам достичь понимания в ходе переговоров.

В начале встречи следует избегать фраз выражающих:

• неуверенность, обилие извинений

«Если у вас есть время меня выслушать...», «Извините, если я вам помешал»

• неуважение, пренебрежение к партнёру

«Я проходил случайно и заскочил к вам», «Давайте с вами быстренько рассмотрим»,

• фразы «нападения»

«Что за безобразие твориться?»

При проведении всех переговоров, следует обратить внимание на следующие аспекты:

– проявляйте уважение к мнению вашего собеседника,

– никогда не говорите человеку, что он не прав,

– если вы не правы, признайте это быстро и решительно,

– искренне старайтесь смотреть на вещи с точки зрения вашего собеседника,

– выражайте людям одобрение по поводу малейшей их удачи и отмечайте каждый их успех.

III. Запомните следующие специальные термины, связанные с текстильной продукцией. (记住下列的有关织物的术语。)

Ассортимент хлопчатобумажных тканей

Нательное бельё, махровые изделия, постельное бельё, столовое бельё (салфетки и скатерти), фуршетные юбки, спортивная, специальная спортивная и специальная одежда, платья, халаты, сарафаны, брюки, блузки и др.

Хлопчатобумажные ткани

Беленые, гладкокрашеные, пестротканые, меланжевые, печатные, суровые, аппретированные, мерсеризованные и др.

Сатин, поплин, батист, ситец, фланель, бязь, тафта, шотландка и др.

Шёлковые ткани

Натуральные, синтетические, искусственные, смешанные, ткани из пряденого шёлка и штапельной пряжи и др.

Шифон, шёлк-сатин, атлас, бархат, бархат-велюр, газ (газ-иллюзион, газ-рис, газ-марабу, газ-кристалл), креп, крепдешин, креп-жоржет, муслин, органза, саржа, парча, тафта, чесуча и др.

Часть IV. Упражнения

第四部分 练习

Упражнение 1. Переведите следующие словосочетания.（翻译下列词组。）

1) 谈判的氛围

2) 出乎意料的情况

3) 通过协商达到一致

4) 不可靠的信息

5) 引起抵触

6) 年营业额

7) 技术指标

8) перед началом переговоров

9) продление или откладывание переговоров

10) варьироваться от человека к человеку

11) домашний текстиль

12) льняная ткань в клетку

13) ханьчжунский зелёный чай «Сяньхао»

14) каталог текстильных изделий

Упражнение 2. Допишите нижеследующие диалоги.（补足对话。）

1) – Я всегда мечтал приехать в Вашу страну.

– Благодаря нашему сотрудничеству у Вас есть такая возможность.

– _____.

– _____.

2) – Хотелось бы на месте познакомиться с производством.

– Вы хотели бы посетить завод или головной офис компании?

– _____.

– _____.

3) – Если Вы не против, я кратко расскажу Вам о нашем международном сотрудничестве.

– Конечно, хотелось бы узнать побольше из первых уст.

– _____ .

– _____ .

4) – Мы с Вами хотели бы обсудить вопрос о дальнейшем сотрудничестве в рамках существующего соглашения.

– Конечно. Какие у Вас есть предложения?

– _____ .

– _____ .

5) – После обеда у нас запланирована встреча с президентом Корпорации «Хуавэй».

– Сколько человек будет принимать участие во встрече? Нам необходимо подготовить подарки.

– _____ .

– _____ .

Упражнение 3. Расставьте по порядку данные реплики в диалоге.（将下列短句按顺序编排成对话。）

Диалог 1

1. Вы впервые прибыли в Россию?

2. Работы предстоит много. Давайте начнём наши переговоры.

3. Да, в первый раз. Я всегда мечтал посетить Вашу прекрасную страну.

4. Два дня.

5. Надеюсь, что у Вас останутся приятные воспоминания о нашей стране. Сколько времени продлится Ваш визит?

Диалог 2

1. Ассортимент продукции нашей компании богатый. Мы приготовили для Вас каталог продукции текущего года. Вы можете ознакомиться и предложить свои направления сотрудничества.

2. Какие планы развития у Вашей компании существуют в настоящее время?

3. Мы занимаемся разработкой и поставками специализированного оборудования.

4. Самые большие контракты у нас подписаны со странами Центральной Азии.

5. Мы планируем осваивать рынок Восточной Европы.

6. На какой продукции специализируется Ваша компания?

7. Прекрасно. Какая продукция у Вас есть?

8. С какими странами ведётся сотрудничество в настоящее время?

9. Спасибо, постараемся к вечеру все подробно изучить и начать обсуждать детали.

Упражнение 4. Прочитайте тексты и выполните задания. （读课文，完成任务。）

Текст 1

В практике внешнеэкономической деятельности в соответствии с национальными традициями, обычаями и менталитетом сложились определённые стили ведения переговоров, на которые следует ориентироваться при деловых встречах с иностранными партнёрами.

Американский стиль ведения переговоров отличается высоким профессионализмом и самостоятельностью членов делегации, ведущей переговоры, при принятии решений.

① Американцы любят свободную атмосферу ведения переговоров, для них характерны дружелюбие, открытость, энергичность. Они быстро реагируют на всё и ждут того же от партнёров.

В процессе переговоров необходимо фиксировать внимание на целях американского партнёра с тем, чтобы заинтересовать его реальными и конкретными предложениями по достижению этих целей. Чаще всего американцы проявляют большую напористость и даже агрессивность, если обладают на переговорах достаточно сильной позицией; любят торговаться.

② Английский стиль ведения переговоров отличается прагматизмом, умением перестраиваться в зависимости от мнения партнёра. При этом английские бизнесмены выработали и придерживаются определённого ритуала делового общения. Прежде чем приступить к переговорам с ними, следует серьёзно подготовиться (выяснить фирменную структуру рынка, того или иного товара, уровень цен, сведения об особенностях фирмы), а затем уже договариваться о встрече. Переговоры с английскими партнёрами лучше начинать с обсуждения чисто житейских проблем (погода, спорт, дети), показывая, что для вас общечеловеческие ценности выше коммерческих. ③ <u>Особое внимание англичане уделяют длительности взаимоотношений в рамках контракта. Чем продолжительнее период действия предполагаемой сделки, тем легче английский партнёр идёт на заключение контракта.</u>

Французские бизнесмены стараются избегать официальных переговоров тет-а-тет, большое внимание уделяют предварительным договорённостям, менее самостоятельны (по сравнению с американскими бизнесменами) при принятии окончательных решений. Сохраняя традиционные для французов черты поведения (вежливость, любезность, склонность к шутке и непринуждённость), участники переговоров ведут переговоры достаточно жёстко, выбирая конфронтационный тип взаимодействия.

④ <u>Немецкие партнёры расчётливы и пунктуальны. Они вступают в переговоры только тогда, когда уверены в том, что контракт будет заключён.</u> Они заранее тщательно прорабатывают свою позицию, а на переговорах рассматривают её детально. Подготавливаясь к переговорам с немецкими партнёрами, следует уточнить все их титулы, которым они придают большое значение. В процессе переговоров необходимо стремиться к чёткости, краткости, все предложения должны быть конкретны.

⑤ <u>Японские бизнесмены во время переговоров с более слабыми партнёрами могут использовать приём давления, но применение угроз по отношению к ним неэффективно.</u> Японские партнёры доброжелательны, уделяют достаточно много времени обсуждению общечеловеческих проблем. Особенности национальной культуры и системы воспитания японцев оказывают влияние на процесс ведения ими переговоров. Прежде всего, это проявляется в точности во всём – во времени начала и окончания переговоров, в выполнении обещаний и взятых на себя обязательств. Внимательное выслушивание собеседника часто воспринимается европейцами как согласие с излагаемой точкой зрения. На самом деле внимание японца следует рассматривать, как побуждение собеседника продолжать беседу.

На японском языке «да» применяется для того, чтобы подтвердить, что сказанное услышано, а не для того, чтобы выразить согласие. Японцы стремятся не говорить слово «нет», поэтому, отказывая, они подводят партнёра к этому с помощью «тактики проволочек» при обсуждении условий контракта.

⑥ <u>Южнокорейские бизнесмены обычно предпочитают «брать быка за рога» сразу после того, как установлено взаимопонимание. Они склонны к чётким формулировкам и не любят пустых рассуждений.</u> С японцами их объединяет нежелание открыто говорить о своём несогласии с партнёром и доказывать его неправоту. Но если решение принято, корейские партнёры выражают готовность к немедленным действиям. Они бывают разочарованы, если на переговорах контрагенты говорят «надо подумать» и не имеют полномочий принимать ответственные решения.

⑦ <u>Китайский стиль ведения переговоров отличается чётким разделением переговорного процесса на отдельные этапы.</u> На начальном этапе большое внимание уделяется внешнему виду партнёров и манере их поведения. В делегации партнёра китайцы выделяют людей, которые выражают симпатии их стороне, и впоследствии через них стараются влиять на позицию противоположной стороны.

Многие характеристики российского стиля ведения переговоров аналогичны характеристикам, которые выделялись при анализе советского переговорного стиля.

⑧ <u>По мнению западных участников переговоров, основная отличительная черта российского стиля ведения переговоров состоит в том, что внимание обращается в основном на общие цели и относительно мало внимания уделяется тому, как их можно достичь.</u> При решении проблем на переговорах российская делегация предпочитает действовать осторожно и не рисковать. В случае, если есть выбор между более или менее рискованными вариантами решений, наверняка будет выбран второй вариант. Боязнь риска у российской стороны ведёт за собой и ограничение инициативы.

Задание 1. Переведите подчёркнутые предложения на китайский язык.（将上文带有下划线的句子翻译为中文。）

Текст 2
Преимущества текстильной промышленности в Китае

Текстильная промышленность уже давно стала оплотом китайской экономики благодаря своим преимуществам в факторах производства и масштабах рынка.

В силу соотношения факторов и международного конкурентного преимущества развитие текстильной промышленности по-прежнему определяется затратами труда и технологиями. Для сравнения, швейная промышленность является трудоёмким процессом, а для текстильной промышленности, в частности для сектора химических волокон, капитал и технологии становятся всё более и более важными. Текстильная промышленность Китая показывает очевидный масштаб экономики и экономические эффекты в материальном обеспечении, трудовых затратах, качестве продукции, которые вносят вклад в её энергичную экспортную конкурентоспособность.

Текстильная промышленность Китая показывает специфическое превосходство перед другими развивающимися странами.

Китай значительно опережает развивающиеся страны (например, Индию, Пакистан) в росте экспорта и доле экспорта текстиля на мировом рынке. Соотношение экспорта одежды у Китая выше, чем у других развивающихся стран, за исключением Мексики. Также помимо низкой стоимости факторов производства и масштаба рынка Китай пользуется особым конкурентным преимуществом в промышленной агломерации и привлечении прямых иностранных инвестиций.

Особым преимуществом в текстильной промышленности Китая является привлечение прямых иностранных инвестиций. Одной из движущих сил для роста ВВП Китая в последние 20 лет были зафиксированы капиталовложения, среди которых на долю прямых иностранных инвестиций приходится более 10 %. Китай в течение многих лет лидирует по привлечению капитала из-за рубежа среди других развивающихся стран. Благодаря инвестиционной среде и региональному преимуществу Китай приобрел большое конкурентное преимущество в использовании иностранного капитала, расширения масштабов промышленности через «эффекты обучения», технологии и модернизацию структуры промышленности.

Задание 2. Ответьте на следующие вопросы. (回答下列问题。)

1) Что означает слово «оплот» в данном тексте? Объясните его смысл на русском языке.
2) Что определяет развитие текстильной промышленности в Китае?
3) В каких отраслях играет важную роль трудоёмкий процесс?
4) Какое положение в мире у текстильной промышленности Китая?
5) Что является особым преимуществом в текстильной промышленности Китая?

Текст 3
Лёгкая промышленность Китая

Лёгкая промышленность в Китае очень развита, главные её отрасли – пищевая и текстильная.

Текстильная отрасль представлена предприятиями по производству шерсти, льна и конопли на севере Китая и шёлка и джута – на юге. Китай занимает первое место в мире по экспорту одежды из х/б тканей, в стране расположены производства многих международных фирм. Китайская лёгкая промышленность играет очень важную роль в экономике страны и является одной из самых крупных по объёмам производства. Такое развитие обусловлено доступностью основных факторов производства: Китай очень богат дешёвыми трудовыми ресурсами, также развито и производство тканей, как натурального хлопка, так и синтетических волокон. Одним из преимуществ Китая перед другими экспортёрами в отрасли – наличие иностранных инвестиций и выгодные для них экономические условия.

Больше всего предприятий пищевой промышленности Китая расположено на юго-западе страны. Эта отрасль также очень развита – Китай полностью обеспечивает свои потребности в продовольствии с 80-х годов прошлого века, несмотря на огромные размеры своего внутреннего рынка. На сегодняшний день страна является крупным экспортёром морепродуктов и рыбы, а также фруктов и овощей. Исторически развита чайная промышленность: с XIX века Китай не теряет свой статус одного из главных поставщиков чая. Размещены предприятия чайной отрасли в основном исторически, так как собранное сырьё необходимо сразу перерабатывать, что делается на уже построенных заводах.

Задание 3. Ответьте на следующие вопросы. （回答下列问题。）

1) Что включает в себя текстильная промышленность?
2) Каково текущее состояние текстильной промышленности Китая?
3) Что в основном входит в пищевую промышленность?
4) Какое место занимает текстильная промышленность в экономике Китая? Подтвердите фактами.
5) Какая ситуация в Китае у чайной промышленности?

Упражнение 5. Составьте и разыграйте диалоги на тему «Первая встреча с иностранными партнёрами». （编写并演练题目为"同外国贸易伙伴的首次会面"的对话。）

Словарь

инициати́ва [阴] 发起，首倡

координи́ровать [完，未] что или что с чем <文语>使协调一致，使协同动作

контроли́ровать [未] кого-что 操纵，控制，管制

атмосфе́ра [阴] 大气（层）；<转>气氛，环境

гармо́ния [阴] （事物、现象、动作等（协调、一致、和谐、匀称

увенча́ться [完] чем <转，文语>得到好的结局，以（好的结果）而告终

динами́чный [形] 变动不定的；灵活的；动作多变的；动态的

непредви́денный [形] 不测的，未预料到的；意外的

менталите́т [阳] <书>思潮；思维方式；心态，心理

откла́дывание [中] 推迟，延期

неудовлетворённость [阴] 不满足，不满意

критикова́ть [未] кого-что 批评，批判

эмпа́тия [阴] （希 empatheia）<心理>神入；感情移入，移情（指对他人同情，与他人产生感情上的共鸣，也指将自己的主观感情、思想、观念移入客观世界的物体或艺术作品）

по́за [阴] 姿势，姿态，架势

вто́ргнуться [完] во что 攻入；入侵

варьи́роваться [未] <文语>变形，变态

мотива́ция [阴] 动机，理由

оборо́т [阳] 一周，旋转；周转

льняно́й [形] 亚麻制的

кле́тка [阴] 方格

арти́кул [阳] 货号；编号

пози́ция [阴] <会计> （库存、账目的）总情况

пока́затель [阳] 标志，指标

Урок 4
Деловой этикет. Посещение Зоны освоения новых высоких технологий

第四课
商务礼仪·参观高新技术开发区

Часть I. Деловой этикет и международные переговоры

第一部分 商务礼仪和国际谈判

Деловой этикет – это свод правил и концепций, которым должны следовать деловые люди во время деловых встреч, переписки или телефонных переговоров.

Ведение бизнеса основывается не только на экономике, но и на этикете. Недопустимы действия, которые нарушают корпоративные правила и принципы делового этикета.

Деловой этикет – это не просто вежливость, это сложная система норм, правил и общепринятых норм. Исследования данной проблемы должны исходить из следующих ситуаций:

- Уважать своё и чужое время. Чтобы рационально и целесообразно распределять ресурсы времени, деловые люди должны уметь использовать время и быть пунктуальными, потому что время также важно для ваших деловых партнёров.

- Соблюдать чистоту и порядок на рабочем месте. Если бизнес-переговоры проводятся в вашей рабочей зоне, то состояние офиса и стола позволит вашим собеседникам многое узнать. Необходимо обратить внимание, находятся ли все вещи в своих местах, не должно быть ненужных предметов.

- Если вы не знаете языка другой страны, обязательно

商务礼仪是商务人士在商务会见、函电往来或者电话商谈时所应遵循的准则和概念。

商业的进行不仅建立在经济基础之上，而且也建立在礼仪基础之上。违反公共规则和商务礼仪准则的行为是不可接受的。

商务礼仪不仅仅是指礼貌，它是涉及规范、规则和常规的复杂体系。对这个问题的研究应从下列情况出发：

- 尊重自己和别人的时间。商贸人士为了顺畅、合理地支配时间资源，应该能把握时间，做到守时，因为时间对于您的商务伙伴来说同样重要。

- 保持工作场所的清洁和秩序。如果商务谈判在您的工作领域进行，办公室和办公桌的状况会给您的谈话者留下很深印象。必须注意：是否所有的东西都在它们自己的位置上，不要有多余的物品。

- 如果您不通晓对方国家语言，务

во время переговоров необходимо присутствовать переводчик. При общении через переводчика очень важно, чтобы люди, свободно владеющие двумя языками, контролировали перевод и исправляли ошибки.

- Внимательно относиться к правильности слов. Ваши мысли должны выражаться последовательно, структурировано и грамотно. Владение искусством самовыражения – это половина успеха.

- Уважать собеседника. Независимо от того, совпадает ли ваша точка зрения с интересами партнёра, вы должны терпеливо выслушивать его и проявлять уважение к мнению другой стороны.

- Работать с полной отдачей. Вы должны выполнять свою работу и постоянно совершенствовать её, даже если этого никто не видит. Ваш профессионализм и следование нормативно-правовым образцам обязательно будут признаны торговыми партнёрами.

- Соблюдать конфиденциальность. Не раскрывайте коммерческую тайну, даже если вы полностью доверяете своим торговым партнёрам. В противном случае это не только нанесёт ущерб интересам компании, но и создаст плохой имидж в глазах торговых партнёров.

Невербальная коммуникация

Деловой этикет в мире имеет много правил и деталей, особенно следует обратить внимание на язык тела. Необходимо запомнить нижеследующее:

- Следует одеваться подобающе и уместно. Самое

必在谈判过程中配备翻译人员。当通过翻译交谈时，熟练掌握两种语言的人把控翻译和纠正错误是非常重要的。

- 注意用词准确。您的思想表达应始终如一、结构清晰且语法通顺。对自我表达艺术的掌握是成功的一半。

- 尊重交谈者。无论您的观点同谈判伙伴的利益是否吻合，您一定要耐心听他表达自己的想法，并对对方的意见表示尊重。

- 全力以赴地工作。应该做好自己的工作，不断地完善它，哪怕您所做的一切无人知晓，您的专业性和规范性也会被贸易伙伴所认同。

- 保密。不要泄露商业机密，哪怕您完全信任贸易伙伴。否则不仅会损害公司利益，而且有损您本人在贸易伙伴眼中的形象。

非言语交流

世界上的商务礼仪有众多的规则和细节，尤其要关注肢体语言。需要记住以下内容：

- 衣着得体。最主要是要根据您的

главное – одеваться в соответствии с вашей рабочей средой и не выделяться на общем фоне. Ваша одежда должна показывать ваш вкус.

- Кинесика не должна быть слишком активной, в противном случае другая сторона может почувствовать давление или агрессию с вашей стороны.
- Необходимо уважать личное пространство друг друга. Стойте рядом с собеседником не ближе, чем на расстояние вытянутой руки.
- Не говорить слишком тихо или слишком громко, поддерживать среднюю громкость, который позволяет собеседнику чётко вас слышать.
- Если ваш партнёр делаете шаг назад, вы не должны двигаться вперёд в его направлении, поскольку это может быть воспринято как давление или попытка нарушить его личное пространство.
- Не следует смотреть на часы или на дверь. Если вы сделаете это, вы покажете, что вы устали от беседы и хотите уйти как можно скорее.
- Не нужно скрещивать руки и ноги. Это закрытая поза, чтобы доказать, что вы хотите держаться подальше от собеседника.

Успех переговоров во многом зависит от знаний участников переговоров и соблюдения этикета стран-партнёров. В процессе торговли в разных странах местный этикет является большой проблемой для деловых людей. Не менее важно знать об особенностях культуры, обычаев и правил в вашей стране-партнёре.

工作环境着装，不要显得另类。您的着装应该显示出您的品位。

- 身势语不宜过于频繁，否则对方有可能觉得这是压力或者是种侵犯。
- 尊重彼此的个人空间。站在一起时，同对方的距离不要近过一个胳膊伸直的距离。
- 讲话声音不要太小，也不要太大，保持能让对方清楚听到的中等音量。
- 如果对方向后退一步，您不要向前紧跟一步，这有可能被当成压力或者企图侵犯个人空间。
- 不要看您的手表或者看门，这样做会显示出您对谈话很厌倦，想尽快离开。
- 不要交叉双臂和双腿，这是封闭姿势，证明您想远离对方。

谈判的成功在很大程度上取决于谈判者对伙伴国家礼仪的知晓和遵从。在不同国家进行贸易，地方礼仪对于商业人士是一个大问题。了解合作伙伴国的文化、风俗和规则是同样重要的。

Часть II. Диалог. Посещение Зоны освоения новых высоких технологий

第二部分　对话　参观高新技术开发区

К: Теперь мы находимся в Сианьской зоне освоения новых высоких технологий.

Р: Этот район, действительно, отличается от центра города.

К: Совершенно верно. Сианьская зона освоения новых высоких технологий была основана в 1991 году. Данная зона как Зона новых высоких технологий государственного значения утверждена Госсоветом КНР в первой партии. Она является передовым районом, представляющим новые научно-технические отрасли Сианя и западных районов Китая.

Площадь парка – 679,4 кв. км. В последние годы быстрыми темпами растут основные экономические показатели Сианьской зоны освоения новых высоких технологий. Комплексные показатели Зоны находятся в авангарде 56 государственных зон новых высоких технологий. Сианьской зоной сформированы свои преимущества и особенности в продвижении технических инноваций и развитии высокотехнологичных отраслей с независимыми правами интеллектуальной собственности. В районе аккредитовано 1 320 предприятий высоких технологий, реализовано около 10 000 научно-технических достижений,

中：现在我们所在的地方就是西安高新技术开发区。

俄：这里的确和市中心不太一样。

中：没错。西安高新技术开发区成立于1991年，是国务院首批批准的国家级高新区。它是一个代表西安与西部高新科技前沿的领地。

园区面积679.4平方公里。近年来，西安高新区主要经济指标增长迅猛，综合指标位于全国56个国家级高新区前列。西安高新区在推动技术创新、发展拥有民族自主知识产权的高新技术产业方面形成了自己的优势和特色。全区有经认定的高新技术企业1320家，累计转化科技成果近10000项，其中90%以上拥有自主知识产权。园区项目列入国家各类产业计划的数

из которых более 90 % обладают независимыми правами интеллектуальной собственности. Зона входит в различные национальные промышленные планы, занимает передовые позиции среди государственных зон высоких технологий. Сианьская зона освоения новых высоких технологий – территория, которая представляет собой передовой край индустрии новых высоких технологий Сианя и западной части Китая. Зона с её многочисленными «первыми» показателями является полюсом сильнейшего экономического роста и окном открытия для внешнего мира провинции Шэньси и города Сианя. В настоящее время Сианьская зона освоения новых высоких технологий является одним из регионов с благоприятной инвестиционной средой, высокой степенью рыночного развития и наиболее активным экономическим развитием в центральных и западных регионах Китая, став важной базой для развития новых высоких технологий в Китае.

Р: Это, действительно, прекрасно. С этого места мы видим воплощение развития китайской экономики: высотные здания, широкие проспекты под сенью деревьев.

К: Наш научно-исследовательский институт расположен на проспекте Гаосиньсилу. Сейчас мы туда поедем.

Р: С удовольствием. Цель нашей поездки – ознакомление с научно-исследовательским результатами и состоянием производства Вашей компании.

量，居全国高新区前茅。

西安高新区，一个代表西安与西部高新科技产业前沿的领地，以其众多的"第一"成为陕西和西安最强劲的经济增长极和对外开放的窗口。如今，西安高新区已成为中国中西部地区投资环境好、市场化程度高、经济发展最为活跃的区域之一，成为我国发展高新技术产业的重要基地。

俄：真是不错。在这里我们看到了中国经济发展状况的缩影：高楼林立、街道宽阔、绿树成荫。

中：我们科研所在高新四路，现在我们就去那里看看。

俄：好的。我们此行的目的就是了解贵公司的研究和生产状况。

К: Это и есть наш центр исследований и разработок.

Р: Центр исследований и разработок имеет большую площадь, и это подходит для исследований и разработок в области биоэнергетики.

К: Это правда. Источником НИОКР являются ресурсы биомассы лесного хозяйства. Так как наш город находится у подножия хребта Циньлин и в горах много разрозненной древесины, сломанных веток, листьев и деревянных опилок. Эти материалы предоставляют нам возможность проводить исследования производства электроэнергии из биоэнергии*.

Р: Совершенно верно. Всем известно, что постоянно сокращаются запасы минеральных энергоресурсов, существуют энергетический кризис и парниковый эффект, человечество ищет альтернативные источники энергии, неизбежным становится создание новых источников энергии. Россия богата лесными ресурсами, на основе этого у нас есть возможность сотрудничества.

К: Полностью с Вами согласен! Китайское правительство поощряет исследования новых источников энергии и новых материалов, всеми силами поддерживает производство энергии из биомассы. Посмотрите, это и есть макет нашей электростанции.

Р: Масштабно.

К: Здесь зона сырья. Там котёльная. И там паровой турбогенератор.

Р: Видим, что у Вас передовое оборудование, и нам

中：这就是我们研发中心。

俄：中心面积很大，适合生物质能的研发。

中：是的。我们的主要研发资源为林业生物质资源。因为我们城市背靠秦岭，山里有众多的零散木材、残留的树枝、树叶和木屑等。我们进行的生物质发电研究就使用这些材料。

俄：非常对。众所周知，由于矿物质能源的储量在逐渐下降，能源、危机、温室效应的存在，人们在寻找可替代能源，这使得新能源新材料的开发迫在眉睫。俄罗斯森林资源丰富，正是基于此，我们才有合作的可能。

中：完全同意您的观点！中国政府鼓励新能源、新材料研发，大力支持生物质能的产出。您看，这就是我们的发电厂的模型。

俄：嗯，规模很大。

中：这是原料区，那里是锅炉岛，那边是涡轮发电机。

俄：看到你们的设备都非常先

хотелось бы продолжить обсуждение нашего сотрудничества.

К: Это именно то, что мы ожидаем.

进，我们愿意进一步好好讨论合作事宜。

中：这也是我们所期望的。

* Энергия биомассы или биоэнергия – так называют энергию, производимую из органических веществ. Биомасса в основном представлена живыми или недавно погибшими растениями, а также различными отходами.

Часть III. Общая информация
第三部分 知识点

I. Запомните следующие словосочетания.（记住下列词组。）

1) 高新技术开发区 Зона освоения новых высоких технологий

2) 商务礼仪 деловой этикет

3) 经济基础 экономическая основа

4) 言语的正确性 правильность речи

5) 全力以赴地工作 работать с полной отдачей

6) 保密 соблюдать конфиденциальность

7) 受到损失 нанести ущерб

8) 在……的眼中 в чьих глазах

9) 工作环境 рабочая среда

10) 交叉双臂 скрещивать руки

11) 首批 первая партия

12) 位于前列 находиться в авангарде; занимать передовые позиции

13) 技术创新 технологические инновации

14) 对外开放 открытие для внешнего мира

15) 生物质能 биоэнергия; энергия биомассы; биоэнергетика

16) 能源危机 энергетический кризис

17) 原料区 зона сырья

II. Прочитайте следующую информацию, переведите подчёркнутые предложения на китайский язык.（阅读下列信息，将带有下划线的句子翻译成中文。）

① Зоны освоения новых и высоких технологий (National hi-tech industrial development zone, HIDZ) являются особой формой научно-технического сотрудничества вузов, научно-исследовательских учреждений, малых инновационных компаний, консультационных фирм, обслуживающих организаций, местной администрации и крупных промышленных предприятий. Их деятельность способствует превращению науки в производительную силу.

② Во многих крупных городах Китая вузы, академические и отраслевые НИИ расположены рядом друг с другом в каком-то определённом месте города. В этих районах или рядом с ними размещаются компании новых высоких технологий, для которых научные центры и университеты предоставляют молодых специалистов.

Часть IV. Упражнения
第四部分 练习

Упражнение 1. Переведите следующие словосочетания.（翻译下列词组。）

1) 公共规则

2) 掌握表达的艺术

3) 工作环境

4) 个人空间

5) 中国国务院

6) 增长极

7) 温室效应

8) 矿物质能源

9) 掌握两门语言

10) компетентность и грамотность работы

11) язык тела

12) местный этикет

13) экономические показатели

14) центр исследований и разработок

15) электроэнергия из биомассы

16) независимое право интеллектуальной собственности

Упражнение 2. Объясните следующие понятия на русском языке.（用俄语解释下列概念。）

1) Деловой этикет

2) Биоэнергетика

3) Парниковый эффект

4) Энергический кризис

Упражнение 3. Прочитайте тексты и выполните задания.（读课文，完成任务。）

Текст 1

Особенности этики общения в бизнес-среде

① <u>В бизнес-среде недостаточно быть просто воспитанным, культурным, вежливым человеком. Деловой этикет имеет ряд особенностей и отличий.</u> Правила делового этикета требуют строгости и точности в исполнении.

Особенности этики общения в организации определены спецификой экономической сферы жизни людей и традициями, сложившимися в культурной среде.

Основы делового этикета – общие принципы культуры поведения в корпоративной среде, среди которых следует отметить нижеследующие:

Вежливость

Тон общения с коллегами, партнёрами, клиентами всегда доброжелательный, приветливый. Безупречная улыбка – визитная карточка успешного в бизнесе человека. Вежливость помогает повысить прибыльность предприятия, сохранить хорошие отношения с партнёрами и клиентами. Нервозность, раздражительность и паника правила делового этикета исключают.

Корректность

② В корпоративной среде не принято быть грубым и невнимательным даже по отношению к нечестному партнёру. Необходимо уметь держать себя в руках, сдерживать эмоции и регулировать поведение усилием воли.

Тактичность

Деловые люди не забывают про чувство меры и такта во взаимоотношениях с людьми. Предусмотрительно избегают неловких, негативных и неприемлемых тем в разговоре.

Деликатность

③ Деликатность предполагает мягкость, плавность, гибкость, витиеватость речи. Принято говорить комплименты, не переходящие в лесть и лицемерие.

Скромность

Способность вести себя скромно характеризует человека как воспитанного, выгодно подчёркивает его деловые и личные качества. Скромный специалист и профессионал своего дела воспринимается как уравновешенная, гармоничная, целостная и зрелая личность.

Обязательность

Если работник или руководитель взял на себя обязанность, дал обещание, он должен его сдержать. ④То, насколько руководитель или сотрудник организации обязателен, может рассказать об его умении анализировать, прогнозировать, оценивать обстановку, силы и возможности.

Пунктуальность

⑤В среде бизнеса считается неприличным быть неточным во времени, не уметь им правильно распоряжаться, ведь это признак того, что человек не ценит ни своё, ни чужое время. Например, ожидание важной встречи дольше пяти минут правила делового этикета определяют как грубое нарушение. Время особенно ценно в бизнесе.

Задание 1. Переведите подчёркнутые предложения на китайский язык.（将上文带有下划线的句子翻译成中文。）

Текст 2
Деловой этикет в России: национальные особенности

Деловой этикет в каждой стране имеет свои, порой странные для представителей другой культуры особенности. Итак, каковы правила делового этикета в России и всегда ли необходимо их соблюдать?

Пунктуальность – вежливость королей и профессионалов

Российскому деловому человеку обязательно нужно быть пунктуальным и ответственным. То, что следует вовремя являться на встречи с деловыми партнёрами и уважительно относиться к их времени, даже не оговаривается. Все эти качества – обязательная составляющая деловой репутации.

Если с ними существуют сложности, следует взять уроки тайм-менеджмента, но решить проблему нужно во что бы то ни стало. Даже единственное опоздание продемонстрирует партнёру, что им пренебрегают. А этого деловые россияне очень не любят.

Обязательное соблюдение официально принятого дресс-кода

Деловой этикет в России достаточно строг. Это, конечно, уже не Нидерланды, в которых даже на совещании компании можно достать бутерброд и спокойно обедать. В России такая расслабленность не приемлема. Именно поэтому во многих компаниях введён строгий дресс-код, который дисциплинирует сотрудников.

Чем выше позиционирует себя компания, тем строже дресс-код. В особо крупных корпорациях следует не только правильно подбирать цвета рубашек и галстуков, но и точно отмерять длину юбок дамам. Чуть выше на 1 см – и дресс-код уже нарушён.

Грамотная речь – признак профессионализма и образованности

Важно не только грамотно говорить, но и уметь правильно составлять деловые письма и другую документацию. Официальный стиль изложения обязателен! Любое панибратство может оскорбить партнёра, поэтому обращаться к нему необходимо строго уважительно и «по форме».

Коммерческая тайна – дело святое

В компаниях России соблюдение коммерческой тайны приравнивается к верности Родине. Если один из сотрудников «слил» какие-то секреты конкурентам, родная компания заклеймит его, как предателя. Велика вероятность, что и в другие фирмы никто не захочет брать такого ненадёжного работника.

Множественные перекуры – в прошлом

Для советской действительности картина красящихся по утрам сотрудниц (вспомнить хотя бы «Служебный роман») и вечно «зависающих» на перекурах сотрудников была абсолютно нормальной. Сейчас такое недопустимо.

Во многих компаниях работники, позволяющие себе такие вольности, облагаются штрафами. Курящих вообще не очень охотно берут на работу, совершенно справедливо полагая, что сотрудник с вредной привычкой будет львиную долю рабочего времени тратить впустую.

Умение выслушать оппонента

Другие особенности делового этикета в России относятся к такому понятию, как умение слушать выступающего коллегу. Как бы ни было скучно на очередной планёрке, выслушать выступающего или хотя бы правдоподобно сделать вид следует обязательно. Это демонстрация не только уважения к коллеге, но и своей личной заинтересованности в успехе родной компании.

Треп по телефону

В прошлом остались и бесконечные разговоры секретарш и других сотрудников по служебному телефону со всеми своими родственниками и друзьями. Сейчас это строго пресекается. Быть замеченным в подобной слабости равносильно подписанию смертного приговора своей карьере. На работе все должны работать. И точка.

То же самое касается и Интернета. Переписки с приятелями, мониторинг любимых социальных сетей – обо всём этом нужно забыть, если вы хотите удержаться на своей должности как можно дольше.

Приём делегаций и проведение переговоров

Это особая статья правил. Существуют целые тома, посвящённые ей. Чем выше статус делегации, тем более официальным должен быть приём. При этом строго соблюдается протокол, планируется время и контролируется достижение целей. После приёма возможен фуршет, обмен подарками, но всё должно быть «в рамках» и не обязывать партнёров.

Главное требование делового этикета в России – безупречный такт.

Задание 2. Ответьте на следующие вопросы. （回答下列问题。）

1) Как в России относятся к дресс-коду?
2) Какое существует отношение к коммерческой тайне?
3) Каковы правила курения в офисе?
4) Как изменилось отношение к телефонным разговорам по личным вопросам в рабочее время?
5) Существуют ли правила приёма делегаций и проведения переговоров? Какие из них указаны в данном тексте?

Текст 3
Сианьская зона освоения новых высоких технологий становится национальной пилотной зоной низкоуглеродной промышленности

Министерством промышленности КНР и Государственным комитетом по реформе и развитию КНР опубликовано сообщение, что Сианьская зона освоения новых высоких технологий получает статус национальной пилотной зоны низкоуглеродной промышленности. Всего в КНР существует 55 таких зон, и в провинции Шэньси этим статусом наделена только Сианьская зона новых высоких технологий.

Пилотные зоны низкоуглеродной промышленности выбираются Министерством промышленности и информационных технологий КНР и Государственным комитетом по реформе и развитию из ряда кластеров по всей стране на основании прочного фундамента, отличительных особенностей и представительности данных зон.

Сианьская зона новых высоких технологий за последние годы создала на своей территории первый в западной части Китая образцовый кластер стандарта ISO14000. Руководство кластера начало на его территории строительство кластеров стратегических и новых отраслей промышленности, в том числе энергосберегающего и экологического промышленного парка, стремясь к созданию модели экономики замкнутого цикла и модели функционирования низкоуглеродного кластера. Кроме того, гарантируется, что в ближайшее время будет реализована общая цель снижения выбросов двуокиси углерода на 17 %, что позволит сэкономить десятки тысяч юаней, Сианьская зона освоения новых высоких технологий усиленно стремится стать ведущим низкоуглеродным промышленным парком в Китае.

Задание 3. Прочитайте текст и переведите следующие словосочетания на китайский язык. (读课文，将下列词组翻译成中文。)

1) национальная пилотная зона низкоуглеродной промышленности
2) Государственный комитет по реформе и развитию КНР
3) Министерство промышленности и информационных технологий КНР
4) Государственный комитет по реформе и развитию
5) стратегические и новые отрасли промышленности
6) образцовый кластер
7) модель замкнутого цикла
8) энергосберегающий и экологический промышленный парк
9) снижение выбросов двуокиси углерода

Упражнение 4. Составьте и разыграйте диалоги на тему «Посещение зоны освоения новых высоких технологий». (编写并演练题目为"参观高新开发区"的对话。)

Словарь

осно́вываться [未] на чём 以……为根据，建立在……基础上

корпорати́вный [形] 小圈子的，小团体的；公司的；共同的

структури́рованно [副] 结构化地

гра́мотно [副] 文理通顺地

совпада́ть [未] с чем 相符，相似，吻合

вы́слушать [完] кого-что 听取，仔细听完

пунктуа́льный [形] 非常认真的，非常准确的；非常守时的，遵守规则的

отда́ча [阴] 归还，退还；效率

профессионали́зм [阳] 专业性

конфиденциа́льность [阴] 保密，机密

скре́щивать [未] кого-что 使交叉；<转> 使对立

аванга́рд [阳] 前卫队，前锋；先锋队

иннова́ция [阴] 革新，创新

интеллектуа́льный [形] 精神的；智力的

инвестицио́нный [形] 投资的

биома́сса [阴] 生物质，生物量

разро́зненный [形] 不成套的；零散的；分散的

древеси́на [阴] 原木，木材

опи́лки [复] 锯末，锯屑

энергоресу́рсы [复] 能源，动力资源

поощря́ть [未] кого-что 鼓励，奖励

биоэнерге́тика [阴] 生物能（力）学，生物能量学

коте́льная [阴] 锅炉房，锅炉间

Урок 5
Агропромышленный комплекс России.
Китайская /Янлинская/ выставка достижений новых высоких технологий в области сельского хозяйства.
Импорт рапсового масла

第五课
俄罗斯农工综合体·杨凌农高会·进口菜籽油

Часть I. Агропромышленный комплекс России (АПК)

第一部分 俄罗斯农工综合体

Сельское хозяйство является одним из наиболее важных секторов экономики в стране.

Сельское хозяйство – это ряд взаимосвязанных отраслей, в основном связанных с производством пищевой продукции и переработкой сырья. Например, продукция овощеводства, садоводства, животноводства и др. Некоторые виды продукции, произведённые в сельскохозяйственном секторе, не требуют дальнейшей переработки и могут употребляться в пищу напрямую.

Сельскохозяйственная продукция также необходима в ряде других секторов, прямо или косвенно не связанных с пищевой промышленностью. Например, сельскохозяйственная продукция широко используется в фармацевтической, текстильной и обувной промышленности. Некоторые виды сельскохозяйственного сырья являются основой производства биотоплива.

Сельское хозяйство России является ключевым звеном АПК, который является более крупным межведомственным консорциумом. Помимо сельского хозяйства в АПК также входят следующие ведомства:
- отделы пищевой и перерабатывающей промышленности;
- отделы, которые предоставляют средства производства

农业是国家最重要的经济部门之一。

农业由一系列相互关联的行业组成，主要同食品生产及原料加工有关。例如：蔬菜种植、园艺栽培、畜牧业等产品。一些农业部门生产的产品不需要进一步加工，可以直接食用。

与食品加工没有直接或间接联系的其他一系列部门也需要农业产品。例如，农产品广泛应用于制药、纺织和制鞋工业。一些农业原料是生物燃料生产的基础。

俄罗斯农业是农工综合体的中心环节，后者是更大的跨部门联合体。除农业外，农工综合体还包括：
- 食品和加工工业部门；
- 为农业提供生产资料和物质资源

и материальные ресурсы для сельского хозяйства. Например, сектор сельскохозяйственного машиностроения, сектор химических удобрений и агрохимической промышленности;
- отделы обслуживания: логистические услуги, финансовые услуги, подготовка квалифицированных кадров и т.д.

В АПК включаются три основных направления, а также производственный и социальный секторы.

Первая сфера АПК – это отрасли народного хозяйства, осуществляющие производство материально-технических ресурсов для сельскохозяйственного производства, а также производственно-техническое обслуживание сельского хозяйства и других отраслей, входящих в АПК: машиностроение, производство минеральных удобрений, средств защиты растений, ремонт и обслуживание техники и т.д. Данные отрасли определяют основные направления и темпы развития и внедрения достижений научно-технического прогресса в АПК.

Вторая сфера АПК непосредственно представлена сельским хозяйством и выступает в качестве центрального звена агропромышленного комплекса.

Третья сфера АПК включает в себя отрасли народного хозяйства страны, связанные с заготовкой, транспортировкой, хранением, переработкой, а также реализацией продовольствия. К ней относятся пищевая, лёгкая, комбикормовая отрасли промышленности, организация по заготовке, торговля.

的部门，例如，农业机械制造部门、化肥和农业化学工业部门；

- 服务部门：物流服务、金融服务、人员培训等。

农工综合体包括三个主要领域（生产和社会部门）。

第一个领域是为农业生产提供物资－技术资源的农业生产部门，还包括属于农工综合体的农业和其它领域的生产－技术服务。比如：机械制造、化肥生产、植物保护设备、修理和技术服务等。这些行业确定了科技进步成果在农工综合体内发展和应用的主要方向和速度。

农工综合体的第二个领域就是农业，这是农工综合体的中心部分。

农工综合体的第三个领域包括国民经济中与粮食的采购、运输、储存、加工，以及同食品销售相关的部门。属于这个领域的有食品工业、轻工业、饲料配制工业以及组织采购、贸易的活动。

В производственно-социальную структуру агропромышленного комплекса входят народно-хозяйственные ведомства, обеспечивающие и поддерживающие нормальное функционирование агропромышленного комплекса: транспорт, связь, коммунальное жильё, медицина, общественное питание и т.д.

Существуют определённые стандарты разделения АПК на несколько сфер, потому что различные секторы национальной экономики имеют тесные экономические связи, и этот тип связи имеет определённую степень ведомственной интеграции.

Китайская (Янлинская) выставка достижений новых высоких технологий в области сельского хозяйства

Первая Китайская (Янлинская) выставка достижений новых высоких технологий в области сельского хозяйства (именуемая в дальнейшем - Янлинская выставка) состоялась в 1994 году. Выставка организована 19 министерствами и ведомствами, включая Министерство науки и техники, Министерство торговли, Министерство образования, Министерство сельского хозяйства, Министерство финансов и т.д., совместно с Народным правительством провинции Шэньси. Кроме того, необходимое содействие проведению Янлинской выставки оказывалось со стороны Продовольственной и сельскохозяйственной организации ООН (ФАО).

Янлинская выставка ежегодно проводится в начале ноября в Янлинской демонстрационной

农工综合体的生产和社会部门也包括确保和维持自身正常运行的国民经济部门，如运输、通讯、公用事业房屋、医药、餐饮业等。

将农工综合体划分为多个领域有一定的标准，因为国民经济各个部门之间具有紧密的经济联系，该种联系具有一定程度的部门一体化特征。

中国杨凌
农业高新科技成果博览会

首届中国杨凌农业高新科技成果博览会（以下简称"农高会"）于1994年举办。由国家科技部、商务部、教育部、农业部、财政部等19个部委与陕西省人民政府联合举办。另外，联合国粮农组织给予了必要的支持。

杨凌农高会每年11月初在被誉为"农业绿硅谷"的杨凌农业

зоне новых и высоких технологий в области сельского хозяйства в городе Янлине провинции Шэньси, известном как «Зелёная кремниевая долина» аграрного сектора китайской экономики. Она является крупной комплексной и самой авторитетной и влиятельной выставкой новых высоких технологий в сфере сельского хозяйства в Китае, известна как «Сельскохозяйственная Олимпиада».

На Янлинской выставке свои последние научно-исследовательские достижения и продукцию представляют Китай, США, Германия, Бразилия, Япония и компании из более чем 20 стран мира.

Пятидневная выставка включает в себя демонстрацию продукции, международные форумы, конкурс сельскохозяйственных научно-технических инноваций, деловые переговоры и др.

На Янлинской выставке очевидны результаты торговли новыми высокими технологиями, практическими технологиями и продукцией производства земледелия, лесного, водного хозяйства и животноводства, сельскохозяйственного машиностроения и др.

Вся экспозиция Янлинской выставки размещается в трёх павильонах и в двух открытых выставочных зонах. Общая выставочная площадь составляет 104 тыс. кв. м. Более 1300 китайских и иностранных компаний демонстрируют свои новейшие достижения, продукцию и проекты, касающиеся семян сельхозкультур, средств сельхоз-

高新技术产业示范区举行。它是我国农业高新科技领域最具权威性和影响力的大型综合展会，被誉为"中国农业奥林匹克盛会"。

在杨凌农高会上，有来自中国、美国、德国、巴西、日本等二十多个国家的公司展示自己的最新科研成果和产品。

为期5天的博览会包括产品展示、国际论坛、农业科技创新竞赛、商务谈判等。

在杨凌农高会上，农、林、水、牧、农机等方面的高新技术、实用技术及其产品交易成果显著。

杨凌农高会的所有展品陈列在三个展馆和两个开放区域。展厅总面积达到10万4千平方米。有1300多家中国和国外公司在展览会上展出自己的最新开发成果和产品，其中包括农作物种子、农业生产方法、林业资源、畜牧

производства, лесопосадочных материалов, животноводства и др.

Янлинская сельскохозяйственная выставка является одной из самых крупных выставок в сфере сельского хозяйства в Китае.

业资源等。

杨凌农高会是目前国内规模最大的农业展会之一。

Часть II. Диалог. Импорт рапсового масла
第二部分 对话 进口菜籽油

К: Здравствуйте! Ваша компания занимается растительными маслами?

Р: Да. Наша компания – ТОО «Казахстанский рапс», это можно увидеть на выставочном стенде.

К: Да. Мы увидели название Вашей компании, и пришли к Вам. Наша компания регулярно импортирует рапсовое масло из Канады. Мы знаем, что в Казахстане тоже хорошо растёт рапс, и хотим сотрудничать с казахстанскими компаниями.

Р: Прекрасно, что у нас однопрофильные компании. Как всем известно, традиционно Казахстан является крупной аграрной страной. С точки зрения географических особенностей, природных условий и ресурсов, Казахстан имеет все предпосылки стать крупным производителем и экспортёром сельскохозяйственной продукции.

К: Это нам тоже хорошо известно. Наши специалисты

中：您好！贵公司经营食用油？

俄：是的。我们公司是"哈萨克斯坦油菜"有限责任公司。这个可以在展台上看到。

中：是的，正是看到你们公司的名称，我们才来的。我们公司常年从加拿大进口菜籽油。我们知道，哈萨克斯坦也有很好的油菜，所以有意同哈萨克斯坦公司合作。

俄：我们是同行，这太好了。众所周知，传统上，哈萨克斯坦是农业大国。从地理特点、自然条件和自然资源来讲，哈萨克斯坦有成为农产品生产和出口大国的先决条件。

中：这点我们也很清楚。我们的

провели исследования по ситуации выращивания рапса и производства рапсового масла в Вашей стране и решили найти способы сотрудничества с Вами. Ведь мы тоже занимаемся производством растительных масел. Это моя визитка. Меня зовут Чжан Хуалинь.

Р: О-о! Вы председатель правления корпорации! Так хорошо, что главной сферой деятельности нашей компании также является растительное масло. Рапсовое масло – один из основных видов продукции нашей компании. Это моя визитка. Меня зовут Андрей Симонов.

К: Очень приятно с Вами познакомиться, господин Симонов! Я помню, что в СССР был поэт К.М. Симонов. Вы с ним однофамильцы. Мне очень нравится его стихотворение «Жди меня».

Р: Вы такой эрудированный, господин Чжан! Да. Все его стихи мне нравятся. У нас общий язык! Познакомьтесь, это каталог нашей компании. В нём подробное описание нашего рапсового масла.

К: Хорошо. Сейчас ознакомлюсь с ним. У меня вопрос. Где выращивается сырьё для производства рапсового масла? Ведь я знаю, что рапс в Вашей стране возделывают в СКО. Но здесь у Вас в каталоге написано место производства: Костанайская область.

Р: Как Вы знаете, в Казахстане рапс возделывают в основном в трёх регионах: Костанайской,

专家在你们国家调研过油菜的种植情况和菜籽油的生产情况，所以决定寻找和你们合作的可能性。因为我们也从事食用油的生产。这是我的名片。我叫张华林。

俄：哦！您是贵集团的董事长！太好了，我们的主要业务也是食用油。菜籽油是我们公司的主要产品之一。这是我的名片。我叫安德烈·西蒙诺夫。

中：很高兴和您认识，西蒙诺夫先生。我记得，在苏联时期有位诗人也叫西蒙诺夫，您和他是同一个名字。我很喜欢他的诗：《等着我吧》。

俄：张先生，您真博学啊！他的诗我都喜欢！我们有共同语言！请看一下，这是我们公司的产品目录，里面有对菜籽油的详细描述。

中：好的。我现在就看。我有一个问题。你们的油菜原料产地在哪里？因为我知道，你们国家的油菜在北哈萨克州种植，但在你们的产品目录上写的生产地为科斯塔诺州。

俄：正如您所了解到的，在哈萨克斯坦，油菜种植有三个主要区

Акмолинской и Северо-Казахстанской областях на площади около 195 тыс. га., это менее 1 % территории Казахстана, что крайне недостаточно для удовлетворения потребностей в рапсовом масле и растительном белке.

К: Спасибо за Ваше подробное объяснение. И я заметил, что в хозяйствах Костанайской и Северо-Казахстанской областей урожайность семян рапса от 23 до 30 ц/га, это очень высокая урожайность. Какие новые высокопродуктивные сорта Вы применяете?

Р: В настоящее время мировое производство рапсового масла давно превышает выработку подсолнечного и сейчас догоняет объёмы выпуска бобового масла. Гектар рапса даёт 1,1 тыс. кг масла, в то время как подсолнечник – 600 кг, а соя – 290 кг. Стремясь к повышению урожайности, наши фермеры вкладывают всё больше средств в приобретение семян улучшенных сортов. В последнее время здесь отмечается рост спроса на гибридные сорта.

В Казахстане отмечается тенденция к использованию сортов с повышенным содержанием масла. Если в обычном рапсе, выращиваемом у нас, содержание масла составляет порядка 40 %, то в предлагаемых сортах оно определяется в 44-46 %.

К: Ваше разъяснение так привлекательно для нас! Можем посмотреть Ваш прайс-лист? И мы

域：科斯塔诺州、阿克莫林地区和北哈萨克州，种植面积大约有195000公顷，还不到哈萨克领土的1%。这对于满足各方在菜籽油和植物蛋白方面的需求严重不足。

中：谢谢您的详细讲解。我注意到，在科斯塔诺州和北哈萨克斯坦州油菜籽的产量从每公顷2300千克到3000千克，这个生产率是非常高的，你们使用了什么高产品种？

俄：现在，世界上的菜籽油生产量早已超过葵花籽油的产量，并且在赶超大豆油的产量。一公顷菜籽可以生产1100千克的食用油，而葵花籽——600千克，大豆——290千克。致力于提高产量的同时，我们的农场主正采取一切措施用于获取经过改良的种子。近期我们这里对杂交种子的需求有所增长。

在哈萨克斯坦有使用提高出油率品种的趋势。如果我们种植的普通油菜出油率为40%，则上述油菜出油率为44-46%。

中：您的讲解很具有吸引力。可以看一下你们的价格单吗？

рассмотрим Вашу продукцию тщательно, а потом с Вами свяжемся. Р: Очень приятно. Это прайс-лист нашей продукции. Будем на связи! К: До связи.	我们会仔细研究你们的产品，后续将会和你们联系。 俄：很高兴。这是我们产品的价目表。保持联系！ 中：再联系。

Часть III. Общая информация
第三部分 知识点

I. Запомните следующие словосочетания. （记住下列词组。）

1) 产奶畜牧业 молочное животноводство

2) 制鞋工业 обувная промышленность

3) 化肥 химические удобрения

4) 金融服务 финансовые услуги

5) 农工综合体 агропромышленный комплекс

6) 生产技术服务 производственно-техническое обслуживание

7) 公用事业房屋 коммунальное жильё

8) 中国杨凌农业高新科技成果博览会 Китайская (Янлинская) выставка достижений новых высоких технологий в области сельского хозяйства

9) 科技部 Министерство науки

10) 教育部 Министерство образования

11) 财政部 Министерство финансов

12) 陕西省人民政府 Народное правительство провинции Шэньси

13) 最新科研成果 новейшие научно-технические разработки

14) 农、林、水、牧、农机等方面的高新技术 новые высокие технологии в области земледелия, лесного, водного хозяйства, животноводства и сельскохозяйственного машиностроения в области сельского хозяйства

15) 技术和产品交易额 общий объём торговли технологиями и продукцией

16) 农业生产方法 средства сельхозпроизводства

17) 林业资源 лесные ресурсы

18) 菜籽油 рапсовое масло

19) 农业大国 крупная аграрная страна

20) 公司产品目录 каталог компании

21) 生产地 место производства

22) 高产品种 высокопродуктивные сорта

II. Ознакомьтесь со следующими словосочетаниями, касающимися сельского хозяйства, переведите их на китайский язык.（熟悉下列同农业相关的词组，将它们翻译成中文。）

1) экспонируемые продукты

2) механизация и технологии сельского хозяйства

3) тепличное хозяйство

4) ирригационная система

5) агрохимические препараты; ядохимикаты; сельскохозяйственные препараты; пестициды

6) семена, рассада, саженцы

7) экологическое сельское хозяйство

8) молоко и молочные продукты

9) растительные масла

Часть IV. Упражнения
第四部分 练习

Упражнение 1. Переведите следующие словосочетания.（翻译下列词组。）

1) 餐饮业

2) 物流服务

3) 人员培训

4) 采购组织

5) 制药工业

6) 农业部

7) 农业科技创新竞赛

8) 主要业务范围

9) 项目投资

10) 大豆油

11) содержание масла

12) Министерство торговли

13) Зелёная кремниевая долина

14) семена сельхозкультур

15) растительное масло

16) председатель правления корпорации

17) подсолнечное масло

18) рапсовое масло

19) растительный белок

20) семена улучшенных сортов

Упражнение 2. Расшифруйте нижеследующие аббревиатуры и переведите их на китайский язык.（解释下列缩略语，并将它们翻译成中文。）

1) АПК

2) ФАО

3) ТОО

4) СКО

Упражнение 3. Прочитайте тексты и выполните задания. （读课文，完成任务。）

Текст 1

① Минсельхоз России совместно с Правительством Москвы впервые провёл Национальный гастрономический фестиваль «Золотая осень». Мероприятие состоялось на Красной площади в период с 4 по 13 октября 2019 года в рамках масштабной Недели агропромышленного комплекса, включающей серию деловых, профессиональных и культурно-массовых событий, организованных Минсельхозом России.

Фестиваль стал одним из центральных городских мероприятий Недели АПК.

② На Красной площади создано настоящее русское поле, плодовые сады, пастбища со скульптурами животных и другие арт-объекты, формирующие экспозицию сельского хозяйства России в миниатюре. Здесь же гости фестиваля могли посетить музей сельхозтехники и оценить её эволюцию от самых первых машин до суперсовременного комбайна, который выставлен в зоне агроинноваций. Кроме того, посетители фестиваля узнали о технологиях точного сельского хозяйства, агро-дронах, использовании больших данных в АПК и в целом о современном облике агропромышленного комплекса.

Основной зоной фестиваля является ярмарка, на которой представлены региональные продовольственные бренды России.

③ Свыше 100 сельхозпроизводителей из более 50 регионов страны привезли на Красную площадь свои лучшие товары – молочную, мясную продукцию, овощи, фрукты, кондитерские изделия, мёд и другие продукты – «визитные карточки» российских территорий.

Также в рамках фестиваля прошли гастрономические шоу, участники которых готовили блюда из сезонных продуктов под руководством шеф-поваров, мастер-классы для детей и концертная программа.

Задание 1. Переведите подчёркнутые предложения на китайский язык.（将上文带有下划线的句子翻译成中文。）

Текст 2

Перспективы российско-китайского сотрудничества в области сельского хозяйства

КНР ежегодно производит много сельскохозяйственной продукции. Более половины всех производимых в мире овощей и треть фруктов приходится именно на Китай. Страна поставляет свою продукцию по всему миру, в том числе и в Россию.

В настоящий момент китайские доходы от экспорта сельхозпродукции оцениваются в 20 млрд. долларов ежегодно. Однако процесс прироста городского населения, отток потенциальной рабочей силы из деревни, а также отмена некоторых ограничений в области рождаемости в ближайшие годы повысит спрос на продовольственные товары. Именно поэтому Россия имеет неплохие шансы увеличить экспорт продуктов питания в КНР.

Сегодня российские аграрии поставляют китайской стороне муку, крупу, подсолнечное масло, мясо и алкоголь. Однако они стремятся занять новые отрасли в рынке Китая. Например, по итогам 2020 года китайцы приобрели башкирский мёд на 3 млрд. рублей, и это не предел.

Наладить экспорт российских продовольственных товаров на китайский рынок было не так просто. После длительных переговоров китайская сторона провела тщательную оценку качества товаров, которые могут попасть на китайский рынок. По её результатам российские продукты питания высоко оценены специалистами из Поднебесной. Такой серьёзный контроль проведён несмотря на то, что китайские товары уже долгое время поставляются в Россию.

После введения санкций со стороны европейских стран Россия вынуждена искать новых партнёров. Китайские компании воспользовались ситуацией и заключили сделки на поставку своей продукции на внушительные суммы. Несмотря на кажущуюся идиллию, есть несколько острых проблем, которые требуют скорейшего решения. Для производства китайских продуктов питания используется много химических удобрений, поэтому некоторые российские эксперты отрицательно относятся к идее наращивания китайского экспорта. Многих беспокоит, что из-за резкой смены европейских поставщиков китайскими компаниями может существенно снизиться качество ввозимой продукции. В то же время Россельхознадзор заявляет, что ослабления контроля не произойдёт.

Ещё одной проблемой является недостаточный контроль овощей и фруктов, производимых гражданами Китая на территории России, по сравнению с поставляемой из Поднебесной продукцией. Китайская сторона вкладывает много финансовых средств и материальных ресурсов в развитие Дальнего Востока. Однако не все китайские фермеры соблюдают в полном объёме российское законодательство. Привыкнув бесконтрольно использовать химические удобрения для выращивания сельскохозяйственной продукции, они не могут отказаться от этого на российской земле. Хотя пагубные последствия таких удобрений, их влияние на почву и человеческий организм хорошо известны. Экспертами установлено, что некоторые применяемые китайскими фермерами удобрения запрещены в России или используются в объёмах, в несколько раз превышающих предельно допустимую норму. Не так давно зафиксирован факт поступления на рынки Свердловской области продуктов, содержащих пестициды в количествах, опасных для человека. Подавляющее большинство этих овощей выращено фермерами из Китая, которые имеют теплицы по всему региону.

Таким образом, несмотря на огромный потенциал для российской экономики, тесное сотрудничество с китайскими сельскохозяйственными предприятиями может негативно сказаться на экологии и здоровье граждан.

Задание 2. Прочитайте текст и ответьте на вопросы. （读课文，回答问题。）

1) Какое место занимает Китай в мире по производству овощей и фруктов?
2) Какие сельскохозяйственные товары поставляет Россия на китайский рынок? Приведите примеры.
3) Почему российские поставщики относятся осторожно к экспорту продуктов питания из Китая?
4) На что следует обратить внимание при производстве сельхозпродукции гражданами Китая на территории России?

Текст 3

В китайском Янлине в ноябре пройдёт «Сельскохозяйственная олимпиада»

27-я Янлинская выставка новых высоких технологий в сфере сельского хозяйства, снискавшая себе славу «Сельскохозяйственной олимпиады», пройдёт с 22 по 26 октября этого года в провинции Шэньси на северо-западе Китая. Район Янлин, занимающий площадь в 135 кв. км и предоставляющий рабочие места 7 000 специалистам сферы науки и образования, является первой государственной зоной развития сельскохозяйственных технологий, обеспечивающей постоянную технологическую и инновационную поддержку процессам развития сельского хозяйства в засушливых и полузасушливых районах Китая.

Экспозиция 27-ой Янлинской выставки высоких технологий в сфере сельского хозяйства, проходящей под тематическим названием «Научно-технические инновации, ведущие к качественному развитию», расположилась на площади в 182 000 м^2. В рамках выставки состоятся около 100 мероприятий, посвящённых семи актуальным вопросам международного сотрудничества, обмена опытом, демонстрации достижений современной агрокультуры и т.д.

За 26 лет, прошедших с момента своего учреждения, Янлинская выставка привлекла десятки тысяч предприятий и научно-образовательных учреждений сельскохозяйственной сферы из более чем 70 стран и регионов мира. В различных сессиях выставки и конференции приняли участие более 30 миллионов бизнесменов и специалистов отрасли. Общий объём торговых сделок, заключённых в ходе мероприятий, превысил 1 трлн. юаней. С 2006 года руководство Янлинской демонстрационной зоны сельскохозяйственных технологий провело одиннадцать Недель международного сотрудничества, почётными гостями которых становились Казахстан, Германия, Сербия и другие страны мира.

Администрация Янлинской зоны поддерживает партнёрские взаимоотношения с более чем 80 странами и регионами по всему земному шару. На счету зоны – реализация многочисленных значимых проектов при участии представителей 60 стран мира. Соглашения, направленные на укрепление и расширение сотрудничества в сфере сельского хозяйства, были заключены с правительствами стран Европы, Центральной Азии, Дальнего Востока, Северной и Южной Америки и т.д. Руководством зоны созданы тринадцать платформ для международного сотрудничества и реализовано свыше 120 проектов в данной сфере. За время существования этого научно-технологического комплекса учреждены восемь парков международного партнёрства, в том числе китайско-казахстанский, китайско-американский и китайско-российский парки. В рамках программ оказания поддержки развивающимся странам проведено свыше 100 образовательных семинаров, а более 2,5 тыс. слушателей из 110 стран земного шара прошли в Янлине обучение современным сельскохозяйственным технологиям.

По мере того, как китайская инициатива «Один пояс и один путь» завоёвывает признание по всему миру, «круг друзей» Янлина продолжает непрерывно расширяться, а сам район становится «зелёной визитной карточкой» китайской модели международного сотрудничества в сфере сельского хозяйства.

Задание 3. Прочитайте текст и ответьте на вопросы. （读课文，回答问题。）

1) Как ещё называют Янлинскую выставку новых высоких технологий в сфере сельского хозяйства?
2) Какое тематическое название у 27-ой Янлинской выставки?
3) Какие соглашения были заключены на выставке?
4) Какие перспективы Янлина отмечены в данном тексте?

Упражнение 4. Составьте и разыграйте диалоги на тему «Сельскохозяйственная выставка». （编写并演练题目为"农业展览会"的对话。）

Словарь

се́ктор [阳] （国民经济）部门；（组成）部分
пищево́й [形] 食品的；制造食品的
овощево́дство [中] 蔬菜栽培（业）
садово́дство [中] 园艺栽培；园艺学
животново́дство [中] 畜牧业
фармацевти́ческий [形] 药学的；制药的；药剂师的

биото́пливо [中] 生物燃料
консо́рциум [阳] 财团
удобре́ние [中] 肥料
загото́вка [阴] 准备；采购
комбико́рм [阳] 配备饲料
кре́мний [形] 硅的
агра́рный [形] 农业的，农田的；与土地有关的
связь [阴] 联络，通讯；邮电（机关）
интегра́ция [阴] 一体化，整体化，综合化
ра́псовый [形] 油菜的
стенд [阳] 展台
однопро́фильный [形] 同一专业的，同一行业的
предпосы́лка [阴] 先决条件；前提
выра́щивание [中] 培养，栽培，种植
корпора́ция [阴] （由同一种职业或同一个阶层的人组成的）团体，社团；（某些国家的）公司，股份公司
однофами́лец [阳] 同姓的人
эруди́рованный [形] 学识渊博的
возде́лывать [未] 耕种；栽培
диверсифика́ция [阴] 经营多样化，多种经营
бело́к [阳] 蛋白质
урожа́йность [阴] （农作物的）产量，收获量
вы́работка [阴] 产量
подсо́лнечный [形] 向日葵的，葵花子制的
подсо́лнечник [阳] 葵花（子）；向日葵（子）
гибри́дный [形] 杂种的，杂交的；混合的
прайс-лист [阳] （商品及服务项目的）价目表，价格单

Урок 6
Стратегия и тактика внешнеторговых переговоров. Посещение текстильной фабрики

第六课
外贸谈判的战略和战术·参观纺织厂

Часть I. Стратегия и тактика внешнеторговых переговоров

第一部分　外贸谈判的战略和战术

Термин «стратегия» впервые использовался в качестве военной концепции, указывая на стратегию военных генералов в командовании операциями армии. В Китае термин «стратегия» имеет долгую историю. Он состоит из двух иероглифов: война и план, расчёт. Иероглиф «война» указывает на военные действия, «план» – на «стратагему» и «применение тактики». Тактика является средством руководства и ведения боевых действий. Стратегия является общим, а тактика – частным.

Во внешнеторговых переговорах, как правило, стратегия относится к общему руководящему процессу принятия решений, который является принципиальным планом и способом достижения общей цели переговоров. Он направлен на получение общих и долгосрочных выгод. Стратегия имеет характеристики целостности, иерархии и стабильности.

Тактика обычно относится к основному плану и средствам для завершения стратегии, заключается в достижении частных интересов. Тактика имеет характеристики производности, единства и адаптивности.

Правильное и умелое применение тактики

"战略"一词最早是军事方面的概念，指军事将领指挥军队作战的谋略。在中国，战略一词历史久远，"战"指战争，"略"指"谋略""施诈"。战术是指导和进行战斗的方法。战略是整体上的，战术是局部的。

在对外贸易谈判中，战略一般是指涉及全局性的指导性决策，是实现谈判总目标的原则性方案及途径。它旨在获得全局和长远利益。战略具有完整性、层次性并且较为稳定。

战术一般指完成战略的基本方案和手段，是为了完成局部利益。战术具有派生性、单一性和多变性的特点。

战术是否应用恰当、巧妙，

напрямую влияет на успех или провал стратегии. С технической точки зрения тактика иногда важнее стратегии.

Согласно процессу переговоров стратегию можно разделить на стратегию переговоров, стратегию начала работы, стратегию обсуждения цены, стратегию уступок и стратегию окончания работы.

С точки зрения специфики, стратегию ведения переговоров можно разделить на стратегию психологической войны, стратегию удовлетворения потребностей, стратегию времени, стратегию пространства, стратегию информации, стратегию объективного стандарта и т.д.

В конкретном переговорном процессе также могут использоваться следующие тактики:

- Объявление прерывания заседания: участникам переговоров удобно восстанавливать свои физические силы, пересматривать и корректировать контрмеры, но нужно обращать внимание на выбор момента отсрочки.

- Открытость и честность: это может побудить другую сторону напряжённо работать над сотрудничеством, чтобы обе стороны могли достичь соглашения в дружественной атмосфере, но не надо сообщать всю информацию о своей компании.

- Крайний срок: путём этой тактики можно оказать давление на другую сторону, чтобы принять окончательное решение, но нужно обратить внимание на то, что после того, как крайний срок

直接影响战略上的得失成败，从技术的角度上看，战术有时比战略更重要。

根据谈判过程，谈判策略可以分为谈判策略、开局策略、讨价还价策略、让步策略、终局策略。

从策略的特点看，谈判策略可以分为心理战策略、满足需要策略、时间策略、空间策略、信息策略、客观标准策略等。

在具体谈判过程中，还可以运用下列战术：

- 休会：便于谈判人员恢复体力、重新研究和调整对策，但要注意休会时机的选择。

- 开诚布公：可促使对方努力合作，使双方在友好的气氛中达成一致意见，但并非把己方情况和盘托出。

- 最后期限：可给对方施加压力，使其做出决策，但要注意，一旦规定最后期限，就不能随便更改。

установлен, его нельзя самовольно изменять.

- **Установление личных отношений:** дарите торговому партнёру подарки, чтобы гармонизировать отношения, но обращайте внимание на выбор подарков, время и место их вручения.

- **Ультиматум:** чтобы заставить другую сторону пойти на уступки, можно объявить тактику, согласно которой прерываются переговоры, и объявляется о выходе из переговоров. Ультиматум должен произойти тогда, когда будет подтверждено, что у другой стороны отсутствует искренность, а ваша сторона не желает больше с ней заниматься торговлей.

- **Сперва испытать горечь, а потом познать сладость:** сначала предложите другой стороне жёсткие условия, а затем постепенно предоставьте льготы или уступки, чтобы заставить другую сторону с удовлетворением подписать контракт, но обратите внимание на то, нужно держать такт, а не отпугивать клиентов из-за жёстких условий.

- **Ограниченная власть:** если другая сторона заставляет вас пойти на уступки, то вы можете сделать заявление, что вам не было предоставлено право принять такое решение, но эту тактику нельзя использовать слишком часто.

- **Предполагаемые условия:** предлагайте определённые предположения, чтобы разузнать всю подоплёку противника. Предположение обычно предлагается до того, как обе стороны не смогут прийти к соглашению.

· 建立感情：相互馈赠礼品，以融洽关系，但要注意礼品的选择、赠送时机和地点等。

· 最后通牒：为迫使对方让步，可宣布谈判破裂退出谈判。最后通牒要在确认对方没有诚意，且贵方和对方不想交易时。

· 先苦后甜：先向对方提出苛刻条件，再逐步给予优惠或让步，使对方满意地签订合同；但要注意把握分寸，不能因条件苛刻把客户吓跑。

· 权力有限：如对方要求贵方做出让步，贵方可以申明自己没有被授予达成这种决定的权力。但不能过多使用该战术。

· 提议条件：通过提出某些建议，来试探对方底细。提议一般在双方难以达成协议前提出。

- **Тактика усталости**: игрой с переменным успехом заставляйте противника уставать и чувствовать отвращение, чтобы переломить вашу неблагоприятную ситуацию и превращать оборону в атаку.

Что касается стратегии ведения внешнеторговых переговоров, при использовании конкретной тактики следует также уделять внимание таким вопросам, как уместность, скрытность, временность, готовность, случайность, комплексность и креативность.

Конечная цель внешней торговли – добиться обоюдной выгоды, и только взаимная победа обеспечит долгосрочное сотрудничество. «Стратагемы» и «симуляция», использованные в переговорах, проводятся на справедливой и разумной основе. Если торговля направлена на нанесение ущерба интересам другой стороны, то этот бизнес потеряет деловую этику.

- 疲劳战术：通过拉锯战，使对方疲劳生厌，从而扭转贵方不利的情况，实现反守为攻。

针对外贸谈判策略，使用具体战术时，还应注意针对性、隐蔽性、时间性、准备性、随机性、综合性和创意性等问题。

对外贸易的最终目的是实现双赢，只有双赢才有可能长久地合作。谈判中所使用的"谋略"和"施诈"是在公平合理的基础上进行的，如果以损害对方利益为目的，则有失商业道德。

Часть II. Диалог. Посещение текстильной фабрики
第二部分 对话 参观纺织厂

К: Доброе утро, Владимир Иванович! Приветствуем Вас на нашей фабрике.

中：早上好，弗拉基米尔·伊万诺维奇先生！欢迎您来到我们工厂。

Р: Ваша фабрика «Радуга» славится своими текстильными изделиями. Мы давно хотели её посетить.

俄：你们"彩虹"工厂以自己的纺织品著名。我们很早就想

И сегодня мы приехали к Вам.

К: И мы тоже очень рады, что Вы к нам прибыли для установления дальнейшего сотрудничества. Меня зовут Ли Лун. Я начальник производственного отдела нашей компании. Это моя визитная карточка. Горячо приветствую Вас от имени всех рабочих и служащих нашей фабрики.

Р: Большое спасибо.

К: Ведь Вы – наши друзья, прибывшие издалека. К тому же, Вы первый раз прибыли к нам, Вам лучше осмотреть самые главные производственные отделы фабрики. Если в ходе посещения у Вас будут какие-либо вопросы, с удовольствием отвечу на них.

Р: Благодарю Вас. Сколько времени займёт наша экскурсия?

К: Посещение главных производственных цехов займёт у нас около 40 минут, а затем мы посетим выставочный зал, на это ещё нужно примерно 20 минут.

Р: Хорошо. Чтобы узнать подробнее о Вашей фабрике, прошу Вас кратко рассказать о ней.

К: Это именно то, что мы хотим сделать. Фабрика построена в 2000 году и в настоящее время обладает прядильными, ткацкими и красящими производственными линиями. В настоящее время на фабрике насчитывается 900 рабочих и служащих, в том числе 200 научно-технических специалистов. Фабрика занимает площадь 30

来参观。今天我们就来了。

中：我们也非常高兴您为了进一步的合作，来到我公司。我叫李龙，是我们公司的生产部经理。这是我的名片。我代表全厂职工欢迎您的到来。

俄：十分感谢。

中：因为您是我们远道而来的朋友，而且，这是您第一次参观我们工厂，所以最好参观工厂最主要的生产部门。参观期间如果您有疑问，我很乐意为您解答。

俄：谢谢您。此次参观需要多长时间？

中：参观主要生产车间大约需要40分钟，之后我们再用20分钟参观样品室。

俄：好的。为了更深入地了解你们工厂，请先做个简短的介绍。

中：我们正有此意。本工厂建于2000年，目前拥有纺、织、染生产线，全厂现有员工900人，其中科技人员200人，工厂占地面积3万平方米。

тысяч квадратных метров.

Главным образом наша фабрика производит бытовые и технические ткани. По сфере применения, ткань, которую мы производим, подходит для белья, платья, куртки и украшения. К синтетическим тканям относятся ткани рукавные, кордные, транспортёрные и ремнёвые. У нас также производится прядильный текстиль. В наше производство тоже входят гладкокрашеные и набивные хлопчатобумажные ткани – ситец, полото, сатин и шотландка. Трикотаж – вязаные текстильные изделия, носки, варежки, платки, а также нательное бельё, верхняя и спортивная одежда и др.

Р: О! У Вас такой богатый ассортимент тканей! Кажется, мы можем вести торговлю друг с другом многими товарами. Не могли бы Вы сказать нам, какие виды текстиля Вы экспортируете в Россию?

К: Обычно мы экспортируем в Россию одежду и аксессуары, трикотаж, свитеры, пуловеры, кардиганы, жилеты и аналогичные трикотажные изделия, майки, шерстяные пуловеры и прочий нательный трикотаж. Наряду с этим мы экспортируем в Россию и бытовые, и технические ткани.

Р: Понятно. Именно эти товары нас интересует. Не могли бы Вы дать нам более детальное представление о Вашей фабрике во время нашего посещения?

我厂主要生产家用和技术面料。根据用途，我们生产的面料适用于内衣、连衣裙、外套和装饰品。合成面料包括袖子、绳索、运输和传送带面料。我们还生产纤维纺织品。我们的产品还包括纯色和印花棉织物——印花布、亚麻布、缎纹织布、格子布。针织品有针织纺织品、袜子、手套、头巾，以及内衣、外套和运动服等。

俄：啊！你们工厂的产品真是多种多样！看来我们可以合作的商品非常多。请您给我们介绍一下你们向俄罗斯出口什么种类的纺织品？

中：我们通常向俄罗斯出口服装和配件、针织品、毛衣、套头衫、开襟绒线衫、西装背心和类似针织品、针织背心、带袖毛背心和其他针织绒衣。同时，我们也向俄罗斯出口家用和技术面料。

俄：这样啊。我们正是对这些商品感兴趣。参观的时候，您可否给我们做一些更详细的介绍？

К: Конечно, можно. Давайте сейчас пойдём в производственную зону.

Р: Пойдёмте!

К: Это наш производственный цех.

Р: У Вас передовое оборудование. Оно отечественное или импортное?

К: Большая часть этого оборудования – отечественная. И мы также импортируем некоторые виды оборудования из Германии, Швейцарии и других стран. К тому же, с развитием технологии производства наше отечественное оборудование также постоянно совершенствуется, эффективность работы почти в два раза выше, чем раньше.

Р: Откуда Вы получаете сырьё для производства?

К: Мы используем самое качественное сырьё в Китае, например, хлопок из СУАР, хучжоуский шёлк из провинции Чжэцзян.

Р: Да, хучжоуский шёлк очень известен.

К: Вы правы. Издавна в Китае говорят: «Шёлк из Хучжоу – лучший в Поднебесной». Пожалуйста, идите сюда, это наш выставочный зал. Здесь представлена вся наша новейшая продукция.

Р: Какой большой ассортимент!

К: Верно. Наша продукция продаётся в США, страны Европейского Союза, Японию, Южную Корею и страны Юго-Восточной Азии, и, конечно, во многие провинции и города нашей страны. Благодаря отличному качеству и разумной цене она получила доверие и хорошую репутацию у отечественных и зарубежных клиентов.

中：当然可以。我们现在就到厂区去。

俄：好的。

中：这是我们的生产车间。

俄：你们的设备很先进，是国产的，还是进口的？

中：大部分设备都是国产的，我们也从德国、瑞士等国进口一些设备。随着生产技术的发展，国产设备也在不断趋于完善，工效几乎是以前的两倍。

俄：你们的原材料都来自哪里？

中：我们使用的是国内最优质的原材料，比如新疆棉花和浙江湖州出产的蚕丝。

俄：是，湖州的蚕丝很有名。

中：您说得对。中国有"湖丝甲天下"的说法。请这边走，这就是我们的样品室。这里展出的是我们全部的最新产品。

俄：这里的样品种类可真多啊！

中：没错。我们的产品销往美国、欧盟、日本、韩国及东南亚国家和地区以及国内诸多省市，凭借优良的品质和合理的价格深受国内外客户的信赖和好评。

Р: Всё, что сегодня я увидел, оставило у меня глубокое впечатление. Могу ли я увезти некоторые образцы в Россию?

俄：我看到的一切给我留下了深刻印象。能否让我带一些样品回国？

К: Конечно, можно. И мы уже подготовили для Вас соответствующие образцы. Продукция, соответствующая этим образцам, подходит для российского рынка.

中：当然可以。我们也给您准备了一些样品。这些样品相应的商品适合俄罗斯市场。

Р: Большое спасибо за Вашу тщательную подготовку. Сегодняшняя экскурсия дала мне много впечатлений. Благодарим Вас за тёплый приём.

俄：非常感谢你们的精心准备。今天我的收获很大。感谢你们的热情接待。

К: Это очень любезно с Вашей стороны. Надеемся на дальнейшее сотрудничество с Вами.

中：您太客气了。期待同您的进一步合作。

Часть III. Общая информация
第三部分 知识点

I. Запомните следующие словосочетания.（记住下列词组。）

1) 武装力量，军事力量 вооружённые силы

2) 休会 прерывание заседания (совещания), объявлять перерыв в работе

3) 延期时间 момент отсрочки

4) 施加压力 оказать давление (на кого)

5) 让步 пойти на уступки

6) 苛刻条件 жёсткие условия

7) 疲劳战术 тактика усталости

8) 感觉到厌恶 чувствовать отвращение

9) 生产部经理 начальник производственного отдела, директор по производству

10) 远道而来的朋友 друг, приехавший (прибывший) издалека

11) 简短的介绍 краткое описание

12) 员工 рабочие и служащие

13) 家用和技术面料 бытовые и технические ткани

14) 样品室 выставочный зал, выставочное помещение

15) 合理的价格 разумная цена

II. Прочитайте следующий материал и узнайте психологические феномены контактов. (读下列资料，了解沟通中的心理现象。)

Контакты с людьми нередко сопровождаются разными неожиданными явлениями, в психологии называют феноменами, к числу наиболее распространённых можно отнести следующие:

1) феномен адекватности;

2) феномен «восполняющих ожиданий»;

3) феномен «доминаты»;

4) феномен «интервалов памяти»;

5) феномен «мнемоники»;

6) феномен личной «реальности»;

7) феномен «перегорания»;

8) феномен «сбережения традиции».

Часть IV. Упражнения
第四部分　练习

Упражнение 1. Переведите следующие словосочетания. (翻译下列词组。)

1) 调整对策

2) 联络感情

3) 掌握分寸

4) 反守为攻

5) 名片

6) 精心的准备

7) 科技人员

8) гладкокрашеные и набивные хлопчатобумажные ткани

9) отечественное оборудование

10) крайний срок

11) отсутствие искренности

12) игра с переменным успехом

13) производственный сектор

14) прядильные, ткацкие и красильные производственные линии

15) командовать армией

Упражнение 2. К прилагательным подберите подходящее существительное из правой колонки. Согласуйте форму прилагательных с существительным. Составьте предложения с полученными словосочетаниями.（请从右栏中选择适当的名词与形容词搭配。用搭配好的短语造句。）

A	B
1. заслуженный	а. система
2. тёплый	б. война
3. неблагоприятный	в. репутация
4. текстильный	г. зал
5. зарубежный	д. оборудование
6. производственный	е. продукция
7. выставочный	ё. приём
8. психологический	ж. клиент
9. передовой	з. ситуация

Упражнение 3. Допишите диалоги.（补足对话。）

Диалог 1

— _____?

– В настоящее время на заводе работает более 1,5 тыс. человек.

– _____?

– Технический состав – примерно 15 %.

Диалог 2

– _____?

– Наш завод работает в 3 смены.

– _____?

– У нас бесперебойное автоматизированное производство.

Диалог 3

– Где можно увидеть ассортимент продукции?

– _____?

– Когда мы сможем её посмотреть?

– _____?

Упражнение 4. Прочитайте тексты и выполните задания. （读课文，完成任务。）

Текст 1

Девять тактик для успешных переговоров

1. Имейте стратегию

Когда вы разрабатываете стратегию, поговорите с товарищами по команде. Вы будете удивлены взглядам других людей и их веским аргументам, и подходам, о которых вы никогда даже не подумали бы.

2. Знайте точку ухода

① <u>Вы должны знать свои условия сделки. Продумайте до конца, что произойдёт, если сделки не будет. Как часто мы зациклены на том, что нужно нам и что хотим мы. Разумно знать вашу точку ухода, и если эта точка достигнута, можно уйти.</u>

3. Будьте во всеоружии

Поймите, как добраться туда, куда вам нужно. Так много людей вступают в переговоры, сосредоточившись на результате, что совсем не думают о процессе.

Как вы проведете сделку? Кто является заинтересованной стороной, которую нужно задействовать? Кто принимает решения? Убедитесь, что вы понимаете всё происходящее, прежде чем слишком сосредоточиться на результате.

4. Будьте активным слушателем

Попытайтесь понять, каков сценарий другого человека. Каковы его ограничения? Каковы его временные рамки? Против чего он выступает? Это поможет вам сформулировать то, как получить правильный результат. Если вы сначала признаете точку зрения другого человека, это поможет преодолеть разрыв, и он станет более восприимчив к вашей точке зрения.

5. ② Имейте «План Б»

<u>Всегда спрашивайте себя: если это не сработает, куда мы пойдём дальше? Каков следующий шаг? Это позволит вам быть готовым к трудным ситуациям или результатам, которых вы не ожидали. Ожидайте неожиданного, и таким образом элемент неожиданности не выбьет вас из игры.</u>

6. Добавьте историю

Если вы говорите лишь о фактах и не рассказываете историю вокруг них, вы можете показаться негибким и даже враждебным. История может помочь каждому из вас прийти к лучшему выводу их возможных.

7. Будьте гибким

Когда вы даёте людям выбор, они чувствуют себя вовлеченными в принятие решения, а не вынужденными к чему-то. Поэтому у вас есть несколько вариантов – возможно, вы не можете уступить в цене, но можете быть гибкими по условиям, датам или чему-нибудь ещё. Будьте творческими – есть много способов достигнуть цели.

8. ③ <u>Избегайте негативной реакции</u>

<u>«Победа» в переговорах может привести к тому, что вы окажетесь на проигравшей стороне важных отношений. Сбалансируйте желание достичь высоких целей с необходимостью развивать хорошие отношения. В конце концов, построение прочных отношений поставит вас в более выгодное положение.</u>

9. Напишите свою победную речь

Вы сэкономите своей компании 2 миллиона долларов в течение трёх лет. Когда вы готовите такую речь для другого человека, вы показываете ему, как будет выглядеть принятие этой сделки. Сосредоточенность на том, что хорошо для них (по сравнению с тем, чего хотите вы), помогает им прийти к выводу, что это хорошая сделка.

Задание 1. Переведите подчёркнутые предложения на китайский язык.（将上文带有下划线的句子翻译成中文。）

Текст 2

Виды тканей

Текстильной продукцией называются ткани и готовые изделия из различных натуральных и синтетических волокон. Все ткани подразделяются на две основные группы: натуральные и химические. Натуральные ткани в свою очередь делятся на отдельные группы по своему происхождению – животного (шерсть, шёлк и т.д.) или растительного (лён, хлопок, джут, дрок и пр.). Химические ткани делятся на текстиль минерального, искусственного и синтетического происхождения. Синтетические волокна используются в чистом виде и в виде добавок.

Среди наиболее распространённых натуральных тканей можно назвать хлопчатобумажные, которые производятся из чистого хлопка или из хлопка в смеси с другими волокнами. Хлопок производится из мягких волосков на семенах растения хлопчатника и состоит из натурального полимера – целлюлозы. Каждое волокно представляет собой примерно тридцать слоёв целлюлозы. Хлопчатобумажные ткани могут различаться по внешнему виду, в зависимости от плотности: к самым тонким относится батист, к средним по плотности – бязь, сатин, ситец, фланель, сукно, а к самым плотным – джинсовая ткань.

Льняное волокно вырабатывается из одноименного однолетнего растения из семейства льновых. Так как волокна льна обладают низкой эластичностью и, в связи с этим, плохо сплетаются между собой, производство такой ткани дороже хлопчатобумажной. Льняные ткани достаточно жесткие наощупь, кроме того, на их поверхности видны характерные утолщения волокон.

Натуральный шёлк производится из коконов тутового шелкопряда. Шёлковое волокно состоит из двух шелковинок, которые скрепляются между собой при помощи особого вещества – серицина. Длина нити составляет от 400 до 1 200 метров. Коконы обрабатываются паром, который размягчает серицин, высушиваются, после чего шелковинки аккуратно разматываются и скручиваются в нити. Благодаря своей прочности и эластичности шёлк является основой для производства многих текстильных материалов (к примеру, атлас, газ, бархат).

Шерсть – это волокно натурального (животного) происхождения, которое применяется для прядения и ткачества как в чистом виде, так и в смеси с другими видами волокон. В большинстве случаев производители используют овечью шерсть. Реже ткань производится из шерсти других животных (кашмирской козы, ламы-альпаки, векуньи, верблюда и пр.). Каждый волосок шерсти высокого качества имеет три слоя. Верхний слой состоит из множества чешуек, которые перекрывают друг друга. Второй слой состоит из ороговевших клеток веретенообразной формы, а третий, внутренний, слой имеет пористую структуру. Ткань, которая производится с использованием шерстяных волокон, хорошо сохраняет тепло, не мнётся, отлично впитывает влагу и запах.

Искусственные волокна, к которым относятся вискозные и ацетатные, получают путём химической переработки натуральных волокон. Вискозные ткани по химическому составу близки к хлопковым тканям. При этом они имеют ряд преимуществ – привлекательный внешний вид, хорошие гигиенические свойства и шелковистость. Ацетатные ткани лёгкие, гладкие и имеют более блестящую поверхность, нежели шёлковые ткани. Однако они не отличаются прочностью (особенно во влажном состоянии) и не очень гигиеничны.

Синтетические ткани производятся путём синтеза различных материалов (уголь, нефть и пр.). Полиамидные ткани (капрон, нейлон) имеют гладкую поверхность, обладают высокой прочностью и устойчивостью к износу, но они не впитывают влагу, зато легко впитывают жир и поэтому негигиеничны. Полиэстеровые ткани (в чистом виде или в смеси с натуральными волокнами) относятся к числу самых распространённых видов текстиля, который используется для производства одежды.

Задание 2. Ответьте на следующие вопросы. (回答下列问题。)

1) На какие виды делятся ткани? Что является основой такого разделения?
2) Какие особенности имеют хлопчатобумажные ткани?
3) Переведите абзац о льняном волокне на китайский язык.
4) Чем отличается шерсть как волокно от других тканей?
5) Для чего используются искусственные (синтетические) ткани?

Текст 3
Текстильная промышленность

Текстильная промышленность (от лат. textile – ткань, материя) – одна из старейших и наиболее крупных отраслей лёгкой промышленности, вырабатывающая из различных видов растительного, животного и химического (искусственного и синтетического) волокна текстильные, трикотажные ткани и другие изделия. Текстильная промышленность занимает одно из важнейших мест в производстве общественного продукта и удовлетворении потребностей населения. В состав текстильной промышленности входят отрасли: первичной обработки текстильного сырья, хлопчатобумажная, льняная, шерстяная, шёлковая, нетканых материалов, пенько-джутовая, сетевязальная, текстильно-галантерейная, трикотажная и валяльно-войлочная. Продукция текстильной промышленности используется для производства одежды и обуви, а также в других отраслях промышленности (например, мебельная, машиностроительная).

Производство текстильных изделий возникло в глубокой древности. Возделывание хлопчатника и ручное изготовление пряжи и ткани известны в Индии, Китае и Египте за много веков до нашей эры. Текстильная промышленность – первая отрасль, вступившей на путь машинного производства. С этой отрасли начался Промышленный переворот во 2-й половине XVIII века.

В XVIII-XIX веке России наряду с суконными мануфактурами и капиталистическим производством на дому имелось большое количество мелких предприятий, вырабатывавших шерстяные изделия. Эти предприятия принадлежали помещикам и были основаны на труде крепостных крестьян. «Суконное производство, – писал В. И. Ленин, – является примером того самобытного явления в русской истории, которое состоит в применении крепостного труда к промышленности». В начале XVIII в. возникло много крупных шерстяных (суконных), льняных (главным образом парусных и полотняных) и шёлковых мануфактур, которые создавались в районах, где население издавна занималось домашним производством льняных тканей. Хлопчатобумажная промышленность возникла в России значительно позже других отраслей текстильной промышленности и развивалась на базе льняного ткачества. Относительно крупные хлопчатобумажные предприятия появились во 2-й половине XVIII и начале XIX вв. В дореволюционной России текстильная промышленность была одной из основных отраслей обрабатывающей промышленности. В 1913 на её долю приходилось 20,5 % всей продукции промышленности и около 32 % продукции производства предметов потребления.

Научно-технический прогресс в отраслях текстильной промышленности и рост квалификации рабочих способствуют повышению производительности труда. В настоящее время текстильную промышленность обсуживают 10 научно-исследовательских и 5 проектных институтов, в которых работает свыше 7 тысяч специалистов различного профиля. Для подготовки технологов и художников созданы текстильные институты в Москве, Санкт-Петербурге, а также ряд техникумов.

Задание 3. Ответьте на следующие вопросы. (回答下列问题。)

1) Чем занимается текстильная промышленность?

2) Какие отрасли включает в себя текстильная промышленность?

3) Какое положение занимает текстильная промышленность в дореволюционной России?

4) Что способствует повышению производительности труда в текстильной промышленности России?

Упражнение 5. Составьте и разыграйте диалоги на тему «Посещение текстильной фабрики». (编写并演练题目为"参观纺织厂"的对话。)

Словарь

стратéгия [阴] 战略，方案
тáктика [阴] 战术，方式，手段
комáндовние [中] 指挥
иерархи́я [阴] 体系，层级，分层；等级制度
дерива́ция [阴] 派生，衍生
адапти́вность [阴] 适应性，应变性
отложе́ние [中] 推迟，延迟
самово́льно [副] 擅自
ультима́тум [阳] 最后通牒
вы́вести [完] кого-что 带出，领出；из чего 使退出
го́речь [阴] 苦，苦楚
такт [阳] 分寸
предположе́ние [中] 推测，猜测；假设
подоплёка [阴] 内幕，内情
переме́нный [形] 变幻无常的
переломи́ть [完] кого-что 拆毁；克服；扭转
уме́стность [阴] 针对性
обою́дный [形] 双面的；双方的

бельево́й [形] 内衣的
ко́рдный [形] 帘子布的
фильтрова́льный [形] 过滤用的
рука́вный [形] 袖子的，衣袖的
транспортёрный [形] <机>运输机的，输送器的；传送装置的，传送带的
ремнёвый [形] 传送带
гладкокра́шеный [形] 素染的
набивно́й [形] 印花的
пряди́льный [形] 纺纱的，可纺的；出纤维的
си́тец [阳] 印花布
полотно́ [中] 麻布
сати́н [阳] 缎纹织物
трикота́ж [阳] 针织品
шотла́ндка [阴] 苏格兰方格尼（布）
аксессуа́р [阳] 配件
пуло́вер [阳] 套头毛衣
кардига́н [阳] 开襟绒线衫
Поднебе́сная [阴] 天下，全世界
увезти́ [完] кого-что 带走，运走；偷走

Урок 7
Создание совместного предприятия. Создание совместного предприятия по производству шоколада

第七课
创办合资企业·建立巧克力生产合资企业

Часть I. Создание совместного предприятия
第一部分　创办合资企业

Совместное предприятие (СП) – это форма участия страны в международном разделении труда путём создания предприятия юридического лица на основе совместно внесённой собственности, совместного управления, совместного распределения прибыли и рисков участниками из разных стран.

СП является формой совместного предпринимательства в сфере международных экономических отношений.

Особенности СП:
- совместная собственность, совместные ресурсы, совместная прибыль;
- совместное управление и совместная ответственность за риски;
- основные средства находятся на территории одного из инвесторов, но принадлежат обеим сторонам СП;
- деятельность СП регулируется законодательством страны регистрации;
- отечественные и иностранные сотрудничающие стороны имеют одинаковые права на произведённые товары или предоставляемые услуги;
- СП обладает такими же правами и обязанностями, как и любое другое юридическое лицо в стране регистрации.

Международные совместные предприятия

合资企业（JV）是多国参与国际分工的一种形式。它是在来自不同国家的参与者共同出资、共同管理、共同分配利润和承担风险的基础上创建的企业法人。

合资企业属于国际经济关系领域中的一种合资形式。

合资企业的特点：
- 共同所有权、共同资源、共同利润；
- 共同管理、共担风险；
- 固定资产在投资方中一方的境内，但归合资企业双方所有；
- 合资企业业务活动受注册国法律的制约；
- 本国和国外协作方对制成品或所提供的服务享有同等权利；
- 合资企业与注册国境内的任何其他法人拥有相同的权利和义务。

国际合资企业有多种分类方

имеют различные методы классификации, в том числе следующие:

В зависимости от сферы деятельности СП выделяются следующие типы:
- Совместное предприятие, ориентированное на промышленное производство
- Совместное предприятие, ориентированное на сельскохозяйственное производство
- Строительное подрядное предприятие
- Сервис-ориентированное предприятие

По форме организации СП выделяются следующие типы:

Международные совместные предприятия обычно принимают форму компаний, а их создание и функционирование обычно регулируются «Законом о компаниях» соответствующей страны. Законы о компаниях большинства стран мира предусматривают, что основными типами компаний являются акционерные общества с ограниченной ответственностью и общества с ограниченной ответственностью.

Этапы создания совместного предприятия в России:

До создания совместного предприятия необходимо сделать ряд шагов обязательных с точки зрения рациональности и отечественного права:
- Выяснение совместных задач будущих партнёров, согласование целей.
- Экономический анализ потенциального СП: расчёт затрат и возможных прибылей, исчисление рен-

法，其中：

按照合资企业的经营范围，有如下类型：
- 工业生产型合资企业
- 农业生产型合资企业
- 工程承包型企业
- 服务型企业

按合资企业组织形式可划分为下列类型：

国际合资企业一般采取公司形式，其建立和经营一般都要受相关国家《公司法》的制约。世界上多数国家的公司法规定，公司的主要类型包括股份有限公司和有限责任公司。

在俄罗斯成立合资企业的步骤：

成立前，合资企业必须经过一系列具有合理性并遵循国内法的必要步骤：
- 明确未来合作伙伴们的共同使命，整合目标。
- 完成对潜在合资企业的经济分析：计算开支和预期的利润，计

табельности, срока окупаемости финансовых вложений.
- Выбор конкретных партнёров для совместного предприятия.
- Подписание договора о намерениях.
- Сбор необходимого пакета документов.
- Разработка учредительных документов создаваемого СП.
- Регистрация СП в соответствии с выбранным правовым статусом.

Что необходимо для создания совместного предприятия в России?

Чтобы начать процедуру создания СП, нужно точно определиться относительно ключевой информации, необходимой для этого действия в соответствии с внутренним законодательством:

- название предприятия, включающее его организационно-правовой статус (АО, ООО и т.п.);
- виды деятельности, которыми планирует заниматься совместное предприятие (в России они позиционируются в кодах ОКВЭД);
- информация о лицах, учреждающих предприятие (физических или юридических);
- размер будущего уставного капитала и его форма (денежная и/или натуральная);
- доля участия каждого партнёра в уставном капитале;
- актуальный юридический адрес (по месту госрегистрации);
- личные данные руководящего звена СП (ди-

算收益率、金融投资的回收期。

- 为合资企业选择具体的合作伙伴。
- 签订意向书。
- 收集必要的文件。
- 拟定合资企业的创立文件。
- 根据选定的法律地位注册合资企业。

在俄罗斯建立合资企业需要什么呢？

为建立合资企业，需要根据国内法律确定该行为所需的关键信息：

- 企业名称，包括其组织和法律地位（股份公司，有限责任公司等）；
- 合资企业计划从事的业务类型（在俄罗斯被列入《全俄经济活动类别分类表》编码）；
- 企业创办者的信息（自然人或法人）；
- 未来注册资本的规模及其形式（货币和/或实物）；
- 各合伙人在固定资本中所占份额；
- 当前法定地址（按照国家注册处的地点）；
- 合资企业管理层（经理和总会师）

ректора и главного бухгалтера);
- предпочитаемая система налогообложения.

Преимущества совместного предприятия:
- получение передового опыта управления совместного предприятия.
- Получение средств от совместных предприятий может быть использовано для расширения масштабов предприятия.
- Получение нематериальных активов сторон совместного предприятия (например, бренды и т. д.) и канал сбыта на рынке.

Недостатки совместного предприятия:
- Снижение контроля предприятия, во многих случаях вмешательство партнёра совместного предприятия.
- Существование некоторой степени трудностей, связанных с культурным слиянием.
- Увеличение количества регулируемых отделов и объектов отчётности.

的个人信息；
- 首选的税务制度。

合资企业的优点：
- 获取合资方的先进管理经验。
- 获取合资方的资金，可以用来扩大企业规模。
- 获取合资方的无形资产（如品牌等）及市场销售渠道等。

合资企业的缺点：
- 控制权减少，在很多事情上，要受合资对方的干涉。
- 文化融合有一定的难度。
- 受监管部门增多，汇报对象增多。

Часть II. Диалог. Создание совместного предприятия по производству шоколада
第二部分　对话　建立巧克力合资企业

Р: Мы приехали к Вам, чтобы сотрудничать с Вашей компанией для продвижения нашего бренда шоколада в Китае. Вы знаете, русский шоколад известен во всём мире, и всё больше китайских

俄：我此行的目的是希望与贵公司开展合作，将我公司的巧克力品牌推广到中国。您知道的，俄罗斯巧克力闻名于

потребителей любят наш шоколад. Ведение шоколадного бизнеса в Китае имеет широкие перспективы.

К: Я разделяю Ваше мнение. Русский шоколад приобретает популярность во всём мире своим уникальным вкусом. Я сам очень люблю русский шоколад «Бабаевский» и «Алёнка», и российские конфеты с миндалём «Крокант», можно сказать, знакомы почти каждому жителю Китая. В Китае у этих конфет специальное название – «Фиолетовые конфеты». Мои родные и друзья тоже любят русский шоколад. Мы полностью уверены в спросе на российский шоколад на китайском рынке. Также я знаю, что шоколад появился в России во время правления Екатерины II.

Р: Да, Екатерина II не только покупала шоколад из-за рубежа, но и начала производить шоколад в России. Первое время производством шоколада в России занимались исключительно иностранцы, но именно в Москве появлялись первые шоколадные фабрики.

К: Другими словами, история российского шоколада насчитывает более двухсот лет. В Китае история шоколада началась с императора Канси в начале XVII века, но история производства шоколада началась сравнительно поздно.

中：世，越来越多的中国消费者喜欢我国的巧克力。经营巧克力生意在中国具有广阔的前景。

中：我同意您的观点。俄罗斯巧克力以其独特的风味得到了世人的喜爱。我本人就非常喜欢巴巴耶夫斯基牌和阿廖卡牌的俄罗斯巧克力。还有俄罗斯杏仁夹心糖"克罗甘特"可以说在中国妇孺皆知。在中国它有个专门的名字——紫皮糖。我的亲友们也喜欢俄罗斯巧克力。对于俄罗斯巧克力在中国市场的销售我们完全有信心。另外，我还知道巧克力在俄罗斯出现的时间是叶卡捷琳娜二世统治时期。

俄：是的，叶卡捷琳娜二世不仅从国外购买巧克力，而且开始在俄罗斯生产巧克力。最初，巧克力的生产是由外国人进行的，第一批巧克力工厂出现在莫斯科。

中：也就是说，俄罗斯巧克力的历史已经有二百多年了。在中国，巧克力的历史始于18世纪初的康熙时期，但生产开始较晚。

Р: Да, по сравнению с Китаем, производство шоколада в России имеет более долгую историю и богатый опыт.

К: Это одна из главных причин, по которым мы хотим сотрудничать с российскими компаниями. Кратко расскажите, пожалуйста, основные сведения о Вашей компании.

Р: С момента своего основания в 2001 году наша компания быстро развивается и её бизнес продолжается расти: она в основном занимается чёрным, рубиновым, зелёным шоколадом и шоколадной фруктозой. В последние годы наш органический шоколад пользуется спросом на рынке. Мы также производим пористый шоколад и белый шоколад. Наша компания установила долгосрочные и стабильные отношения сотрудничества со многими ритейлерами и агентами. Уставный капитал нашей компании – 500 тыс. долларов США, в ней работает примерно 100 рабочих и служащих. Штаб-квартира компании находится в Москве. Площадь здания фабрики составляет 150 м², годовой объём продаж составляет около 300 тыс. долларов США. Компания установила деловые отношения с компаниями почти в 10 странах мира, включая Италию, Норвегию и Таиланд.

Наша компания имеет строгие требования к выбору какао-бобов, какао-порошка, какао-масла, сахарной пудры, молока и сливок, поэтому производимый нами шоколад готовится из

俄：是的，相较于中国，我国的巧克力生产具有更长的历史和丰富的经验。

中：这也正是我们想与俄罗斯公司合作的主要原因之一。下面，请简要介绍一下贵公司的基本情况。

俄：我公司自2001年成立以来发展迅速，业务不断发展壮大，主要经营黑巧克力、红宝石巧克力、绿巧克力、巧克力果糖，近些年来，我们有机巧克力的销售非常好。我们也生产多孔巧克力和白巧克力。我们公司与多家零售商和代理商建立了长期稳定的合作关系。

我公司注册资金50万美元，有员工近100人，公司总部在莫斯科市，厂房面积150平方米，年销售额30万左右美金。公司已同意大利、挪威、泰国等10国的公司建立了业务关系。

我公司产品中对可可豆、可可粉、可可油、糖粉、牛奶、奶油的选择要求非常严格，所生产的巧克力用料足、口感好，

хорошего сырья, имеет прекрасный вкус и получает признание потребителей.

К: Нам очень приятно узнать, что Ваша компания имеет силу и опыт в производстве и менеджменте шоколада. Мы давно заинтересованы в установлении деловых контактов с российскими компаниями и создании совместного предприятия по производству российского шоколада в Китае. Продукты в основном предназначены для китайских потребителей, и в Китае есть большое количество потребителей, которые любят шоколад, поэтому не беспокойтесь о продажах наших продуктов.

Р: Это то, что мы полностью учли.

К: Кроме того, есть много выгодных и благоприятных условий для управления СП в Китае. Мы перевели документы о льготных условиях на русский язык. Пожалуйста, подробно изучите их.

Р: Большое спасибо. Закончив сегодняшнюю встречу, мы внимательно изучим их и проведём специальное обсуждение.

К: Да, мы так и думали. Вы должны быть хорошо осведомлены, что необходимо получить «Лицензию на производство пищевых продуктов» для создания китайско-иностранного совместного предприятия в сфере производства пищевой продукции. После этого обеим сторонам необходимо подготовить «Протокол о намерениях по созданию совместного предприятия» и «Техникоэконо-

深受用户喜爱。

中：得知贵公司在巧克力制作和经营方面具有实力和经验，我们非常高兴。我们很早即有意与俄罗斯方面建立业务联系，成立合资公司，在我国生产俄罗斯巧克力，产品主要面向我国的消费者，而在我国喜爱巧克力的消费者数量众多，所以，销售不用担心。

俄：这一点也是我们充分考虑到的。

中：另外，在中国经营合资企业有很多的便利和优惠条件。优惠条件的文件我们已经翻译成俄文，请你们详细阅读。

俄：非常感谢。今天会议结束后，我们会仔细研究，后期会进行专门的讨论。

中：好的，我们也是这么想的。您应该非常清楚，要创办中外食品合资企业，取得《食品生产许可证》是必须的。之后，双方需要准备《合资意向书》《可行性研究报告》、贵方的《合法开业证明》《资信证明》《合营企业合同及

мическое обоснование». С Вашей стороны предоставляются «Официальная лицензия на право предпринимательской деятельности», «Свидетельство о финансовом положении», «Договор о совместном предприятии и устав» и т.д. И мы надеемся, что Вы будете сотрудничать к тому времени.

章程》等，届时希望贵方能够配合。

Р: Нет проблем. Сообщите нам, пожалуйста, какие документы и информация могут потребоваться в ходе оформления, и мы будем оказывать Вам полную поддержку. Кроме того, расскажите, пожалуйста, о Вашем проекте совместного предприятия.

俄：没问题。办理过程中需要什么手续和资料，请尽管和我们说，我们一定全力支持。另外，请说一下贵方的合资方案。

К: Мы предоставляем площади и рабочую силу, а Вы предоставляете технологии и сырьё. Кроме того, согласно закону «Об иностранных инвестициях» нашей страны, коэффициент инвестиций иностранного участника совместного предприятия не может быть менее 25 % уставного капитала.

中：我们提供场地和劳动力，贵方提供技术和原料。此外，按照我国《外商投资法》规定，外国合营者的投资比例不能低于注册资本的25%。

Р: Не беспокойтесь об этом. Как Вы знаете, для открытия шоколадной фабрики, нужно купить шаровую мельницу, жиротопочный котёл, миксер, вертикальные холодильные туннели и темперирующие машины для кристаллизации шоколада, а также термостат, аэрационные установки, формовочное оборудование, машины для упаковки и маркировки готовой продукции и так далее. Общая стоимость оборудования составляет около 150 000 долларов США, а прочие

俄：在这点上请不用担心。正如您所知道的，创办巧克力工厂，需要购买球磨机、溶脂锅炉、混合机、制冷设备、巧克力结晶的回火器，还需要够买恒温器、通风设备、成型设备、包装单元、用于生产包装纸的印刷机等设备。设备总值约15万美元，其他费用约5000美元。

расходы – около 5 000 долларов США.

К: Мы также провели ориентировочную оценку. Общий объём инвестиций проекта составляет 300 тыс. долларов. США, что достаточно для первоначального строительства и эксплуатации предприятия. Наша компания может внести 200 тыс. долларов США на покупку оборудования, монтаж цеха и эксплуатацию производственной линии. На нашу компанию приходится около 60 % от общего объёма инвестиций. Мы можем позднее провести переговоры и скорректировать эти вопросы.

Р: Это хорошее предложение. Нам нужно ещё подумать.

К: Конечно. Это наш предварительный вариант. Вы можете его полностью рассмотреть. В Китае большое население, избыток рабочей силы, широкие перспективы на рынке, и у нас уверенность в том, что наше сотрудничество будет успешным. Это наши черновые документы: «Протокол о намерениях по созданию совместного предприятия», «Технико-экономическое обоснование». Просим Вас изучить его и определить, подходят и они.

Р: Конечно, мы обязательно изучим эти два документа, и дадим Вам ответ в кратчайшие сроки.

中：我们也进行了粗略的估算。项目总投资需要30万美元，这足够用于企业初期的建设和运转了。我们公司可出资20万美元，用于购买设备、布置车间和生产线的运作。我们公司占总投资约60%。关于这个问题，我们还可以再协商调整。

俄：这是很好的建议。我们需要再考虑一下。

中：当然。这是我们的初步方案，您可以充分考虑一下。中国人口众多，劳动力资源丰富，市场前景广阔，相信我们的合作一定会取得成功。这是我们草拟的《合资意向书》和《可行性研究报告》，请你们研究一下，看是否妥当。

俄：我们当然要研究这两份文件，争取在最短的时间内给你们答复。

Часть III. Общая информация
第三部分　知识点

I. Запомните следующие словосочетания.（记住下列词组。）

1) 合资企业 совместное предприятие
2) 共同出资 совместно финансировать
3) 共负盈亏 нести общую ответственность за прибыль и убытки
4) 利润分配 распределение прибыли
5) 在中国境内 на территории Китая
6) 工程承包型企业 строительное подрядное предприятие
7) 法律组织地位 организационно-правовой статус
8) 有限责任公司 ООО (Общество с ограниченной ответственностью)
9) 《全俄罗斯经济活动分类手册表》编码 код ОКВЭД
10) 法定地址 юридический адрес
11) 课税系统 система налогообложения
12) 市场营销渠道 канал сбыта на рынке
13) 先进的管理经验 передовой опыт управления
14) 《食品生产许可证》«Лицензия на производство пищевых продуктов»
15) 《可行性研究报告》«Технико-экономическое обоснование»

II. Запомните следующие словосочетания, связанные с шоколадом и его производством. (记住下列有关巧克力种类和生产的词组。)

Виды шоколада

1) 黑巧克力、白巧克力和牛奶巧克力 тёмный, белый и молочный шоколад
2) 夹心巧克力 шоколад с наполнителями
3) 松露巧克力 трюфели
4) 红宝石巧克力 рубиновый шоколад
5) 绿巧克力 зелёный шоколад
6) 巧克力果糖 шоколадная фруктоза

7) 有机巧克力 органический шоколад

8) 多孔巧克力 пористый шоколад

Оборудование и процесс производства шоколада

1) 球磨机 шаровая мельница

2) 燃油锅炉 топливный котёл

3) 混合机 миксер

4) 制冷设备 холодильное оборудование

5) 巧克力结晶的回火机 темперирующая машина для кристаллизации шоколада

6) 恒温器 термостат

7) 行星泵 планетарный насос

8) 造型设备 формовочное оборудование

9) 传送带 конвейер, конвейерная лента

10) 通风系统 вентиляционная система

11) 包装机 упаковочный агрегат

12) 用于生产包装纸的印刷机 печатные машины для производства упаковки

13) 通风设备 аэрационная установка

14) 风螺机制巧克力机 конш-машина

Часть IV. Упражнения
第四部分 练习

Упражнение 1. Переведите следующие словосочетания.（翻译下列词组。）

1) 国际分工

2) 共担风险

3) 无形资产

4) 股份有限公司

5) 实物形式

6) 文化融合

7)《外商投资法》

8) ориентировочная оценка

9) коэффициент инвестиций

10) основные средства (фонды)

11) сервис-ориентированное предприятие

12) уставный капитал

13) масштаб предприятия

14) «Протокол о намерениях по созданию совместного предприятия»

Упражнение 2. Объясните следующие термины на русском языке.（用俄语解释下列术语。）

1) Совместное предприятие

2) Нематериальные активы

3) Уставный капитал

Упражнение 3. Прочитайте следующий текст и перескажите его главное содержание.（读课文，转述主要内容。）

Российские конфеты «Крокант» стали хитом в Китае

Российские мороженое, мука, алкоголь и соевое масло стали лидерами продаж на Китайско-российской выставке, прошедшей с 15 по 19 июня в Харбине. Сладкоежки же распробовали грильяжные конфеты с миндалем «Крокант», широко известные в Китае как «фиолетовые конфеты» из-за цвета фантиков.

Только за прошлый год китайцы съели почти 20 тысяч тонн этих сладостей на сумму 400 миллионов юаней – и это данные лишь одной харбинской фирмы, рассказанные её главой Люй Вэем. По его словам, объёмы продаж за три года утроились.

Согласно официальным данным, объём двусторонней торговли между Китаем и Россией в прошлом году побил исторический рекорд и превысил отметку в 100 миллиардов долларов США. За прошлый год на треть выросла торговля сельскохозяйственной продукцией.

Упражнение 4. Прочитайте тексты и выполните задания.（读课文，完成任务。）

Текст 1
Совместное предприятие с иностранным капиталом

① Совместное предприятие с иностранным капиталом представляет собой относительно новую форму международного предпринимательства, нацеленную на создание общей собственности национальных и зарубежных инвесторов для осуществления совместной хозяйственной деятельности. Совместное предприятие – одна из форм привлечения в экономику страны иностранных инвестиций и одновременно механизм выживания в условиях жёсткой транснациональной конкуренции. Поскольку совместные предприятия (СП) играют огромную роль в экономике государства, считаем целесообразным узнать о них больше.

② Интересно, что в российском законодательстве нет такого понятия, как совместное предприятие. Можно считать, что это неофициальное название структуры, создаваемой российскими и иностранными предпринимателями. Регистрируется оно как обычное предприятие, то есть в тех формах, которые определены гражданским законодательством.

Наиболее распространёнными организационно-правовыми формами следует считать общество с ограниченной ответственностью (ООО), хозяйственное товарищество и акционерное общество.

Общество с ограниченной ответственностью является наиболее популярной формой для ведения совместной экономической деятельности. Согласно ст. 87 ГК, оно является хозяйственным обществом, уставной капитал которого разделен на доли каждого из участников. Последние, в свою очередь, не отвечают финансово за его деятельность, неся риск убытков лишь в пределах собственности принадлежащих им долей. ③ Количество участников такой организации, согласно ст. 88 ГК, ограничено 50 лицами, включая иностранное предприятие. Для получения ООО статуса предприятия с иностранными инвестициями доля инвестора в уставном фонде должна составлять не менее 10 %.

Упорядочить договорённости участников в уставе общества позволяют гибкие механизмы, которыми и обусловлено создание СП в форме ООО:

④ диспропорциональное распределение голосов; диспропорциональное распределение прибыли; возможность определения условий выхода из ООО; закрепление дополнительных прав и обязанностей участников и т.д. Совместное предприятие нередко создаётся в форме акционерного общества.

⑤ Акционерным обществом, согласно ст. 96 ГК, считается организация, уставной капитал которой разделён на акции, а акционеры, которым принадлежат данные акции, несут ответственность по обязательствам лишь стоимостью этих акций. Учредителями СП в форме АО могут быть юридические, физические лица и иностранные компании, чей вклад должен составлять не менее 10 % уставного капитала. Акционерные общества принято делить на публичные и непубличные.

Публичными следует считать акционерные общества, акционеры которых вправе отчуждать принадлежащие им акции кому угодно, при этом число акционеров и учредителей законом не ограничено. В это же время непубличные АО могут передавать акции лишь среди учредителей или ограниченного круга лиц, определённого заранее, при этом количество акционеров ограничено 50 лицами.

Задание 1. Переведите подчёркнутые предложения на китайский язык. （将上文带有下划线的句子翻译成中文。）

Текст 2

Органический шоколад

Вы знаете, что такое «Органический шоколад»? Chocolatery.net расскажет, что это за шоколад и чем он отличается от обычного.

Всё чаще мы слышим и видим на прилавках магазинов продукты со странным названием «органический». Недавно появился и «органический» шоколад.

Итак, согласно словарям, слово «органический» означает, что данный продукт выращен или произведён в чистой среде, без использования химических удобрений и пестицидов.

Шоколад, гордо носящий звание органического, это такой шоколад, для изготовления которого использованы какао-бобы, выращенные не только в экологически чистой зоне, но и без использования синтетических удобрений. Но это касается не только какао-бобов, а также и молока и других ингредиентов, из которых изготавливают такой шоколад. И, конечно же, в органическом шоколаде полностью исключена добавка красителей или консервантов.

Кстати, производят такой шоколад на другом оборудовании, нежели неорганический шоколад. И зерна какао-бобов обжаривают при температуре не выше 45 градусов, что позволяет им сохранить больше полезных веществ и необычайно приятный, натуральный аромат.

Как делают шоколад

Впервые органический шоколад появился в Англии в 1991 году. Эта великолепная идея пришла в голову Крейгу Самсу, который возглавлял в то время сертификационную комиссию по эко-стандартам Soil Association. Именно в 1991 году он попробовал шоколад, который был изготовлен из какао-зёрен, приобретённых в рамках проекта справедливой торговли. Вкус этого шоколада настолько разительно отличался от привычного для него шоколада, что он решил не только создать органический шоколада, но и наладить его массовое производство.

Вкус шоколада, что так поразил Крейга, во много зависел от использования какао-бобов сорта тринитерио. В основном шоколад изготавливают из более доступных какао-бобов сорта форестеро, а массовая доля тринитерио в изготовлении шоколада обычно составляет не более 5 %.

Крейг с женой создают компанию Green&Black, которая выпускает органический шоколад и использует для его производства какао-бобы, выращенные только фермерскими кооперативами в Доминиканской Республике и Белизе, налаживая честную торговлю с местными органическими плантациями какао.

Крейг и его кондитеры попытались воссоздать пряный и бодрящий вкус настоящего шоколадного напитка майя, добавив в шоколад «Золото Майя» апельсин, мускатный орёх, ваниль и корицу.

Шоколадный напиток легендарных майя

В 1994 году компанию Крейга Самса Green&Black удостоили награды международной организации Worldaware Business Award за лучшие приёмы в бизнесе.

В настоящее время уже множество разных компаний занимаются выпуском органических продуктов, и в том числе органического шоколада. Конечно же, он намного полезней, чем шоколад, к которому мы привыкли, хотя и цена его намного дороже. Но если вы всё-таки решили купить именно органический шоколад, внимательно читайте этикетку, чтобы не ошибиться.

Маркировка шоколада. Что пишут на упаковках

Во-первых, на упаковке должен стоять знак сертификации органического товара. Этот знак гарантирует, что все ингредиенты, из которых изготовлен этот шоколад, прошли проверку.

Во-вторых, в составе шоколада не должны фигурировать никакие добавки, включая красители и генномодифицированные продукты.

И, в-третьих, следует выбирать органический шоколад известных производителей, репутация которых проверена временем.

Надеемся, органический шоколад придётся по вкусу и вам, поскольку это всё же самый полезный для человека шоколад!

Приятного аппетита!

Автор: Ирина Шевченко

Задание 2. Ответьте на следующие вопросы. （回答下列问题。）

1) Что такое органический шоколад?

2) Как появился органический шоколад?

3) Что сделал Крейг Самс для популяризации органического шоколада?

4) На что нужно обратить внимание, если вы решили купить именно органический шоколад?

Упражнение 5. Составьте и разыграйте диалоги на тему «Создание совместного предприятия». (编写并演练题目为"创办合资企业"的对话。)

Словарь

финансировать [完，未] кого-что 向……提供资金，给……拨款

прибыль [阴] 利润

предпринимательство [中] 经营，企业家的活动

юридический [形] 法律（上）的；司法的，法学的

инвестор [阳] 投资方

подрядный [形] 合同的，契约的

сервис-ориентированный [形] 服务型的

ограниченный [形] 有限的

рациональность [阴] 合理性，有理性

согласование [中] 协调；一致关系

рентабельность [阴] 盈利；利润率；收益率

пакет [阳] 一包，纸包；一系列，一组

учредительный [形] 成立的，创立的

учреждающий [形] 成立的，创立的，建立的

уставной [形] 条款的，条例的，章程的

натуральный [形] 自然的，天然的；实物的，固然的

актуальный [形] 具有现实意义的，迫切的；实际存在的

бухгалтер [阳] 会计员

налогообложение [中] 课税，征税

нематериальный [形] 非物质的，无形的

актив [阳] <会计> 资产，（与пассив"负债"相对）

вмешательство [中] 干涉

слияние [中] 融合，合成一体

регулировать [未] что 调节，调度，校准

отчётность [阴] 会计制度；业务报表

фруктоза [阴] 果糖

органический [形] 有机的；器官的；本能的

пористый [形] 有孔的，有孔隙的；汗孔大的

ритейлер [阳] 零售商（英语retailer）

пудра [阴] 粉，香粉；粉，粉末

коэффициент [阳] 系数；率，比

жиротопочный [形] 炼脂的，溶脂的

вертикальный [形] 垂直的，竖(向)的；立式的

кристаллизация [阴] 结晶

термостат [阳] <专> 恒温器

аэрационный [形] <技> 通风的；通风用的；充气的

формовочный [形] 造型的

эксплуатация [阴] 开发，开垦；经营

скорректировать [完] что 改正，矫正；校准，校对

Урок 8
Упаковка и маркировка товаров. Экспортная упаковка мебели из красного дерева

第八课

商品的包装和标志·
红木家具的出口包装

Часть I. Упаковка и маркировка товаров
第一部分　商品包装和标志

Согласно Китайскому национальному стандарту GB / T4122.1, упаковка товаров определяется как общее название контейнеров, материалов и вспомогательных материалов, используемых в соответствии с определёнными техническими стандартами для защиты товаров, облегчения транспортировки и стимулирования продаж в процессе товарного обращения, а также для достижения вышеупомянутой цели.

Таким образом, у понятия упаковка имеется два значения: одно относится к упаковочным материалам, а другое относится к деятельности по упаковке.

В международном маркетинге упаковка очень важна. На внутреннем рынке она также рассматривается как тара или оболочка для тарного груза, и в значительной степени она должна быть должным образом разработана.

В целом, упаковка товаров выполняет следующие функции:

1) защита товаров;
2) размещение товаров;
3) облегчение транспортировки;
4) стимулирование сбыта;
5) повышение стоимости товаров;
6) украшение товаров;

根据中国国家标准GB/T4122.1，商品包装的定义为：为了在流通过程中保护商品、方便运输、促进销售，按照一定的技术方法而采用的集装箱、材料及辅助物等的总称，也指为了达到上述目的所施加一定技术方法的操作活动。

所以，包装有两个方面的含义：一是指包装材料，二是指包装活动。

在国际营销中，包装有着非常重要的意义。与国内市场的情况一样，它被视为盛装货物的容器或外壳，并且在很大程度上需要对其进行适当的设计。

一般说来，商品包装具有如下功能：

1）保护商品；
2）容纳商品；
3）便利运输；
4）促进销售；
5）提高商品价值；
6）美化商品；

7) функция идентификации;

8) рекламное воздействие;

9) формирование имиджа торговой марки предприятия;

10) создание новых возможностей для сбыта.

Функции упаковки товаров, используемых на зарубежных рынках, во многом схожи с их функциями на внутреннем рынке. Его функции в основном следующие:

- сохранение потребительских характеристик товаров;
- защита транзитных грузов от повреждения;
- создание удобств для перемещения и потребления товаров;
- формирование наиболее приемлемых единиц товара по массе и объёму для его продажи;
- осуществление обращения в процессе продажи и потребления товара.

Классификация товарной упаковки в международной торговле:

Существует три типа упаковки. Форма упаковки зависит от типа и назначения продукта:

Упаковка товара для транспортировки, известная также внешняя тара, заключается в защите грузов от повреждения и разрушения, облегчения перевозки, погрузки и разгрузки и хранения товаров, используемых для удержания определённого числа упакованных товаров для

7）识别功能；

8）宣传作用；

9）树立企业品牌形象；

10）创造新的营销机会。

用于国外市场商品的包装在很多方面同其在国内市场的功能相似。其功能主要如下：

- 保留商品的消费特征；
- 保护商品在运输途中免于遭受损坏；
- 为移动和消费商品创造便利；
- 在商品的质量和体积方面，形成最易于销售的商品；
- 在商品销售和使用过程中实现沟通。

国际贸易商品包装分类：

包装的三种类型。采用哪种形式的包装取决于产品的种类和用途：

商品运输包装，又称外包装。它用于保护商品不受损伤和破坏，便于商品的运输、装卸和储存，用于盛装一定数量的销售包装商品或散装商品。

продаж или крупномасштабной упаковки насыпных грузов.

Индивидуальная транспортная упаковка: наиболее важной и широко используемой является картонная упаковка.

Коллективная транспортная упаковка в основном включает в себя контейнеры, контейнерые мешки и поддоны.

Потребительская упаковка товаров – это упаковка для продажи, известная также как внутренняя упаковка, розничная упаковка, означает тару, которая непосредственно используется для хранения одного товара, формирует единицу сбыта и попадает к потребителям наряду с товарами, находящимися в продаже.

На внешнем рынке основными факторами, которые следует учитывать при создании и использовании упаковки, являются следующие:
• соответствие размеров упаковки требованиям потребителей в некоторых странах;
• местные обычаи, связанные с дизайном упаковки;
• действующее законодательство в сфере упаковки;
• соответствие стоимости упаковки товаров покупательной способности потребителей товаров;
• приемлемость упаковки товаров образовательного и культурного уровня потребителей для упаковки продукта.

Для некоторых стран большое значение имеет размер упаковки. В первую очередь, речь идёт о

单件运输包装：以纸箱包装最为重要，应用最广泛。

集合运输包装主要包括集装箱、集装袋和托盘。

商品销售包装，是指用于销售的包装，也称为内包装、零售包装。它直接用来盛装一个商品，构成一个销售单位，并在销售中随商品一同到达消费者手中。

在对外市场上，对于包装的创造和使用应考虑的主要因素有：

• 包装尺寸符合某些国家消费者的要求；
• 与包装设计相关的地方习俗；
• 现行包装领域的法规；
• 包装价值需与商品消费者的购买力相匹配；
• 消费者的教育和文化水平对产品包装的可接受性。

对某些国家来讲，包装尺寸有着重要的意义。这首先涉及日

товарах повседневного спроса. В целом, в развитых странах для этих товаров используются большие упаковки. Однако в развивающихся странах ввиду низкой покупательной способности небольшие упаковки более подходят рынкам развивающихся стран.

Транспортная маркировка называется также опознавательной маркировкой, торговой маркировкой, маркировкой приёмки и отправки, привычным отраслевым названием является «маркировка».

Манипуляционные знаки представляют собой письменные инструкции и графические знаки для хрупких, уязвимых, скоропортящихся товаров в соответствии с их характеристиками.

Знаки опасных грузов, также известные как предупредительные знаки, относятся к конкретным знакам, которые используют чёткую и опознавательную графику и текст на транспортной упаковке огнеопасных, взрывчатых и других опасных грузов для указания категории и уровня опасности.

Из вышеизложенного, мы сделаем вывод: маркировка является неотъемлемой частью любого товара, на которой содержится информация о самом товаре и стране, в которой производится товар, данные товарные знаки помогают нам обеспечить качество продукции. Товарный знак также является способом рекламной информации.

常消费品。一般来说，对于发达国家，日常消费品使用大包装，但发展中国家，由于购买力不是很高，更适用的是不大的包装。

商品运输标志，又称识别标志、贸易标志、收发货标志，行业内习惯上称"唛头"。

指示性标志，是根据商品特性，对易碎、易损、易变质的商品做出的文字说明和图形标志。

危险品标志，又称警告性标志，是指在易燃品、爆炸品等危险品的运输包装上，用清楚和醒目的图形和文字说明危险品类别和危险等级的特定标志。

综上所述，我们得出结论如下：商标是任何商品不可分割的组成部分，其中包含有关产品本身、产品生产国的信息，这些商标有助于我们确保产品质量。商标也是广告信息的一种方式。

Часть II. Диалог. Экспортная упаковка мебели из красного дерева

第二部分 对话 红木家具出口包装

Р: Мы пришли к соглашению по характеристикам, структуре и происхождению древесины, технологии и процессу производства трёх комплектов мебели из красного дерева марок «Кленовый лист», «Будущее» и «Рассвет». Теперь поговорим о транспорте. Мы хотели бы знать стандарты транспортной упаковки в Вашей стране.

К: Основными Государственными стандартами транспортной упаковки КНР являются GB / T 4857 «Упаковка. Транспортная упаковка» и GB / T 5398 «Методы тестирования крупногабаритной транспортной упаковки».

Р: В нашей стране есть аналогичные документы, которые предусматривают некоторые руководящие рекомендации. Я также заметил, что в настоящее время в Китае нет данных мониторинга транспортной среды в Китае, а также нет установленного стандарта, по которому транспортная упаковка оценивается с точки зрения её пригодности.

К: Правильно. Стандарты транспортной упаковки мебели в нашей стране основываются на испытаниях, а тестовая часть испытаний соответствует международному стандарту ISO.

Р: Это хорошо, что можно устранить технические

俄：我们已就"枫叶""前程""晓光"三套红木家具的木材特征、木材构造、木材产地、制作工艺和流程等达成了一致。现在我们来谈一下运输。我们想了解一下贵国的运输包装标准。

中：中国运输包装标准主要是 GB/T 4857《包装 运输包装件》和 GB/T 5398《大型运输包装件试验方法》。

俄：我们国家也有类似的文件，其中做了一些指导性的规定。我也注意到中国目前没有中国运输环境监控数据，也没有一个运输包装行业对运输包装件进行评判的判定性标准。

中：是的。我国的家具运输包装标准是以试验为主体的，试验测试部分与 ISO 国际标准是相一致的。

俄：这样很好，可以消除测试方

барьеры в методах тестирования.

К: Однако, стандарты ISO также несовершенны.

Р: Это мы тоже понимаем. Итак, как Ваша компания проектирует и организовывает упаковку этих наборов мебели из красного дерева нашей компании?

К: Вы также очень хорошо знаете, что отличаясь от обычной мебели из натурального дерева, мебель красного дерева изготавливается из твёрдого и прочного материала, при этом не требует гвоздей или клея, но состоит из шиповых соединений, которые могут не только контролировать деформацию и усадку древесины, но и делают её более долговечной. Мебель из красного дерева не нужно разбирать, её перевозят целиком. Кроме того, форма мебели из красного дерева уникальна, поэтому её сложнее транспортировать, чем корпусную мебель.

Р: Действительно, и мы знаем, что размер мебели из красного дерева слишком велик.

К: На международном уровне технология транспортировки мебели из красного дерева не совершенствуется, поэтому в процессе транспортировки трудно избежать ударов и повреждений, но мы делаем всё возможное, чтобы технически преодолеть трудности и максимально сохранить товар.

Р: Ваша идея довольно хороша. Мы хотели бы услышать о Вашем проекте упаковки для этой доставки.

中：然而，ISO标准也不尽完美。

俄：这个我们也了解。那么贵公司如何设计和安排我公司的这几套红木家具的包装？

中：您也非常清楚，和一般的实木家具不同，红木的材质坚硬耐久，并且在工艺上不用钉、不靠胶，而是以榫卯结合的方式组成，能控制木材变形、缩胀，更经久耐用。红木家具不经拆卸，而是整体运输，另外，红木家具的外形独特，所以，运输难度较板式家具大。

俄：是的，我们也知道，红木家具的尺寸都偏大。

中：国际上，红木家具运输技术还不是很完善，所以在运输过程中难免还是会发生碰撞、损坏。但我们在尽最大努力，从技术上克服困难，做到最大限度地保全货物。

俄：您有这个想法很好。我们想了解您对于此次运输的包装设计。

К: Как правило, для мебели красного дерева есть два способа упаковки: контейнерная и пакетная. Для стандартной мебели используется контейнерная упаковка, для несоответствующей нормам мебели, называемой мебелью нестандартной формы, используют пакетную. Шкафы для одежды, книжные шкафы, обеденные столы и стулья, которые Вы собираетесь купить, подходят для контейнерной упаковки: упаковочные материалы — пенополиэтилен, пена, картонные коробки, деревянные рамы и т.д. Диван, который Вы планируете купить, должен иметь пакетную упаковку. В упаковочные материалы входят пенополиэтилен, губка, воздушно-пузырьковая плёнка, бумажное покрытие, шовный мешок и деревянный каркас и т.д.

Р: Из Вашего рассказа видно, что Вы очень профессиональны. Но есть ли излишняя упаковка в процессе упаковки?

К: Это именно то, что я хочу Вам объяснить. Как правило, прокладочные материалы используются по углам мебели и между внутренними компонентами, чтобы избежать ударов и повреждений в процессе перевозки на дальние расстояния. Используются многие виды прокладочных материалов, таких как формовочные угловые накладки, формовочная арматура, пенополистирольные плиты и т.д. и количество упаковки также относительно большое, так что это создаёт представление об излишней упаковке мебели.

中：通常，红木家具有两种包装方式：装箱式和缝袋式。形状较为规则的用装箱式，而不规则的，也被称作异形家具，采用缝袋式。您准备购买的衣柜、书柜、餐台和椅子，都适用于装箱式运输包装，包装材料为珍珠棉、泡沫、纸箱、木架等。而您准备购买的沙发是需要采用缝袋式运输包装，包装材料有珍珠棉、海绵、气泡膜、纸皮、缝袋和木架等。

俄：从您的介绍中可以看出，您非常专业。但是否在包装过程中存在过度包装的情况？

中：这也正是我想给贵方说明的。一般来说，家具的边角处以及内部各组件之间会使用缓冲材料进行保护。为了避免在长途运输过程中的碰撞、损坏，使用的缓冲材料种类比较多，比如成型护角、成型护条、泡沫板等，而且用量也比较大，所以会造成家具过度包装现象。

P: Это то, что мы хотим спросить. Поскольку в мебели, импортируемой компаниями других стран, упаковочных материалов относительно мало, нам не нужно слишком много заниматься упаковочными материалами. Конструкция мебели не страдает от трещин, разбухания, коробления, плесени, отслоения лакокрасочного покрытия, растрескивания стекла, редко встречаются удары и повреждения.

К: Да, Вы правы. Наш научно-исследовательский персонал хорошо перенял на передовой опыт международной упаковки мебели, концентрируется на исследованиях и учитывает прочность, стоимость и экологическое свойство материалов. Испытания на горизонтальное воздействие, вибрацию, динамическое и статическое сжатие и другие тесты проводятся на однородном экологически чистом амортизационном упаковочном материале и буферном материале, составленном после укладки различных материалов, сравниваются амортизационные свойства и выбирается идеальное сочетание амортизационных упаковочных материалов.

Упаковка мебели соответствует и реализует минимизированную конструкцию, что позволяет экономить сырьё и сократить обязательную внешнюю упаковку, уменьшая загрязнение окружающей среды и реализуя экологическую упаковку.

Кроме того, наша компания прилагает все

俄：这也是我们想问的，因为从其他国家的公司进口的家具，包装材料相对少一些，我们不需要对包装材料做过多处理。家具结构没有发生干裂、湿胀、翘曲、霉变、漆膜脱落、玻璃破裂，碰撞和损坏也不多。

中：是的，您说得对。我们的科研人员很好地借鉴了国际家具包装的先进经验，潜心钻研，从材料的强度、成本和环保性能等多方考虑。对单一绿色缓冲包装材料以及不同材料层叠后组成的缓冲材料进行水平冲击试验、振动试验、动态、静态压缩试验等方法，比较缓冲性能，选出理想的缓冲包装材料组合。

家具的包装遵循减量化设计，既可节约原材料，又可在减少对环境的污染，实现绿色包装的同时，减少强制包装。

另外，我公司在包装中尽力解

усилия на упаковку для решения проблемы низкой окупаемости упаковочных отходов и расточительного использования ресурсов. При выборе упаковочных материалов, уделяя особое внимание оригинальным экологическим материалам или переработанным из них композиционным материалам, наша компания выбирает материалы с высокой способностью утилизации и биоразлагаемости, высокой прочностью, высокой эластичностью, негорючестью, влагостойкостью и другими характеристиками.

决包装废弃物回收率低、资源浪费的难题。在选择包装材料时，重点考虑原生态材料，或由此加工而成的复合材料，选择具有可回收性、可降解性、强度高、弹性大、不易燃烧、防潮性高等特性的材料。

Р: У Вашей компании действительно очень продуманный план упаковки, видно, что Ваши сотрудники посвятили себя исследованиям и разработали собственные инновации и практику для упаковки мебели. Мы верим в сотрудничество с Вашей компанией.

俄：贵公司对于包装的确有非常成熟的方案，而且可以看出贵方的工作人员潜心钻研，对家具的包装有自己的创新和做法。我们对能和你们公司合作非常有信心。

Часть III. Общая информация
第三部分 知识点

I. Запомните следующие словосочетания. （记住下列词组。）

1) 中国国家标准 (GB) Китайский национальный стандарт GB

2) 促进销售 стимулирование продаж

3) 企业品牌形象 имидж торговой марки предприятия, бренд-имидж предприятия

4) 大型货物 крупногабаритный груз

5) 单件运输包装 индивидуальная транспортная упаковка

6) 零售包装 розничная упаковка

7) 榫卯结合 соединение на шипах, шиповые соединения, соединения шипом в гнездо

8) 气泡膜 воздушно-пузырьковая плёнка

9) 纸皮 бумажное покрытие

10) 泡沫板 пенополистирольная плита

11) 过度包装 излишняя упаковка

12) 成型护条 формовочная арматура

13) 玻璃破裂 растрескивание стекла

14) 低回收率 низкая окупаемость

15) 原生态材料 натуральные, природные, экологически чистые материалы

II. Запомните следующие слова, относящиеся к отрасли упаковки мебели. （记住下列和家具包装相关的单词。）

1) гвоздь [阳] 钉子

2) клей [阳] 胶，胶粘剂

3) шип [阳] <建> 栓钉, 销钉；木钉

4) гнездо́ [中] <技> 座，槽，巢；榫眼

5) деформа́ция [阴] 变形

6) уса́дка [阴] 收缩，收缩率

7) МДФ (MDF, древесноволокнистая плита средней плотности) 中密度板，中密度木质纤维板

8) пане́ль [阴] <建> 预制板，护墙板

9) пенополиэтиле́н [阳] 珍珠棉

10) прокла́дочный [形] 垫衬的

11) гу́бка [阴] 海绵

12) пе́на [阴] 泡沫

13) пенополистиро́льный [形] 聚苯乙烯泡沫塑料的

14) растре́скивание [中] 龟裂，破裂，胀裂，裂解，开裂

15) разбуха́ние [中] 膨胀，胀大，肿大

16) коробле́ние [中] 翘曲，皱损，失稳，扭曲，翘纫

17) пле́сень [阴] 霉层（木材缺陷）

18) отслое́ние [中] 片落, 剥落, 起鳞, 分层, 脱层

19) деграда́ция [阴] 降解

20) упру́гость [阴] 弹性, 弹力

21) влагосто́йкость [阴] 耐湿性, 防潮性

Часть IV. Упражнения
第四部分　练习

Упражнение 1. Переведите следующие словосочетания.（翻译下列词组。）

1) 国际营销

2) 方便运输

3) 散装货

4) 纸箱

5) 红木家具

6) 绿色包装材料

7) 资源浪费

8) 消费特征

9) упаковочный материал

10) предупредительные знаки

11) транспортно-упаковочная отрасль

12) коллективная транспортная тара

13) манипуляционный знак

14) деревянная рама

15) композиционные материалы

Упражнение 2. Прочитайте тексты и выполните задания.（读课文，完成任务。）

Текст 1
Чем отличается тара от упаковки?

Многие люди считают, что термины «упаковка» и «тара» имеют одно и то же значение, однако, это неверно. Между ними есть разница, хоть и небольшая. Давайте попробуем разобраться, в чём она заключается.

① Суть понятий разъяснена в ГОСТ 17527-2003. Согласно данному документу, использование определений в качестве синонимов не допускается. В документе под упаковкой понимается средство или целый комплекс средств, которые обеспечивают защиту продукции от каких-либо повреждений. Окружающая среда при этом защищена от любых загрязнений в процессе эксплуатации. Кроме того, упаковка обеспечивает облегчение процесса перевозки товара, его хранения и дальнейшей продажи. Тара – главный элемент упаковки, который предназначен для помещения внутрь него продукции. Таким образом, товар невозможно реализовать, если он не помещен в эту ёмкость.

Отличия

② Разница между тарой и упаковкой заключается в их функциях. Тара используется для большего удобства. В качестве неё применяются ёмкости, в которые можно сложить, налить или насыпать продукцию разного типа. Товары, расфасованные в тару легче перемещать и проводить инвентаризацию. Промышленная тара позволяет поместить большое количество товара даже в маленьких складах и торговых площадках. Они могут увеличить продажи, так как покупателей привлекают товары в компактной таре необычной формы. Не стоит забывать и про то, что тара защищает продукцию от воздействия внешней среды. Она делится на несколько разновидностей:

Потребительская – банки и бутылки различной вместимости, пакеты и коробки. Такие изделия используются для первичной расфасовки продукции. Их реализация проходит вместе с содержимым.

Транспортная – бочки, ящики, корзины, мешки. Как следует из названия, они служат для грузоперевозок. Обычный потребитель обычно не сталкивается с такой тарой. Для транспортных компаний подобные контейнеры облегчают процесс погрузки и выгрузки, они также требуют гораздо меньше места.

Производственная – поддоны, деревянные ящики и мешки. Такая тара используется, чтобы сгруппировать отдельные категории товара, перемещать и хранить его на складе. Она также применяется для сбора отходов.

③ Упаковка – это, прежде всего, инструмент для продажи товара. Например, мы не можем использовать её для остатков сырья на складе или сбора мусора. Как уже было упомянуто, для этого там используют тару. Упаковка грузов представляет собой их подготовку к перемещению на другой склад или хранению. Упаковка также защищает продукцию от воздействий окружающей среды. Чтобы обеспечить неподвижность товара во время перевозки, транспортные компании используют прокладочные и подстилочные материалы, а также амортизаторы из пенопласта. Изделия из металла покрывают антикоррозийной бумагой. Для хрупких предметов одним из способов защиты является обрешётка груза. Тара, в которую помещают изделие, – важный элемент всей упаковки.

Вместо вывода

Сформулируем кратко главное отличие на простых примерах. Молоко обычно продаётся в бутылках или коробках из картона. Без них оно не может быть продано. Получается, что бутылки и коробки – тара. При доставке молока в магазин продукция группируется и помещается в полиэтиленовую плёнку. Плёнка – это уже упаковка.

Без упаковки товар может быть продан. Телевизор в теории можно доставить в магазин и продать, не используя упаковочных материалов. ④ Однако, если учесть, что его легко можно повредить при транспортировке, телевизор лучше всё же поместить в коробку с пенопластом и завернуть в полиэтиленовую плёнку. Все эти материалы – упаковка.

Задание 1. Переведите подчёркнутые предложения на китайский язык. (将上文带有下划线的句子翻译成中文。)

Задание 2. Ответьте на следующие вопросы.（回答下列问题。）

1) Как определяется согласно ГОСТ 17527-2003 «упаковка»?

2) Как понимается «тара» согласно ГОСТ 17527-2003?

3) Какая польза от промышленной тары?

4) На какие разновидности разделяется тара?

Текст 2
Мебель из красного дерева

Красное дерево (махагони) – качественный материал для создания элитной мебели в колониальном или современном стиле. Твёрдая древесина имеет красно-жёлтую расцветку. Впоследствии она начинает постепенно темнеть и становится красной с коричневым или малиновым оттенком, на котором явно выделяются прожилки. Этот цвет во все времена считался благородным и использовался в дорогой элитной мебели из красного дерева.

История

Изначально махагони иногда использовалось в Западной Европе для отделки кораблей и домов, но благодаря прекрасным физическом свойствам древесины, начиная с XVII века, мебель из красного дерева активно создаётся только для английских аристократов. <u>Но спустя всего несколько десятилетий эта мода распространилась на весь европейский континент: короли, маркизы, графы и бароны старались обставить свои дворцы и замки исключительно продукцией краснодеревщиков.</u>

Настоящий бум на мебель из красного дерева начался в конце XVIII столетия, когда в моду вошёл ампир. К началу XIX в. такая мебель стала появляться и в России, при этом краснодеревщики стремились сохранить природную текстуру и узор махагони в виде уникальных «языков пламени». Чаще всего из красных пород изготавливались классические предметы мебели в академическом стиле – простом и функциональном. Само дерево при этом придавало изделиям благородство и делало интерьер спокойно-изысканным.

Особенности

Сегодня к данному материалу причисляют качественную древесину нескольких видов дерева – сапели, венге и некоторых эвкалиптовых сортов из Австралии. Популярность мебели из красного дерева основана на том, что данный материал: красив, благороден, долговечен и устойчив к колебаниям атмосферных показателей.

Задание 3. Ответьте на следующие вопросы. （回答下列问题。）

1) Почему красное дерево является материалом для создания элитной мебели?
2) Переведите подчёркнутую часть текста на китайский язык.
3) Какие особенности производства изделий из красного дерева в России?
4) Какими качествами обладает мебель из красного дерева?

Задание 4. Переведите нижеследующие манипуляционные знаки. （翻译下列操作标志。）

Осторожно, хрупкое!	Беречь от солнца!	Беречь от влаги!
Ограничение температуры	Скоропортящийся груз	Крюками не брать!
Верх	Центр тяжести	Тропическая упаковка
Открывать здесь	Защищать от радиоактивных источников	Не катить!
Не зажимать!	Предел по количеству ярусов на штабеле	Вилочные погрузчики не использовать!

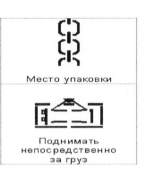

Упражнение 3. Составьте и разыграйте диалоги на тему «Транспортная упаковка». (编写并演练题目为"运输包装"的对话。)

Словарь

маркирóвка [阴] 唛头，标示，标志，标记，标号

сбыт [阳] <商> 营销，推销；非法销售

индентификáция [阴] 识别，标识

оболóчка [阴] 外壳，外皮；外罩；外观

схóжий [形] 相似的，类似的

потребительский [形] 消费的；消费者的

транзи́тный [形] 中转的；联运的

поврежде́ние [中] 损坏，损伤，毁坏

мácca [阴] <理、化> 质量；糊状物；大片，大堆；大量；<常复> 群众

крупногабари́тный [形] 大型的，尺寸大的

удержáние [中]（удержáть的动名词）拿住，握住；留住

крупномасштáбный [形] 大规模的；重要的

насыпнóй [形] 散装的；（沙、土、碎石等散状物）堆成的，堆起的

поддóн [阳] 底盘；货盘；集装托板，托架，托盘

ношéние [中] носи́ть的动名词

дизáйн [阳] 设计，打图样，计划，打算构思

прие́млемость [阴] 可接受性

опознавáтельный [形] 用于识别（辨认）的

манипуляциóнный [形] 操纵的；键控的

предупреди́тельный [形] 预防性的，警告性的

тести́рование [中] 检验，检测；（心理，能力方面的）测验

монитóринг [阳] 监察，监控，跟踪；<经>（对公司的实际状况与力求达到的目标所作的）系统监控

долговéчный [形] 经久耐用的

разобрáть [完] кого-что 拆开，卸开，拆除

картóн [阳] 硬纸板，硬纸盒

вибрацио́нный [形] 振动的 негорю́честь [阴] 不可燃性

утилиза́ция [阴] 回收，再生 влагосто́йкость [阴] 耐湿性，防潮性

биоразлага́емость [阴] 生物可降解性

Урок 9
Внешнеторговые цены. Формирование цен на экспортные товары. Переговоры о цене фарфора

第九课
对外贸易价格·出口商品价格的构成· 瓷器价格的谈判

Часть I. Внешнеторговые цены. Формирование цен на экспортные товары

第一部分　对外贸易价格·出口商品价格的构成

При переговорах и подписании внешнеторговых контрактов цена обычно имеет ключевое значение. У продавца и покупателя противоположные позиции по цене товара. Если экспортёр продаёт товары по более высокой цене при прочих равных условиях, прибыль у продавца соответственно возрастает, тогда импортёр попытается снизить цену на приобретённые товары, тем самым, сократить расходы.

Различные потребности в интересах определяют различные методы выбора ценовых показателей и ограничивающих факторов. Для экспортёра минимально приемлемая цена является ограничивающим фактором в переговорах. Ниже этой цены экспортёр будет в убытке, а более высокая цена соответствует интересам экспортёра. Напротив, для импортёра цена зависит от того, может ли продавать импортированный товар на национальном рынке, поэтому минимально допустимая цена для импортёра является верхним ценовым пределом. Если лимит превышен, сделка будет убыточной для импортёра. Поэтому собственно переговоры о цене контракта ведутся в определённом диапазоне. Нижний предел цены определяется интересами продавца, а верхний – интересами покупателя. Однако, поскольку этот диапазон может быть

在外贸合同的谈判和签订中，价格通常具有关键意义。卖方和买方在价格方面的立场是相反的。如果出口商在其他条件相同的情况下，以较高的价格出售货物，则利润随之增加，同时，进口商则设法降低所购货物的价格，从而减少支出。

利益需求的不同也决定了选择价格指标和限制因素的不同。对于出口商来说，判断价格下限是谈判的限制因素。低于这个价格对出口商来说会导致亏损，高出这个价格符合出口商的利益。反过来讲，进口商可接受的价格上限，取决于以这样的价格进口商品在其国内市场上销售是否还有利可图。超过这一限额，这笔交易对进口商来说就是亏本了。所以，合同价格的谈判是在一定限度内进行的。价格的下限由卖方的利益决定，上限由买方的利益决定。然而，由于这一范围可能相当宽泛，合同价格水平也可能有很大的不同。

довольно широким, уровень цены контракта также может сильно отличаться.

В этом уроке мы рассмотрим, главным образом, методы ценообразования на экспортные товары.

При определении цены на экспортные товары, как и при ценообразовании на внутреннем рынке, могут использоваться различные методы.

Прежде всего это затратное ценообразование, цена при котором рассчитывается исходя из собственных затрат экспортёра на производство и продажу. Он может рассчитать общую себестоимость или сумму прямых затрат. После добавления определённой величины прибыли к понесённым затратам можно рассчитать цену, по которой продукция доступна для экспорта и соблюдать интересы экспортёра. Методика расчёта внешнеторговой цены аналогична расчёту оптовой цены на национальном рынке, но с той лишь разницей, что обычно повышаются накладные затраты на доставку экспортной продукции.

Второй подход к определению экспортных цен ориентирован на потребителя и учитывает потребительскую стоимость товаров и экономическую отдачу, которую потребители получают от экспортируемых товаров. Данный метод ценообразования чаще всего используется для готовой продукции, в особенности для продукции, представляющей механических технологий.

Третий подход к формированию экспортных цен – это определение цен на основе текущих мировых

在本课中，我们主要来研究出口商品的定价方法。

在确定出口商品价格时，就像在国内市场定价一样，可能使用不同的定价方法。

首先，这是一种支出定价法，其价格是根据出口商自己产品的生产和销售开支计算的。它可以计算总成本，也可以计算总的直接支出。将一定的利润值加到所产生的费用之后，即可计算出产品可供出口并符合出口商利益的价格。计算外贸价格的做法与国内市场的批发价格的计算相似，但唯一不同的是，出口产品的间接成本通常会增加。

第二种确定出口价格的方法是以消费者为导向，考虑到商品的使用价值和消费者从出口产品中获得的经济回报。这类定价方法最常用于成品，特别是机械技术类产品。

第三种确定出口价格的办法是根据当前的世界价格确定，也

цен, то есть на основе цен других экспортных конкурентов.

Поэтому работа по определению экспортных цен включает несколько этапов:
- узнать текущую мировую цену;
- корректировать цены в соответствии с уровнем собственных затрат, национальными таможенными и другими нормативными актами, а также рыночной конъюнктурой;
- вести переговоры с покупателем и фиксировать цену в контракте.

При определении цены товара в договоре купли-продажи необходимо определить единицу измерения цены, ценовой ориентир, валюту, модель фиксированных цен и уровень цен.

Цена экспортной продукции может быть определена следующими способами:
- на основе издержек производства;
- исходя из уровня спроса;
- исходя из уровня цен конкурентов.

Метод расчёта цен на экспортные товары принципиально не отличается от метода расчёта внутренних цен. Основные различия заключаются в дополнительных расходах на маркетинг, которые включают в себя следующие:
- комиссионные за продажу;
- финансовые расходы;
- расходы по упаковке;
- транспортные расходы.

Кроме того, когда речь идёт об установлении

就是说，根据其他出口竞争者的产品价格来确定。

因此，确定出口价格的工作包括几个阶段：
- 查明当前的世界价格；
- 根据自己的支出水平、国家海关和其他的规定、市场行情调整价格；

- 与买方谈判，并在合同中固定价格。

在确定商品价格时，销售合同应确定价格计量单位、价格基准、货币、固定价格的方式和价格水平。

出口产品价格可以下列方式确定：
- 以生产费用为基础；
- 从需求水平出发；
- 了解竞争对手的价格水平。

出口商品价格的核算方法与国内价格的核算方法没有本质上的不同。主要区别在于额外的销售费用，其中主要包括：

- 销售佣金；
- 融资费用；
- 包装费用；
- 运输费用。

另外，在涉及出口价格制定

экспортных цен, мы можем использовать «торговые термины» (см. Урок 11).

Торговые термины также именуются «условиями торговли» или «ценовыми терминами». Они указывают ценовой состав товара, риски, издержки и обязанности покупателя и продавца.

时，我们可以采用"贸易术语"（参见第十一课）。

贸易术语又称"贸易条件"或"价格术语"。它表示商品的价格构成、买卖双方所承担的风险、费用和责任。

Часть II. Диалог. Переговоры о цене фарфора
第二部分　对话　瓷器价格的谈判

Р: Здравствуйте! Меня зовут Владимир Михайлович. Я генеральный директор российской компании по импорту и экспорту «Надежда».

俄：您好！我是弗拉基米尔·米哈伊洛维奇，俄罗斯"希望"进出口公司总经理。

К: Здравствуйте! Очень приятно с Вами познакомиться. Меня зовут Тан Чжэньхуа. Я начальник отдела сбыта Китайской Цзиндэчжэньской импортно-экспортной компании «Цзинтайлань».

中：您好！很高兴和您认识。我是汤振华，中国景德镇"景泰蓝"进出口公司销售部经理。

Р: Нам особенно понравился чайный сервиз бело-синего фарфора из 8 предметов на 6 персон (артикул 69-2320). Мы хотим закупить большую партию данной продукции. Хотим узнать, можете ли Вы предложить нам лучшую скидку?

俄：我们在展会上看到过贵公司的展品，很有吸引力。我们对你们产品中货号为69-2320的6人8件青花瓷茶具套装较感兴趣，打算大量订购这套产品。您能给我们一个优惠的报价吗？

К: Конечно, можно. Выбранный Вами чайный сервиз является конкурентоспособной продукцией нашей компании. Данная серия продукции –

中：当然可以。您选中的这套茶具是我们公司的拳头产品。这个系列的产品均为手绘青

бело-синий фарфор с ручной росписью. Наша продукция выполнена с изысканным мастерством и обладает высокой практической и художественной ценностью. Это наш прайс-лист, посмотрите, пожалуйста.

Р: Мне хотелось бы уточнить, весь фарфор производится в городе Цзиндэчжэнь?

К: Да. Наша компания находится в городе Цзиндэчжэнь. Все поставляемые нашей компанией фарфоры являются местной продукцией.

Р: Прекрасно. Скажите, пожалуйста, какой срок действия Вашего коммерческого предложения на товар?

К: Месяц.

Р: Я заметил, что Ваше предложение основывается на условиях СИФ.

К: Это точно. Как правило, мы экспортируем товары на условиях СИФ. Это позволяет нам выбрать опытного перевозчика при отгрузке фарфора, чтобы обеспечить безопасность транспортировки товара, а также уменьшить накладные расходы иностранных предпринимателей.

Р: Хорошо. Мы тоже этого ожидаем. Мы посетили других китайских поставщиков фарфора. Считаем, что Ваши цены превышают цены СИФ других китайских компаний на аналогичную продукцию. Можете ли Вы предложить нам более подходящую цену?

К: Эта заводская цена основана на спросе международного рынка и на изготовлении, способах

花瓷器，工艺精湛考究，具有很高的实用和艺术价值。这就是我们的价目表，请您过目。

俄：我想确认一下，这些瓷器均产自景德镇市吗？

中：是的，我们公司就在景德镇市。我们经营的瓷器均为当地出产的产品。

俄：太好了。请问报价的有效期是多长时间？

中：一个月。

俄：我注意到贵方报价是CIF价。

中：是的，没错。我们的出口业务通常都以CIF价格成交，这样便于我们选择瓷器运输经验丰富的承运人，保证货品运输安全，也减少外商的间接费用。

俄：很好，我们也正期望如此。但我们考察过中国其他瓷器公司，贵方价格高于其他中国公司同类产品CIF报价，您是否能给予我们更合适的价格？

中：这个出厂价格是根据国际市场需求和我国瓷器加工、制

производства фарфора и производственных процедурах в нашей стране. Кроме того, качество и упаковка нашей продукции лучше, чем у других производителей аналогичной продукции в Китае. И можем предоставить Вам разные международные аттестационные свидетельства. Согласно качеству продукции цена, которую мы Вам предлагаем, уже очень выгодна.

Р: Как Вы выбираете транспортное агентство? Каков стандарт фрахта?

К: С нами сотрудничает компания морских и сухопутных перевозок ООО Судоходная компания «Дружба» (осуществляющая морские и сухопутные перевозки), которая имеет признанную в отрасли репутацию и может предоставить самые качественные и надёжные транспортные услуги. Квалификационный сертификат перевозчика и стандарт фрахта будут предоставлены Вам позже.

Р: Спасибо! Мы верим в качество продукции Вашей компании и репутацию выбранной Вами компании перевозчика. Мы надеемся установить долговременное сотрудничество с Вашей компанией. Может ли Ваша компания дать нам дополнительную скидку?

К: Если заказ будет большим, цена может быть скорректирована. Можете ли Вы сообщить нам предполагаемый объём Вашего заказа?

Р: Для первого заказа мы планируем заказать 200 000 сервизов.

俄：作方法、制作程序制定的，而且我们的产品质量、包装都要优于中国同行业的质量水平，这里有各种国际鉴定证书可以提供给您。所以结合产品的品质，我方所报的价格已经很优惠了。

俄：请问承运人是如何选择的？收费标准是什么？

中：与我们公司长期合作的承运人是"'友谊'（海陆）航运有限公司"，该公司具备业内公认的口碑，能为您的货物提供最优质可靠的运输服务。承运人资质证明和运费标准我们随后提供给您。

俄：谢谢！我们相信贵公司产品的品质和你们所选航运公司的信誉，希望通过这次接洽，与贵公司建立长期的合作关系，贵公司能否给予额外的折扣？

中：如果订购量大，价格可以做适当的调整，能否谈谈贵公司预计订购的数量？

俄：我们计划先订购20万套。

К: На такой объём заказа мы можем предоставить Вам 3 % скидку, то есть 68 юаней за один сервиз. Это самая большая скидка, которую мы предоставляем нашим крупным партнёрам по долгосрочному сотрудничеству.

Р: От всей души благодарю Вас. Мы очень довольны этой скидкой. Мы уверены, что в будущем наше сотрудничество будет более продолжительным.

К: Признательны Вам за доверие. Мы обязательно гарантируем Вам высококачественную продукцию.

中：这个交易数量我们可以给予贵公司3%的折扣，也就是每套68元人民币。这是我们给予长期合作的大客户最大程度的优惠了。

俄：好的，谢谢贵公司，这个折扣我们很满意，相信以后会有更长久的合作。

中：感谢贵方的信任。我们一定提供高质量的产品。

Часть III. Общая информация
第三部分 知识点

I. Запомните следующие словосочетания.（记住下列词组和用语。）

1) 降低价格 снижение цены

2) 利益差异 различие интересов

3) 价格下限 минимальная цена

4) 商品定价 формирование цен товаров, расценка товара

5) 总成本 общая себестоимость, суммарные затраты

6) 唯一不同的是 с той лишь разницей, что ...; единственное различие – это ...

7) 商品的使用价值 потребительская стоимость товара

8) 市场行情 конъюнктура рынка, рыночная конъюнктура

9) 确定价格 установление цены, зафиксировать цену

10) 价格基准 базис цены

11) 工艺精湛 изысканное, тонкое мастерство; отточенная технология

12) 艺术价值 художественная ценность

13) 瓷器加工 изготовление фарфора

14) 处理过程 процедура обработки

15) 运输公司 транспортное, логистическое агентство

16) 资质证明 квалификационный сертификат

II. Прочитайте текст, и кратко расскажите об отличиях между себестоимостью, стоимостью и ценой. （读课文，简要说说себестоимость, стоимость 和цена的区别。）

Отличия между себестоимостью, стоимостью и ценой

Себестоимость – это затраты предприятия на изготовление и реализацию одной единицы продукции. К таким затратам относятся использованные материалы, израсходованная электроэнергия, амортизация основных фондов, оплата труда работников и накладные расходы.

Стоимость складывается из себестоимости продукции и надбавки, от величины которой зависят рентабельность производства и полученная прибыль. При расчёте надбавки учитываются налоги, которые надо заплатить, и сумма прибыли, необходимая предприятию для дальнейшего развития. Стоимость может выражаться как в физических единицах, так и в денежной форме.

Цена товара – это затраты производителя в процессе изготовления продукции плюс прибыль продавца от её реализации. Цена представляет собой определённую сумму денежных средств, которую покупатель должен заплатить продавцу за данный товар.

Сравнивая понятия себестоимости, стоимости и цены, можно сделать вывод, что одно вытекает из другого. Цена рассчитывается на основе стоимости, а стоимость невозможно рассчитать без учёта себестоимости продукции. Себестоимость – простое понятие, в то время как стоимость и цена – комплексные.

Часть IV. Упражнения
第四部分 练习

Упражнение 1. Переведите следующие словосочетания. （翻译下列词组。）

1) 减少开支

2) 价格上限

3) 利润值

4) 制成品

5) 固定价格

6) 固定价格的方式

7) 商业报价

8) 鉴定证书

9) 长久的合作

10) ценовой показатель

11) затратное ценообразование

12) накладные расходы

13) экспортный конкурент

14) единица измерения цены

15) практическая ценность

16) способ производства

17) стандарт фрахта

Упражнение 2. Вставьте пропущенные слова и словосочетания и расширьте диалоги. （补足并拓展对话。）

1) Богатырёв: Как у Вас дела?

   Ван Мин: Мы _____ с нашей фирмой в Сиане и получили положительный _____. Мы готовы _____ у Вас партию цветных телевизоров.

Богатырёв: Прекрасно. Это Ваш первый _____. Мы хотели бы стать Вашим постоянным партнёром.

Ван Мин: Очень хорошо! Но Ваша цена слишком высокая.

2) Богатырёв: Какую _____ Вы надеетесь получить у нас?

Ван Мин: Скидку в _____ процентов.

Богатырёв: Это многовато.

Ван Мин: А _____ процентов Вас устроят?

Богатырёв: _____ .

Упражнение 3. Прочитайте текст и выполните задания.（读课文，完成任务。）

Текст 1

Понятие мировой цены и особенности её формирования на различные товары

Ценообразование во внешней торговле существенно отличается от ценообразования внутри страны. Однако сфера ценообразования мировых товарных рынков при всей своей специфичности регулируется, как и внутреннее ценообразование стран, законом стоимости.

Вместе с тем на цены воздействует и множество других факторов, отклоняющих их от стоимостной основы. К таким факторам относятся колебания спроса и предложения, монополизация рынков, регулирование цен на государственной основе, инфляция в стране и другие. Основой для определения экспортных и импортных цен во внешнеторговой практике выступают цены основных товарных рынков. Они служат показателями, отражающими среднемировые условия производства, реализации и потребления конкретных товаров. Чтобы обмен товарами происходил на эквивалентной основе, они должны оцениваться в ценах мирового рынка. Теория международной торговли под мировой ценой понимает денежное выражение интернациональной стоимости реализуемого на мировом рынке товара.

① <u>Интернациональная стоимость – общественно необходимые затраты труда на производство той или иной продукции при среднемировых общественно</u>

нормальных условиях производства и среднемировом уровне производительности труда. Она формируется преимущественно под влиянием условий производства в тех странах, которые считаются главными поставщиками товара на мировой рынок.

Мировой рынок, как сфера товарных отношений, предполагает, в отличие от внутренних рынков, выступление на нём предпринимателей разных стран, а следовательно, ② мировая цена должна удовлетворять двум важнейшим требованиям: во-первых, быть доступной для любого продавца или покупателя, имеющего намерение участвовать в торговых операциях в сфере международного обмена; во-вторых, быть достоверной и представительной для мировой торговли данным товаром.

Исходя из практики международной торговли, выделяют пять признаков, характеризующих мировую цену:

1. Это должны быть цены крупных регулярных сделок в международной торговле (не эпизодические).

2. Сделки должно носить коммерческий, а не специальный характер (исключать товарообменные операции).

3. Сделки должны заключатся в твёрдой свободно конвертируемой валюте.

4. Сделки должны быть экспортными или импортными.

5. Экспортные или импортные операции должны совершаться на рынках со свободным режимом.

Перечисленные требования означают, что в качестве мировых можно рассматривать только цены обычных торговых операций.

К обычным торговым операциям относятся сделки, характеризующиеся такими признаками, как: раздельность; взаимная не связанность экспортных и импортных поставок; регулярность их осуществления; платёж в свободно конвертируемой валюте; осуществление в условиях свободного торгово-политического режима.

Торговые сделки, совершаемые на перечисленных условиях, можно рассматривать как обычные по следующим причинам: они типичны для мировой торговой практики и распространяются на значительную часть мирового товарооборота; именно при подобных условиях торговых операций их цена становится доступной любому поставщику или покупателю, выступающему на мировом рынке. Особой разновидностью обычных торговых операций являются поставки на основе долгосрочных соглашений, а также в рамках международных товарных соглашений.

На практике в качестве мировых цен используются экспортные или импортные цены основных поставщиков и покупателей соответствующих товаров. В международном товарном обмене, так же как и во внутренней торговле, окончательное выравнивание цен и, следовательно, формирование конечной цены по любому товару осуществляется с ориентацией на покупателя, поэтому, чтобы оценить приемлемость уровня цены и её представительность, следует обоснованно пользоваться ценой наиболее крупных импортеров рассматриваемого товара. Однако по ряду товаров, прежде всего машинам и оборудованию, в качестве информации о мировых ценах во многих случаях используют данные по ценам основных экспортеров, так как, во-первых,

③ <u>информация о ценах поставщиков готовой промышленной продукции, в том числе машин и оборудования, носит обычно более регулярный и широкий характер, чем информация о ценах потребителей этой продукции.</u> И это вполне понятно, поскольку поставщики заинтересованы в рекламе и популяризации поставляемой на мировой рынок продукции в отношении её технико-экономических параметров, цен и пр.; во-вторых, разница в уровнях цен производителя и потребителя готовой промышленной продукции не является значительной в силу относительно малого удельного веса в её ценах транспортной составляющей.

Таким образом, мировые цены – цены важнейших экспортёров или импортёров либо цены основных центров мировой торговли, относящиеся к обычным крупным регулярным раздельным операциям, осуществляемым в условиях открытого торгово-политического режима с платежом в свободно конвертируемой валюте.

Процесс формирования и движения цен в международной торговле характеризуется тем, что на мировом рынке складываются объективные условия для отклонения мировой цены от внутренних цен отдельных стран.

Это предопределяется в первую очередь их разной стоимостной основой. Цены мирового рынка базируются на интернациональной стоимости и формируются на затратах ведущих стран-экспортёров на мировом рынке. Внутренние цены, напротив, базируются на национальной стоимости и отражают затраты национальных производителей. Цены международной торговли отличаются от внутренних также в силу разных объёмов мирового и внутреннего рынков, условий их функционирования, а также других ценообразующих факторов. Как правило, мировая цена ниже внутренней из-за наличия ряда инструментов (пошлины, налоги и др.), влияющих на формирование цен внутри страны, экономически ограждающих национальный рынок от иностранных поставщиков и в итоге смягчающих конкуренцию. Разрыв между мировыми и внутренними ценами может составлять до 1/3, при этом на готовые товары он значительнее, чем на сырьевые, что связано с более высоким уровнем тарифных и нетарифных барьеров при ввозе готовой продукции.

④ Дифференциация цен мировой торговли может вызываться разными обстоятельствами: транспортным фактором (территориальная дифференциация цен), характером торговой сделки (обычная, специальная), коммерческими условиями поставок (коммерческая дифференциация цен) и др.

Мировой рынок характеризуется множественностью цен, что объясняется действием различных коммерческих и торгово-политических факторов. Множественность цен означает наличие ряда цен на один и тот же товар или товары одинакового качества в одной и той же сфере обращения, на одинаковой транспортной базе.

Проще решать вопрос о мировой цене на сырьевые товары. Их источники привязаны к конкретным географическим регионам, в то время как производство широкого ассортимента готовой продукции налажено практически повсеместно.

⑤ На рынке выступает большое количество стран-конкурентов, поэтому при установлении мировой цены основную роль играет соотношение спроса и предложения. Для некоторых видов сырьевых товаров цены устанавливаются основными экспортёрами, для других – исходя из биржевых котировок или цен аукционов. Особое значение при формировании цен на многие виды сырьевых товаров имеют соответствующие объединения стран-экспортёров или производителей, что совсем не характерно для ценообразования на продукцию обрабатывающей промышленности. Сфера применения сырьевых товаров относительно стабильна в отличие от промышленной продукции, условия эксплуатации которой разнятся по конкретным потребителям, а ассортимент её очень велик. Поэтому на рынках готовой продукции наблюдается значительный разброс цен на изделия одинакового применения. Большую сложность представляет получение объективной ценовой информации о рынке готовых изделий. Здесь приходится учитывать подробную технико-экономическую, качественную характеристику сопоставляемых изделий, условия эксплуатации, коммерческие условия сделки. Трудности усугубляются недостатком справочных материалов, по которым, в отличие от сырьевых товаров, не имеется широкого круга регулярно публикуемых изданий.

Задание 1. Дополните пропущенные по тексту содержания.（根据以上课文内容补全下列句子。）

1) Основой для определения экспортных и импортных цен во внешнеторговой практике выступают _____.
2) Особой разновидностью обычных торговых операций являются поставки на основе _____, а также в рамках международных товарных соглашений.
3) Цены мирового рынка базируются на _____ и формируются на _____ на мировом рынке.
4) Проще решать вопрос о мировой цене на _____. И при установлении мировой цены основную роль играет _____.
5) На рынках готовой продукции наблюдается значительный разброс цен на _____.

Задание 2. Переведите подчёркнутые предложения на китайский язык.（将上文带有下划线的句子翻译成中文。）

Задание 3. Ответьте на следующие вопросы по Тексту 1.（根据课文1回答问题。）

1) Какие факторы воздействуют на цены во внешней торговле?
2) Какую роль играют цены основных товарных рынков?
3) Как формируется интернациональная стоимость?

4) Какие признаки характеризуют мировые цены?

5) Какие сделки относятся к обычным торговым операциям?

6) Что такое мировые цены?

Текст 2

Фарфор: древний, великий, прекрасный!

Родина фарфора – Китай. В то время как европейцы – даже самые цивилизованные, древние греки – лепили амфоры, выдалбливали каменные плошки и пытались отливать посуду из стекла, китайцы сосредоточенно работали над созданием фарфора. Первые удачные опыты китайских мастеров задокументированы 220-м годом до нашей эры.

Во всяком случае, географическая область появления китайского фарфора по сей день зовётся Цзянси; британское China – англифицированная попытка прочтения древнекитайского tien-tse, впоследствии преобразованного в tseane и служившего наименованием, помимо прочего, любому изделию из фарфора.

По мнению отдельных лингвистов, русская «синь» – все та же калька с китайского tseane. Ведь первые изделия из китайского фарфора декорировались исключительно синей минеральной краской. Значит ли это, что славяне познакомились с китайским фарфором тысячи лет назад? Любопытная, но неподтверждённая наукой гипотеза.

Почему фарфор родился в Китае?

Строго говоря, темпы развития керамического ремесла в Европе, Средней Азии, Ближнем Востоке, Индии и прочих удалённых от Китая местностей были примерно равными. Да и китайцы в технологию обжига формованной глины не внесли ничего принципиально нового. Все те же купольные печи, весь тот же древесный уголь ...

Секрет происхождения фарфора кроется в сырьевых предпочтениях. Мастера всего мира предпочитали для изготовления керамики брать жирную красную глину. Китайцам же посчастливилось оперировать глиной каолиновой – веществом хотя и тугоплавким, но зато красивым, особенно после интенсивного, с расплавлением внешнего слоя, обжига.

Достичь успеха в создании эффективной технологии фарфора было непросто, потому китайцы, весьма охотно торговавшие фарфоровыми изделиями, всячески противились раскрытию своих ноу-хау.

Фарфор с точки зрения науки

Принято различать два типа фарфора: мягкий и твёрдый. Разница между типами определяется составом. Мягкий фарфор содержит большее количество так называемых плавней – компонентов, имеющих относительно низкую температуру плавления. Твёрдый фарфор обжигается в печах, разогретых на 300 градусов сильнее. Технический фарфор, как правило, относятся к твёрдым.

Фарфоровая посуда изготавливается в основном из мягкого фарфора: он лучше пропускает свет, хотя и отличается большей хрупкостью. Твёрдый фарфор весьма прочен, огнеупорен, химически стоек – и поэтому востребован в производстве техники, изоляторов, лабораторной посуды, металлургических огнеупоров.

В состав твёрдого фарфора входит каолин (50 % от массы), кварц и полевой шпат (равными или примерно равными долями, вместе до 50 % от массы). В мягком фарфоре процентное содержание полевого шпата и других плавневых добавок гораздо выше, чем в твёрдом, а количество кварца уменьшено.

① Состав благородной керамики, разработанный в 1738 году во Франции и в значительной мере повторяющий древнекитайскую технологию, позволяет производить именно мягкий фарфор. Французы предложили готовить фарфоровое тесто из 30-50 % каолина, 25-35 % силикатов, 25-35 % так называемой фритты – сырьевой композиции, включающей в себя несколько компонентов, дающей фарфору блеск, звон и светопроницаемость.

Среди прочих компонентов, в состав современных фритт входят карбонаты, кальциты, ископаемая соль и ... хрусталь!

Технология фарфора

Измельчение и смешивание сырьевых компонентов – важнейшая подготовительная операция. Гомогенность частиц фарфорового теста гарантирует равномерность прогрева и одинаковые темпы спекания по всему массиву изделия.

② Обжиг фарфора проводится в два или три этапа. Первый обжиг – у специалистов этот этап называется «на утиль» или «на бельё» («бельём» именуется неокрашённый шероховатый фарфор) – проводится с целью получения качественно сформованных изделий с необработанной поверхностью. Вторым обжигом («на поливу») расплавляют глазурь, нанесённую на первичное изделие поверх художественных росписей.

После второго обжига проводится финишное декорирование: надглазурная роспись, золочение и прочие отделочные операции. Закрепление надглазурной росписи обычно требует третьего, наиболее щадящего обжига. Если обжиг «на утиль» и «на поливу» ведётся при температурах от 1 200 до 1 500°С, то «декоративный» третий обжиг не требует нагревания выше 850°С.

Окрашивание фарфоровых изделий осуществляется красителями, состоящими из растёртых окислов металлов. И если подглазурная роспись никогда не вступает в контакт с окружающей средой, металлы из надглазурной росписи в некоторых случаях могут мигрировать из поверхностного слоя посуды в пищу.

Добросовестные изготовители фарфора предотвращают подобную неприятность, смешивая красители со стеклоподобными флюсами. К сожалению, в стремлении удешевить продукцию некоторые современные производители посуды окрашивают фарфор нестойкими красками.

Избегайте приобретения подозрительно дешёвого пищевого фарфора!

Вместо заключения

③ В Древнем Китае фарфор назывался tien-tse, что значит «Сын Неба». Между тем, «Сыном Неба» в Китае во все времена титуловали императора. Персы лишь скопировали титул: baapura по-древнеперсидски, как и farfura по-турецки, значит «китайский император».

Таким образом, приобретая фарфор, наш современник приобщается к величию Китайской империи и прикасается к материалу, которого достойны даже императоры – «Сыны Неба». Пафосность и аристократичность истории не делают фарфор недоступным для народа. Собрать достойную и репрезентативную фарфоровую коллекцию сегодня может каждый желающий.

Задание 4. Переведите подчёркнутые предложения на китайский язык.（将上文带有下划线的句子翻译成中文。）

Задание 5. Ответьте на следующие вопросы.（回答下列问题。）

1) Откуда происхождение названия фарфора?
2) Почему, по-вашему, фарфор родился именно в Китае?
3) Какая разница между мягким и твёрдым фарфорами?
4) Какая проблема может возникнуть при окрашивании фарфоровых изделий?

Упражнение 4. Составьте и разыграйте диалоги на тему «Переговоры по ценам на китайский фарфор».（编写并演练题目为"关于中国瓷器价格的谈判"的对话。）

Словарь

фарфо́р [阳] [集] 瓷制品，瓷器；<电>瓷料
ценово́й [形] 价格的
убы́ток [阳] 亏本，赔钱
диапазо́н [阳] 区域，波段；音域
ценообразова́ние [中] <经> 价格形成（过程），价格制定
затра́тный [形] 消耗的，耗费的
себесто́имость [阴] <经> 成本
опто́вый [形] 整批的；批发的
накладно́й [形] 贴上的，镶上的；外加的
конкуре́нт [阳] 竞争者
конъюкту́ра [阴] 行情，局势，情况
изде́ржка [阴] 花费，费用
ориенти́роваться [完，未] 辨别方向；<转> 搞清楚，了解；<转> на кого-что 以……为目标；面向……

фина́нсовый [形] 财政的，财务的，金融的
изы́сканный [形] 非常讲究的，精致的
СИФ [缩]（英语CIF）成本加保险费、运费（指定目的港）价格，到岸价
перево́зчик [阳]（口）承运人
отгру́зка [阴] 运送；卸货；装运，起运
предпринима́тель [阳] 企业家，企业主
поста́вщик [阳] 供应者；<转> 供应地，产地
аналоги́чный [形] 类似的
аттестацио́нный [形] 鉴定的，证明资历的
ООО [缩]（Общество с ограниченной ответственностью）有限责任公司
репута́ция [阴] 名声，名望，声誉
серви́з [阳] 餐具，一套茶具
продолжи́тельный [形] 长期的，长时间的；持续的

Урок 10
Способы платежа и методы расчётов в международной торговле.
Покупка медицинского оборудования традиционной китайской медицины

第十课
国际贸易中的付款方式和结算方式·购买中医医疗器械

Часть I. Способы платежа и методы расчётов в международной торговле

第一部分　国际贸易中的付款方式和结算方式

В международной торговле условия платежа составляют достаточно важную и сложную часть контракта.

Платёж обычно является завершающим этапом взаиморасчётов в отношениях с контрагентом.

Условия платежа является одним из ключевых компонентов международных договоров купли-продажи. Значительная ответственность лежит на разработке условий оплаты.

Данный раздел договора содержит согласованные обеими сторонами условия оплаты, определяет способ и порядок расчётов между двумя сторонами и гарантии выполнения взаимных платёжных обязательств двух сторон.

В практике международной торговли условия оплаты, главным образом, включают в себя следующие содержания:

• расчётная валюта;
• цена валюты;
• курс пересчёта;
• способ платежа;
• форма расчётов.

Расчётная валюта

В международной торговле выбор расчётной

在国际贸易中，付款条件是合同中非常重要且相当复杂的部分。

付款通常是与契约方相互结算的最后阶段。

付款条件是国际商品销售合同的关键组成部分之一。支付条款的制定担负有重大责任。

合同的这一部分包含了双方约定的付款条件，确定了双方之间结算的方法和程序，以及对双方履行相互付款义务的保证。

在国际贸易实务中，支付条件主要包括下列内容：

• 支付货币；
• 价格货币；
• 转换率；
• 付款方式；
• 结算方式。

用于结算的货币

国际贸易中，支付货币的选

валюты тесно связан с макроэкономической и политической обстановкой и институциональной структурой в стране. В общем, для использования валюты одной страны многими странами в международной торговле существуют следующие условия:

1. Данная страна обладает высокой степенью политической и экономической стабильности, а другие страны имеют достаточную уверенность в валюте данной страны.

2. Валюта полностью конвертируется, отсутствуют любые ограничения на конвертируемость текущих и капитальных и финансовых счётов. В то же время хорошо развит валютный рынок, механизм формирования обменного курса в стране является более разумным и не наблюдается очевидного завышения или занижения стоимости валюты.

На микроэкономическом уровне, если говорить конкретно, то принципы выбора валюты различаются между развитыми и развивающимися странами, между развитыми странами и между различными товарами.

В практике международной торговли валюты, используемые для расчётов, сконцентрированы на 6-8 валютах развитых стран, причём все они являются относительно прочными и стабильными. Статистика международных расчётов подтверждает их использование в расчётах по торговым и связанным с торговлей операциям: на доллар США приходится почти 55 % всех расчётов.

择，与一国宏观政治经济环境和体制结构密切相关。一般说来，一国货币在国际贸易被多国使用应具备以下前提条件：

1. 该国具备高度的政治和经济的稳定性，其他国家对其货币具有足够信心。

2. 货币完全可自由兑换，经常账户和资本金融账户兑换均无限制，该国具备发达的外汇交易市场，汇率形成机制较为合理，币值不存在明显的高估或低估。

在微观经济层面，具体来讲，发达国家和发展中国家之间、发达国家之间、不同商品之间，对货币的选择原则都有所不同。

国际贸易实践中，用于结算的货币集中在发达国家中的6-8种货币当中，这几种货币都相对坚挺和稳定。国际结算统计数据证实它们用于计算贸易和与贸易有关的交易：美元几乎占所有结算的55%。

Доллар США является ведущей международной расчётной и резервной валютой. Вероятно, в ближайшие годы относительная стабильность этой валюты сохранится.

Способы платежа

1) авансовый платёж;

2) аккредитив;

3) оплата после отгрузки;

4) инкассо.

Авансовый платёж – наиболее выгодный способ платежа со стороны экспортёра. Это сумма или стоимость имущества, переданная покупателем продавцу до отгрузки товара.

Авансовый платёж в основном выполняет следующие функции:

- форма кредита, предоставляемого импортёром экспортёру;

- гарантия исполнения обязательств покупателем.

Аванс может быть предоставлен либо в соответствии с полной суммой договора, либо в соответствии с определённым процентом от доли.

Аккредитив – это обязательство банка, выдаваемое им по просьбе импортёра в пользу экспортёра, по которому банк должен произвести платёж или акцептовать тратты экспортёра при предоставлении оговорённых в аккредитиве документов.

Главным образом, в практике международных расчётов используются нижеследующие виды аккредитивов:

美元是主要的国际结算和储备货币。未来几年，美元可能仍具有相对稳定性。

付款方式

1) 预付款；

2) 信用证；

3) 发货后付款；

4) 托收。

预付款——从出口商的角度看是最有利的付款方式。这是买方在货物装运前就履行合同义务向卖方转移的金额或财产价值。

预付款有两方面的作用，它是：

- 进口商向出口商的信贷形式；

- 买方承担义务的担保手段。

预付款既可以按合同的全部金额提供，也可以按份额的一定比例提供。

信用证——银行应买方申请，开给卖方的一种保证书，根据该保证书，银行在提供信用证规定的单据时必须支付或承兑出口商的汇票。

国际结算惯例中，主要使用以下类型的信用证：

1) безотзывный аккредитив;
2) отзывный аккредитив;
3) подтверждённый аккредитив;
4) документарный аккредитив;
5) переводной аккредитив;
6) револьверный аккредитив;
7) резервный аккредитив.

Под инкассо понимается метод расчёта, при котором экспортёр выставляет вексель импортёру в качестве плательщика и поручает банку экспортёра получить платёж от импортёра через его филиал или банк-агент импортёра, включая D/P (документы против платежа) и D/A (документы против акцепта).

Формы расчётов
1) чек;
2) переводной вексель или тратта;
3) почтовый перевод;
4) телеграфный/электронный перевод;
5) денежные переводы по системе SWIFT (могут быть срочными, приоритетными и обычными).

1）不可撤销信用证；
2）可撤销信用证；
3）保兑信用证；
4）跟单信用证；
5）可转让信用证；
6）循环信用证；
7）备用信用证。

托收是指在进出口贸易中，出口方开具以进口方为付款人的汇票，委托出口方银行通过其在进口方的分行或代理行向进口方收取货款的一种结算方式。包括D/P（付款交单）与D/A（承兑交单）。

结算方式
1）支票；
2）汇票；
3）信汇；
4）电汇；
5）通过SWIFT系统进行的汇款（可以是紧急汇款、优先汇款和普通汇款）。

Часть II. Диалог. Покупка медицинского оборудования традиционной китайской медицины (ТКМ)

第二部分　对话　购买中医医疗器械

Р: Здравствуйте! Это Российский центр китайской медицины «Аосян».

К: Здравствуйте!

俄：您好！这里是俄罗斯"翱翔"中医中心。

中：您好！

Р: Наш Центр китайской медицины создан в 2013 году, в основном занимается исследованиями, диагностикой и лечением методами китайской медицины и другими видами деятельности. В связи с потребностями бизнеса в настоящее время предполагается импортировать партию китайского медицинского оборудования из Китая, в том числе наньянские нефритовые скребки для массажа гуаша лица и глаз и вакуумные банки для массажа.

К: Это и есть сфера нашего бизнеса. Где находится штаб-квартира Вашей компании? У Вас есть офис в Китае? Наши товары не могут быть отправлены напрямую в зарубежные страны, потому что наша компания не имеет прав на импорт и экспорт.

Р: Мы знаем об этом. Не беспокойтесь, у нас есть специальная транспортная компания. Вы можете отправить товар в указанное место. Мы оформим импортно-экспортные документы.

К: Замечательно! Сколько скребков гуаша и банок Вам нужно? Какая модель Вам нужна?

Р: Мне нужно 300 комплектов банок для вакуумной терапии и 500 скребков гуаша для лица и глаз. Размер скребков как на Вашей веб-странице: ширина 42 мм, длина 180 мм, толщина 4 мм. Скажите, пожалуйста, какая у Вас упаковка скребков?

К: Каждый скребок упакован в полиэтиленовый пакет по 10 штук в картонной коробке.

俄：我"中医中心"成立于2013年，主要从事中医研究、中医诊疗等活动。因业务需要，现有意从中国进口一批中医器械，其中包括用于面部和眼部治疗的南阳玉石刮痧板、真空拔罐器。

中：这正是我们经营的范围。你们公司总部在哪里？在中国有办事处吗？我们的货不能直接发到国外，我们公司不具有进出口权。

俄：这个我们知道。不用担心，我们有专门的运输公司，你们把货物发到指定地点就行。进出口手续我们来办理。

中：那太好了。您需要多少刮痧板和拔火罐呢？

俄：拔火罐需要300套。刮痧板需要500个，正如在你们网页上的刮板的尺寸：宽42毫米，长180毫米，厚4毫米。请问，你们刮痧板的包装是怎样的？

中：一个刮板装在一个塑料袋中。十个刮板放在一个大纸盒子里。

Р: Сколько весит каждый скребок?

К: 129 г.

Р: Хорошо. Мы покупаем у Вас скребок К30. Пожалуйста, скажите размеры.

К: Длина, ширина и толщина: 80 * 42 * 8, по 20 штук в каждой коробке. Вес каждой – 11 кг.

Р: Это нас устраивает. Простите, когда Вы можете отправить товар?

К: У нас наличный товар и мы можем отправить завтра утром. Пожалуйста, сообщите адрес доставки.

Р: Адрес получателя: Пекин, р-н Хайдяньцюй, ул. Синьчжунлу, № 5. Получатель: Ван Лэй. Телефон: 13000000000.

К: Отлично.

Р: И сделайте нам максимальную скидку на общую цену. Всё-таки мы покупаем много товаров.

К: С учётом, что это первое наше сотрудничество и относительно большой объём заказа, мы можем предоставить Вам 1-процентную скидку на общую стоимость.

Р: Хорошо, спасибо! Можно ли оплатить 25 % авансом? Полную сумму оплатим после прибытия товара.

К: К сожалению, мы не принимаем авансовые платежи.

Р: Тогда я заплачу сейчас. Как производится расчёт?

К: Вы можете оплатить в полном объёме прямо через Вэйсинь.

Р: Можно ли так сделать? Ведь это немаленькая

俄：刮板的重量是多少？

中：129克。

俄：好的，我们购买贵方K30的刮痧板。请报一下尺寸。

中：长、宽、厚：80 * 42 * 8（厘米）。20个装在一个盒子里。每个盒子的重量是11公斤。

俄：这个对我们来讲是合适的。请问，贵方何时发货？

中：我们有现货，明天早上即可发货。请告知收货地址。

中：收货地址：北京市海淀区辛庄路5号。收货人：王磊。电话：13000000000。

中：好的！

俄：请在总值上给予最大的优惠，毕竟我们买的数量不少。

中：鉴于初次合作，而且量比较大，我们可以在总价上给你们1%的折扣。

俄：好的，谢谢！可以先付25%的预付款吗？货到后支付全款。

中：非常抱歉，我们不接受预付款。

俄：好吧，我现在就付款。请问，怎么支付？

中：您可以直接在微信上全款支付。

俄：这样可以吗？要知道这不是

сумма.

К: Если у Вас есть аккаунт Вэйсинь, чья личность подтверждена, Вы можете переводить не более 100 раз в день, максимальный объём перевода в день составляет 200 тыс. юней. В данный момент стоимость Вашей покупки не превышает лимита перевода Вэйсинь.

Р: Так будет хорошо. Пошлите нам Ваш ID Вэйсинь. Надеюсь на сотрудничество в долгосрочной перспективе.

К: Мы также надеемся.

中：如果您的微信账户已经完成了实名认证，一天最多可以转账100次，单日最高转账限额为20万。目前您购买商品的价值并没有超出微信的限额。

俄：那就太好了。请发给我您的微信号。希望以后能够长期合作。

中：我们也这样希望。

Часть III. Общая информация
第三部分 知识点

I. Запомните следующие словосочетания.（记住下列词组和用语。）

1) 支付货币 валюта платежа, расчётная валюта

2) 转换率 курс пересчёта

3) 宏观政治经济环境 макрополитическая и макроэкономическая обстановка (климат)

4) 政治和经济稳定性 политическая и экономическая стабильность

5) 资本和金融账户 счёт движения капитала и финансов

6) 储备货币 резервная валюта

7) 支付 произвести платёж

8) 规定的单据 предусмотренные документы

9) 可撤销信用证 отзывный аккредитив

10) 跟单信用证 документарный аккредитив

11) 循环信用证 револьверный аккредитив, автоматически возобновляемый аккредитив

12) 汇票 переводной вексель, тратта

13) 电汇 телеграфный (электронный) перевод

14) 紧急汇款 срочный денежный перевод

15) 中医诊疗 диагностика и лечение традиционной китайской медицины

16) 刮痧板 скребок для массажа гуаша

17) 瓦楞纸箱 гофрированная картонная коробка

18) 银行卡 банковская карта

II. Запомните следующие выражения.（记住下列表述。）

1) Какие формы расчёта Вы практикуете? 贵方采用什么结算方式？

2) Как будет производиться оплата? 如何进行支付？

3) Швейцарская транснациональная корпорация «Нестле» (Nestle) предлагает широкий ассортимент продуктов питания. Форма оплаты любая. 瑞士"雀巢"跨国公司提供多种食品。任何形式的付款均可。

4) Те поставщики, которые готовы предоставить более выгодные условия платежа (например, отсрочку или возможность получения кредита), имеют преимущество перед другими поставщиками. 准备提供更优惠的付款条件（例如，延期付款或可获得贷款）的供应商，比其他供应商更具优势。

5) Мы используем кредиты для обновления медицинского оборудования в наших лечебных учреждениях. 我们使用信贷来更新我们医院的医疗设备。

6) Будет ли производиться расчёт наличными / безналичным способом? 付款方式为现金/非现金吗？

7) Мы хотели бы производить платежи через банк /выплачивать взносы частями / произвести банковский вклад / депозит / оплатить наличными. 我们想通过银行付款/分期付款/银行存款/存款/现金付款。

8) Самой удобной формой оплаты для продавца является аккредитив. 对卖方来讲，最方便的付款方式是信用证。

9) Чеки, тратты и аккредитивы должны иметь две подписи официальных лиц. 支票、汇票和信用证必须由两名官方人员签署。

10) Оплату мы произведём немедленно по получении счёта. 我们将在收到发票后立即付款。

Часть IV. Упражнения
第四部分　练习

Упражнение 1. Переведите английские сокращения на русский и китайский языки.（将下列英语缩写翻译成俄文和中文。）

1) D/P
2) D/A
3) L/C

Упражнение 2. Переведите следующие словосочетания.（翻译下列词组。）

1) 价格货币
2) 制度设施
3) 在微观经济层面
4) 承兑汇票
5) 保兑信用证
6) 备用信用证
7) 信汇
8) 翱翔
9) 现货
10) 实名认证
11) устранение валютного риска
12) текущий счёт
13) авансовый платёж
14) безотзывный аккредитив

15) переводной аккредитив

16) денежные переводы

17) нефритовый скребок гуаша для лица

18) адрес доставки

Упражнение 3. Прочитайте следующие тексты и выполните задания. （读课文，完成任务。）

Текст 1
Аккредитив: понятие, виды, суть, образец

В современном мире на поприще реализации всех преимуществ построения международных бизнес-отношений стал популярен такой инструмент, как аккредитив. Где он используется? Для чего предназначен? Об этом и многом другом читайте далее.

Роль аккредитива

Подобная форма расчётов, набирающая в современном мире неслыханные обороты, применяется, как правило, в международной торговле. Прежде всего она позволяет найти чёткий баланс между интересами экспортёров и покупателей, то есть импортёров. Далее мы подробнее расскажем о международных аккредитивах, их классификации и приведём образцы.

Понятие международного аккредитива

Международные аккредитивы – это условные обязательства, выраженные в денежной форме и применяемые банком-эмитентом за поручением плательщика по аккредитиву на мировом финансовом рынке. Их движение регулируется согласно «Унифицированным правилам и обычаям для документарных аккредитивов» или «Публикацией МТП № 500» (UCP500). В целом, аккредитив – это документальное соглашение, после подписания которого банк-эмитент обязуется по прошению клиента (плательщика) произвести операцию по оплате документов непосредственно третьему лицу, то есть бенефициару, для которого открывался аккредитив.

Банковское обязательство по аккредитиву является самостоятельным, не зависящим от отношений сторон в правовом поле действия коммерческого контракта. Данное положение установлено с целью защиты банковских и клиентских интересов. Стороне-экспортёру, в свою очередь, оно обеспечивает создание стойких ограничений к требованиям по оформлению документов и, соответственно, получению платежей на основе существующих условий аккредитива, а импортёр получает гарантию выполнения условий данного документа экспортёром.

Из вышесказанного следует, что аккредитив располагает рядом признаков, что отличает его от обыденной сделки купли-продажи либо коммерческого документа, а также обладает силой законного договора, на котором основывается.

Преимущества и недостатки аккредитива

Рассматривая понятие международного аккредитива, стоит рассказать о главных преимуществах и недостатках данного инструмента. Начнём с положительных сторон:

• ликвидация риска возникновения ситуации, когда создаются некорректные маршруты денежных средств;

• устранение рисков по неплатежеспособности;

• ликвидация возможности изменений условий договора в одностороннем порядке после заключения сделки и, соответственно, выставления аккредитивного соглашения;

• устранение рисков утраты денежных средств;

• ликвидация возможности нарушения правовых норм одной из сторон, регулирующих часть договора по неполучению выручки в валюте международных расчётов, которые существуют относительно валютного законодательства;

• возможность использования аккредитива в системе связанных сделок как средство финансирования коммерческих отношений, а также как обеспечение данного финансирования;

• обеспечение гарантий в силу правовой силы документа, а также исполнение всех обязательств в полной мере двумя сторонами;

• обеспечение правовой и документальной защищённости интересов сторон.

Что касается минусов, они выглядят следующим образом:

• трудности с большими объёмами документов на различных этапах оформления аккредитивов;

• большие затраты на оформление подобных форм расчёта для сторон по внешнеторговой сделке.

Участники аккредитива

Сторонами реализации международного аккредитива являются следующие субъекты:

1. Претендент – покупатель, который поручает своему банку открыть аккредитив на условиях, выработанных в их соглашении.

2. Банк-эмитент – финансовая инстанция, открывающая аккредитив за поручением претендента и за его счёт.

3. Бенефициар – поставщик (экспортёр), то есть юридическое лицо соглашения, получающее аккредитив.

4. Авизо-банк – банк, целью которого является поручение в форме расчётов известить в пользу экспортёра об открытии аккредитива и, соответственно, передать полный текст документа.

5. Исполнительный банк – производит операции по платежам и имеет полномочия на проведение подобных операций от банка-эмитента.

6. Подтверждающий банк – помимо основных положений соглашения к перечню обязательств добавляет по аккредитиву обязательство по условиям соглашения между финансовыми учреждениями производить аккредитивные платежи.

7. Переводящий банк – производит операции по переводу аккредитива за поручением бенефициара и наделённый полномочиями на проведение подобных действий; данный банк будет, соответственно, и исполнительным.

Существует множество видов аккредитивов в зависимости от роли, которую они играют во всевозможных финансовых операциях, интересах участников данных расчётов и т.д. Соответственно, существует не меньшее количество модификаций, уже отнесённых к тому или иному виду соглашений.

Для начала приведём классификацию по стандартам UCP500 (по умолчанию подчинённый основным требованиям UCP500 аккредитив – открытый аккредитив):

• Отзывной аккредитив – это форма расчёта, когда у банка-эмитента появляется возможность изменять или аннулировать условия договора, предварительно не сообщив экспортеру. В практике используется, однако, крайне редко.

• **Резервный аккредитив** – это банковская гарантия, использующаяся в случаях нарушения обязательств контрагентами по международному торговому контракту. Однако в силу того, что данный вид подчинён требованиям UCP500, на него распространяются все без исключения положения, урегулированные данными требованиями.

• **Переводной аккредитив** – форма расчётов, при которых экспортёр просит переводной банк об использовании финансового инструмента одним или несколькими другим экспортёрами.

• **Подтверждённый аккредитив** – это форма расчёта, которая по поручению эмитента подтверждается другим финансовым учреждением. Данное учреждение имеет аналогичные обязательства, что и эмитент.

На практике используется огромное количество форм расчётов, но они не регламентируются правилами UCP500 и финансовыми инстанциями, в которых открыт аккредитив, так как используются в соответствии с существующим опытом.

Реализация аккредитива

Реализация аккредитива – платёж по аккредитивному соглашению. Особую роль в данном случае играют денежные аккредитивы, когда филиалу банка за рубежом делегируется право на проведение платёжных операций. Случаи реализации аккредитивов:

• по требованию, то есть когда представлены все необходимые документы;

• при помощи акцепта, которые выписываются на подтверждённый банк;

• при помощи негоциаций: негоциирующий банк оплачивает экспортёру стоимость представленных документов (или обязуется произвести операцию по оплате) до получения от эмитента расчёта.

Этапы реализации аккредитива

Выделяют несколько основных этапов в реализации аккредитива:

1. Предварительный: клиентам необходимо составить основные положения договора.

2. Заключается соглашение между сторонами.

3. Даётся поручение ответственному банку импортёра составить заявление на открытие аккредитива по форме банка на открытие аккредитива.

4. Открытие аккредитива.

5. Мониторинг корректности составления аккредитива.

6. Выполнение экспортёром условий по предоставлению услуг или товарных поставок.

7. Мониторинг соответствия содержания контрактов условиям аккредитива.

8. Банк сообщает о найденных расхождениях и возвращает документацию на доработку обратно экспортёру.

9. Проводятся расчёты по контрактам по поручению банка.

10. Банк передаёт все документы компании-импортёру.

Задание 1. Заполните пропущенные содержания в следующих предложениях по Тексту 1. （根据课文1，填写空缺内容。）

1) Прежде всего она позволяет найти _____ между интересами экспортёров и покупателей, то есть импортёров.

2) В целом, аккредитив – это документальное соглашение, после подписания которого _____ обязуется по прошению _____ (_____) произвести операцию по оплате документов непосредственно _____, то есть _____ для которого открывался аккредитив.

3) Банковское обязательство по аккредитиву является _____, не зависящим от отношений сторон в правовом поле действия коммерческого контракта. Данное положение установлено с целью _____.

4) _____, в свою очередь, оно обеспечивает создание стойких ограничений к требованиям по оформлению _____ и, соответственно, _____ на основе существующих условий аккредитива, а _____ получает гарантию выполнения условий данного документа _____.

Задание 2. Ответьте на следующие вопросы. （回答下列问题。）

1) Что такое международный аккредитив?

2) Какими преимуществами (недостатками) обладает аккредитив?

3) Кто является участниками аккредитива?

4) Какие виды аккредитивов представлены в классификации UCP500?

5) Как реализуется аккредитив?

Текст 2
Традиционная китайская медицина

Традиционная китайская медицина признана самой древней системой лечения и используется в восточных странах уже более 3000 лет. Многие советы и методы лечения могут оказаться странными, но их эффективность начали признавать и внедрять в свой опыт даже европейские врачи. И всё это невзирая на то, что подходы в лечении существенно отличаются.

① <u>Для китайцев главное наладить циркуляцию жизненной энергии и соотношение мужского и женского начала (Инь и Ян). Если эти два условия нарушены, то это выливается в болезни и недомогания. Европейские врачи, напротив, лечат только симптомы, не углубляясь в нарушение энергетики.</u>

Китайские медики знают несколько десятков таких методик, но самыми используемыми являются:

② <u>Массаж. В китайской медицине существует несколько десятков его видов, при этом может применяться даже специальные предметы (например, скребки из нефрита).</u>

Вакуумный массаж, который применяют и европейцы в современной косметологии, пришёл именно с Древнего Китая.③ <u>На Востоке его делают при помощи банок разных размеров. Процедура помогает восстанавливать энергетический баланс, очищать и укреплять организм. Это ещё может послужить и профилактикой инфекционных заболеваний.</u>

④ <u>Иглоукалывание: тонкими иголками происходит воздействие на активные точки акупунктуры. Всего на теле около 3 сотен таких точек и каждая из них отвечает за</u>

определённые органы и системы. Процедура актуальна не только при заболевании внутренних органов, но и при слабом иммунитете или нервных расстройствах.

Моксотерапия – прогревание определённых участков тела теплом от сигары из полыни.

Фитотерапия – лечение травами. Сегодня эта отрасль активно изучается и европейцами. При помощи растений китайцы научились лечить практически любую болезнь. Чаще всего в лекарственных целях используют ягоды годжи, имбирь, лимонник, женьшень и пустырник.

Цыгун – своеобразная лечебная гимнастика, имеет много сходств с йогой. Те, кто ею занимаются, во время упражнений должны научиться контролировать своё дыхание и делать замедленные движения.

Подкрепить своё здоровье и избавить его от болезней поможет правильное питание. Для китайцев главное сбалансировать не белки, жиры и углеводы, а вкусы – умеренно употреблять солёную, сладкую, горькую, острую и кислую пищу.

Все акупунктурные точки на теле знают только профессиональные китайские врачи. Чтобы восстановить своё здоровье, обычному человеку достаточно знать нахождение хотя бы главных:

⑤ Точки, которые отвечают за долголетие, расположены на внешней части ноги под коленом.

Для устранения головной боли и мигрени нужно массировать расстояние между первым и вторым пальцем.

Воздействие на место между большим и указательным пальцем поможет устранить насморк и головную боль, снять стресс и укрепить иммунитет.

Согнутыми пальцами часто расчёсывать волосы (использовать их как расчёску). Делать это нужно от лба в сторону затылка.

⑥ Чтобы улучшить зрение и нормализовать функции печени, нужно упражнять глаза: поворачивать глазные яблоки с правой стороны в левую и наоборот по 15 раз. После чего несколько раз нужно крепко закрыть глаза и резко их приоткрыть.

Для укрепления эмали нужно ежедневно клацать зубами – сначала коренными, затем – передними – по 24 раза.

Постоянно простукивать уши. Делать это нужно так: закрыть ладонями уши и постучать одновременно тремя средними пальцами обеих рук по затылку. Это отличная профилактика восстановлению слуха и памяти, устраняет звон в ушах, боль в ухе и голове.

Задание 3. Переведите подчёркнутые предложения на китайский язык.（将上文带有下划线的句子翻译成中文。）

Упражнение 4. Составьте и разыграйте диалоги на тему «Способы платежа и методы расчёта».（编写并演练题目为"付款方式和结算方式"的对话。）

Словарь

макрополи́тика [阴] 宏观政治
институциона́льный [形] 制度上的；基本的，注意到的
конверти́ровать(ся) [未] 兑换，变换；变更条款
конверти́руемость [阴]（本国货币与外币的）可兑换性，自由兑换
отзы́вный [形] 回答的；= отзывно́й <外交> 召回的，卸任的
револьве́рный [形] <机> 回转的，旋转的
резе́рвный [形] 后备的，准备的
ава́нсовый [形] 预付款的，预支款的
креди́т [阳] 贷款，信贷；赊销
предоста́вить [完]（кого-что кому-чему или во что）给，赋予，使享有，提供
аккредити́в [阳] <财> 信用证

инка́ссо [不变，中] <财> 托收（根据委托收款）
акцептова́ть [完，未] что <财> 承兑，承付
тра́тта [阴] <财> 汇票
оговорённый [形] 规定的
ве́ксель [阳] 复-я <财> 期票，票据
плате́льщик [阳] 付款人，交款人
филиа́л [阳] 分支机构
ба́нк-аге́нт [阳] 代理行
чек [阳] 支票；取货单，发票
приорите́тный [形] 优先的
диагно́стика [阴] <医> 诊断学；诊断，确诊
скребо́к [阳] 刮片，刮刀
нефри́товый [形] 软玉制的，玉石制的
ва́куумный [形] 真空的
ба́нка [阴] 罐；<医>（常用复）拔火罐

массáж [阳] 按摩，推拿

штаб-квартúра [阴] <军> 大本营，总司令部；<转>（某组织等的）总部，本部

óфис [阳]（英 office）事务所，营业所，办事所，办公室

гуашá [阳] 刮痧

веб-страни́ца [阴] 网页

толщинá [阴] 厚度，深度，粗度

картóнный [形] 硬纸板的

скúдка [阴] 折扣

Вэйсинь（WeChat）微信

лимúт [阳] 限额

Урок 11
Инкотермс 2020.
Отгрузка яблок «Хунфуши»

第十一课
《国际贸易术语解释通则 2020》·
发运"红富士"苹果

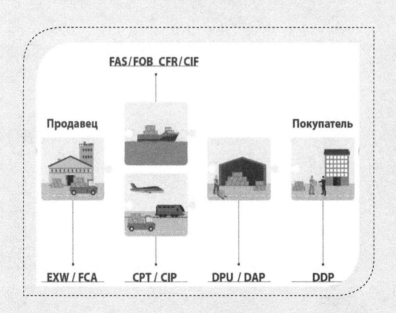

Часть I. Инкотермс 2020
第一部分　《国际贸易术语解释通则2020》

«Международные правила торговых терминов» (в дальнейшем Инкотермс) (Incoterms) – это свод общепринятых правил, касающихся внутренних и внешних торговых терминов, сформулированных Международной торговой палатой (МТП) для содействия глобальной торговой деятельности.

Впервые Инкотермс были опубликованы в 1936 году. Впоследствии для удовлетворения потребностей развития практики международной торговли Международная торговая палата последовательно пересмотрела и дополнила Инкотермс.

10 сентября 2019 года был опубликован новейший девятый выпуск правил Инкотермс-2020, который вступил в силу с 1 января 2020 года (издание МТП № 723).

Термины Инкотермс также называют «условиями торговли» или «ценовыми терминами». В международной торговле базис поставки определяет, когда риски, ответственность и обязательства за товар переносятся с продавца на покупателя. В Инкотермс регулируются ущерб, потери или общий ущерб, причинённый товару, и другие риски, также обязанности сторон оплачивать фрахт и таможенное оформление товара. Он имеет двойную природу: во-первых, он объясняет ценовой состав товара, включается ли в цену

《国际贸易术语解释通则》（以下简称《通则》）是国际商会(ICC)为促进全球贸易活动，制定的有关国内外贸易术语的一套通用规则。

《通则》于1936年首次发布。随后，为了满足国际贸易实践发展的需要，国际商会不断修订和补充《通则》。

2019年9月10日，最新的"国际贸易术语解释通则2020"第九期出版，并于2020年1月1日生效（国际商会第723号）。

《通则》的术语又称"贸易条件""价格术语"。在国际贸易中，发货基础确定何时将货物的风险、责任和义务从卖方转移到买方。《通则》规范了诸如货物损坏、灭失或全损之类的风险，以及当事方支付运费和货物清关的义务。它具有两重性：其一，说明商品的价格构成，是否包括成本以外的主要从属费用，即运费和保险；其二，确定交货条件，即说明买

основные второстепенные расходы, кроме затрат, то есть фрахт и страхование; во-вторых, определяет условия доставки, то есть объясняет ответственность, расходы и риски покупателя и продавца при доставке товара.

С 1 января 2020 года действует новая редакция правил Инкотермс 2020, но принятие новых правил не означает полной отмены предыдущих версий, сторонам торговли по-прежнему можно использовать и правила Инкотермс 2010 и их более ранние версии.

Существует 11 терминов условий поставки в Инкотермс 2020, разделённых на 4 группы:

Группа E (самовывоз): EXW;

Группа F (за перевозку платит покупатель): FCA, FAS, FOB;

Группа C (за перевозку платит продавец): CPT, CIP, CFR, CIF;

Группа D (доставка): DAP, DPU, DDP.

Перечень условий поставки ИНКОТЕРМС 2020 (Подробнее см. Текст 1 Упражнения 2 в этом уроке)

EXW – покупатель забирает у продавца товар в месте изготовления, это называют «самовывоз». Покупатель всё делает сам: затаможку, доставку и растаможку товара.

FCA – продавец должен затаможить товар и погрузить его в предоставленный покупателем транспорт. Покупатель обязан через перевозчика выдать продавцу документ об отгрузке товара для

卖双方在交接货物方面彼此所承担的责任、费用和风险的划分。

从2020年1月1日起，新版本的《通则2020》规则开始生效，但是采用新的《通则》规则并不意味着完全取消先前的版本，贸易方仍然可以使用《通则2010》规则及其早期版本。

《通则2020》中有11个交货条件条款，分为4组：

E组（自行提货）：EXW；

F组（买方支付运费）：FCA, FAS, FOB；

C组（卖方支付运费）：CPT, CIP, CFR, CIF；

D组（交货）：DAP, DPU, DDP。

供货条件清单INCOTERMS 2020（详见本课练习2的课文1）

EXW—买方在卖方的生产地提货，这称为"自行提货"。买方办理所有事情：出口清关、运货和货物进口清关手续。

FCA—卖方须办理货物出口清关手续，并将其装载到买方提供的运输工具中。买方有义务通过承运人向卖方出具运输单据以

возмещения НДС.

FAS - продавец должен доставить товар на причал и расположить его напротив указанного судна. Покупатель принимает товар и осуществляет его погрузку.

FOB - продавец затамаживает груз и размещает его на судне, после этого ответственность переходит к покупателю.

CFR - продавец затамаживает груз, размещает его на судне и доставляет до порта назначения. После размещения груза на судне ответственность переходит к покупателю. Страховку груза осуществляет покупатель.

CIF - как CFR, продавец осуществляет затаможку, погрузку и перевозку груза. Отличие от CFR состоит в страховке груза продавцом.

CPT - продавец осуществляет затаможку, погрузку и перевозку груза. После погрузки на транспорт перевозчика ответственность переходит к покупателю, хотя доставка оплачивается продавцом. Страховой договор продавец заключать не обязан.

CIP - продавец осуществляет затаможку груза, погрузку, перевозку и разгрузку, после этого ответственность переходит к покупателю. Страховку груза осуществляет продавец.

DPU (ранее DAT) - продавец затаможивает груз, перевозит и разгружает в терминале, после этого ответственность за груз переходит к покупателю. Страхование груза не входит в обязанности продавца.

退还增值税。

FAS——卖方必须将货物交付到码头，并将其放置在指定船只的船边。买方接管货物并装载。

FOB——卖方办理货物出口清关手续，并将其装船，这之后责任转移至买方。

CFR——卖方办理货物出口清关手续，将其放至船上，然后运送到目的地港口。货物被放至船上后，责任就转移给了买方。买方进行货物保险。

CIF——像CFR一样，卖方办理出口清关手续，装载和运输货物。与CFR的区别是由卖方对货物进行保险。

CPT——卖方办理出口清关、货物装载和运输。将货物装载到承运人的运输工具上后，责任由买方承担，但运费仍由卖方承担。卖方没有义务订立保险合同。

CIP——卖方完成货物的出口清关、装卸、运输和卸货，之后的责任由买方承担。卖方支付货物保险。

DPU（以前称为DAT）——卖方办理货物出口清关手续，在码头进行运输和卸货，之后将货物的责任转移给买方。卖方不承担

DAP – продавец затаможивает груз, перевозит его и предоставляет покупателю для разгрузки, после этого ответственность за груз переходит к покупателю. Страхование груза в обязанности продавца не входит.

DDP – продавец должен затаможить груз и доставить его в указанное покупателем место, разгрузить и растаможить его.

При экспорте китайских товаров в Россию в зависимости от видов товаров используют различные торговые условия, среди них наиболее широко используются торговые условия FOB и CIF.

Следует также отметить, что по своему характеру «Инкотермс 2020» относится к международной практике, которая не является юридической или обязательной нормой, но имеет юридическое значение после её добавления в договор.

货物保险的责任。

DAP—卖方办理货物出口清关手续，运输货物，并提供给买方，使其卸货，之后货物的责任转移给买方。卖方不负责货物保险。

DDP—卖方须办理货物出口清关手续，将其交付到买方指定的地点，然后卸货并办理进口清关手续。

中国商品出口俄罗斯，根据商品不同，所采用的贸易术语不尽相同，其中，FOB和CIF是使用最多的贸易术语。

还应说明的一点是：从性质上说，《通则》属于国际惯例，非法律法规，不含强制性，但一旦将《通则》加入合同，就产生了法律意义。

Часть II. Диалог. Отгрузка яблок «Хунфуши»
第二部分　对话　发运"红富士"苹果

Р: Добрый день! Меня зовут Сергей Иванович Петров. Я из российской компании по импорту и экспорту «Надежда».

К: Здравствуйте! Я Ван Мин, менеджер по маркетингу Компании по импорту и экспорту фруктов

俄：您好，我是谢尔盖·伊万诺维奇·彼得罗夫，我来自俄罗斯"希望"进出口公司。

中：您好，我是"东方"水果进出口有限公司的市场部经理

«Восток».

Р: Помните ли Вы, что в октябре этого года мы встретились с Вами на Янлинской сельскохозяйственной выставке. Ваша компания демонстрировала яблоки «Хунфуши», и мы с Вами обсудили некоторые вопросы об экспорте этих яблок.

К: Всё ещё помню. В то время Вы и господин А. Ульянов, генеральный директор Вашей компании, вместе пришли к нам на стенд. У нас было предварительное обсуждение цены и упаковки. Вы также видели, что цвет, размеры и поверхностное побурение наших яблок соответствуют стандарту Европейского Союза «Стандарт качества яблок и груш». И остатки пестицидов из яблок также подпадают под действие стандартов Комиссии Кодекса Алиментариус (ККА). И внешний вид, и внутреннее качество, безопасное использование химических удобрений – во всех показателях наши яблоки имеют высшую сортность. Шэньсийские яблоки славятся государственном даром, имеют обязательную государственную маркировку места изготовления.

Р: Мы также уже узнавали об этом. На данный момент нам нужно знать, как Вы отгружаете, отправляете и доставляете яблоки.

К: Скажите, пожалуйста, сколько килограммов яблок «Хунфуши» Вы собираетесь импортировать? Вам нужны крупные или мелкие яблоки?

王明。

俄：您是否还记得，今年10月份我和您在杨凌农高会上见过面。贵公司展出了"红富士"苹果，我方和贵公司就"红富士"出口的某些方面的问题进行了商讨。

中：还记得。当时是您和贵公司总经理阿·乌里扬诺夫先生一起到我们柜台的。我们就价格和包装进行了初步的商谈。你们也看到，我们苹果的着色、大小、果锈符合欧盟《苹果和梨标准》，苹果农药残留也在食品法典委员会（简称CAC）的规定范围之内。我们的苹果无论从外部感官、内在质量、安全用药等方面都是一流的。陕西苹果被誉为国礼，是中国国家地理性标志产品。

俄：对这些方面我们也做了了解。目前我们需要知道的是你们如何装运、发货和交货。

中：请问你们打算进口多少公斤的红富士苹果？是要大果还是小果？

Р: Вы экспортируете яблоки в Россию? Каков обычный объём поставки? Крупные или мелкие?

К: Мы много раз экспортировали в Россию яблоки, и сейчас у нас импортируют яблоки российские клиенты. Вообще говоря, российские покупатели предпочитают крупные фрукты – яблоки диаметром 80-85 мм. А требуемые объёмы зависят от рыночного спроса.

Р: Хорошо. С учётом того, что мы первый раз импортируем Ваши яблоки, мы планируем купить у Вас 60 000 яблок диаметром 80-85 мм.

К: Общий вес товаров, которые Вы собираетесь купить в этот раз, составляет около 22 тонн.

Р: Верно. Мы тоже посчитали. Какой у Вас план отгрузок?

К: Яблоки можно перевозить в Россию по железной дороге или морем. Мы постоянно доставляем яблоки за рубеж по морю: Циндао – Санкт-Петербург. Яблоки, перерабатываемые на нашем заводе по переработке яблок в нашей провинции, упаковываются и транспортируются в порт Циндао. В порту Циндао яблоки загружают в контейнер-рефрижератор и транспортная компания отправляет в порт Санкт-Петербург. В основном 45 дней в пути.

Р: Какой будет размер контейнера, который перевозит наши товары?

俄：你们是否向俄罗斯出口过苹果？一般是多大规模？是大果还是小果？

中：我们多次向俄罗斯出口过苹果，而且现在还有俄罗斯客户从我们这里进口苹果。一般来说，俄罗斯客户需要大果，也就是果径为80-85毫米的苹果。而所需数量，取决于市场需求。

俄：好的。鉴于是第一次进口你们的苹果，我们打算购买60000个果径为80-85毫米的苹果。

中：您打算购买的这单货，重量在22吨左右。

俄：是的。我们也估算过。你们的发运计划是什么？

中：苹果到俄罗斯可以走铁路运输，也可以走海运。我们一直走的是海运：青岛——圣彼得堡。在我们省内苹果加工厂加工过的苹果，装箱后，运输公司将其运送至青岛港。青岛港装冷柜，再运往圣彼得堡港口。途中基本45天。

俄：我们要的这批货大概能装多大尺寸的集装箱？

К: Это именно то, что я планирую обсудить с Вами. В обычных условиях 60 000-85 000 яблок диаметром 80-85 мм могут поместиться в 40-футовый контейнер. Поэтому я предлагаю увеличить количество Вашего заказа до 75 000 яблок крупного диаметра. Как Вы думаете?

Р: Мы это ещё обсудим.

……

Хорошо. Мы увеличиваем количество импортируемых яблок ещё на 15 000 штук. У нас другой вопрос: сколько яблок может поместиться в одну коробку? Сильно ли повреждаются яблоки?

К: Спасибо за Ваше понимание и сотрудничество. Единичная коробка из картона для яблок высотой 17,5 см, шириной 31 см, длиной 45 см, может содержать 10 килограммов яблок. Количество яблок в коробке – 40-44, в одном контейнере – больше 2 100 коробок. Не беспокойтесь о повреждении. Мы помещаем два слоя яблок в коробку с бумажными или пластмассовыми лотками, чтобы уменьшить механические повреждения, вызванные вибрацией или тряской.

Р: Да. Вы опытные дистрибьюторы в области яблок, и мы Вам доверяем. Для условий перевозки мы рекомендуем Вам использовать ФОБ. Что Вы думаете по этому поводу?

К: Мы полностью согласны с этим. Когда экспортируем фрукты, мы обычно используем условия ФОБ, так что мы несём ответственность за выполнение

中：这个正是我打算和您商讨的。一般情况下，60000-85000个80-85毫米的苹果可以装一个40英尺的集装箱柜子。所以，我建议你们将订购数量增加至75000个大果。您看如何？

俄：我们商量一下。

……

好的，进口苹果的数量我们再增加15000个。还有个问题：装苹果的单个箱子可以装多少个苹果？碰撞的现象是否严重？

中：谢谢理解和配合。装苹果的单个箱子高17.5厘米，宽31厘米，长45厘米，可以装10公斤的苹果，苹果数量大致40-44个，一个柜大概2100多箱。碰撞现象您请放心。我们在箱子中装两层苹果，里面用纸质或者塑料果托，可减轻因振动或晃动造成的机械损伤。

俄：嗯，在苹果贸易领域，你们是有经验的经销商，我们相信你们。运输方面，我们建议选用FOB，你们觉得如何？

中：这个我们完全同意。出口水果，我们一般都使用FOB条款，这样我们办理苹果出口相关

таможенного оформления, связанное с экспортом яблок, размещаем контейнеры на судне, после этого ответственность переходит к Вашей стороне.

Р: Да. Мы несём ответственность за отправку судна, чтобы забрать товар. Вы должны погрузить товар на судно, указанное нами в порту отгрузки и в сроки, указанные в договоре, и своевременно уведомить нас об этом.

К: Правда. Вам надо доставить товар в порт разгрузки, и выполнить таможенную очистку в России.

Р: Совершенно верно.

俄：是的。我方负责派船接运货物，贵方应在合同规定的装运港和规定的期限内将货物装上我方指定的船只，并及时通知我方。

中：嗯。贵方应将货物运至卸货港，并完成俄罗斯的进口清关手续。

俄：没错。

Часть III. Общая информация
第三部分   知识点

I. Запомните следующие словосочетания.（记住下列词组。）

1) 国际贸易术语解释通则 Международные правила торговых терминов

2) 价格术语 ценовые термины

3) 商品的价格组成 ценовой состав товара

4) 交货条件 условия доставки товаров

5) 早期版本 ранняя версия / ранняя редакция / раннее издание

6) 货物进口清关手续 растаможка товара

7) 装船 разместить груз на судне

8) 货物保险 страховка груза

9) 国际惯例 международная практика

10) 生效 вступить в силу

11) 提取 забирать, получать (товар)

12) 目的地 место назначения / пункт назначения / адрес доставки

13) 货运合同 договор отгрузки

14) 食品法典委员会 Комиссия «Кодекс Алиментариус» (ККА)

15) 规定范围 установленный предел

16) 果径 диаметр яблока/яблоко диаметром

II. Запомните следующие выражения. （记住下列表述。）

1) В прошлый раз мы обсуждали вопросы о цене и количестве, сегодня мы поговорим о проблеме отгрузки. 上次我们讨论了有关价格和数量的问题，今天我们将讨论发货问题。

2) Цена (CIF Сибирь) черешни за килограмм включает себестоимость, транспортировку, страховоку с отгрузкой на судно. 每公斤樱桃的价格（CIF西伯利亚）包括成本、运费、运输保险。

3) Наша компания использует единые стандарты упаковки, которая была одобрена многими клиентами в стране и за рубежом. 我公司采用统一的包装标准。包装得到了国内外众多客户的认可。

4) Я правильно понимаю, что Вы готовы начать сотрудничество, но у Вас на данный момент продукция на складе присутствует в достаточном количестве? 我理解的是：您愿意开始合作，但是您目前有足够的产品库存吗？

5) Она идёт в красивой фирменной упаковке, а мы её сейчас украсим лентой. 它有精美的品牌包装，现在我们用丝带装饰它。

6) Наш перечень цен основывается на условиях FAS. 我们的价格表基于FAS条款。

7) Я советую Вам использовать морской транспорт, так процент порчи фарфора очень низок. 我建议您使用海上运输，这样，瓷器的损坏率就非常低。

8) Цена (FOB Москва) мандаринов за килограмм составляет 100 долларов США. 一公斤橘子的价格（FOB莫斯科）为100美元。

9) Маркировка включает товарную, транспортную и специальную маркировку. Маркировка наносится водостойкой краской. 唛头包括产品的、运输的和特殊的标记。唛头上涂有防水涂料。

Часть IV. Упражнения
第四部分 练习

Упражнение 1. Переведите следующие словосочетания.（翻译下列词组。）

1) 以下简称为

2) 交付货物

3) 促进全球贸易活动

4) 最新版本

5) 贸易条件

6) 供货合同

7) 支付运费

8) 货物清关

9) оформление страховки на груз

10) досрочная поставка

11) нарушение договора

12) Международная торговая палата

13) возвращение НДС

14) контейнер-рефрижератор

15) полная утрата товаров

16) географическое указание

Упражнение 2. Прочитайте тексты и выполните задания.（读课文，完成任务。）

Текст 1
Расшифровка и перевод правил Инкотермс 2020

Группа E (Отгрузка)

① **Условия поставки EXW** Инкотермс 2020 расшифровывается «Ex Works» named place, переводится «Франко завод» указанное название места.

Продавец обязан: предоставить готовый к отгрузке товар.

Покупатель обязан: выполнить экспортное, импортное таможенное оформление и доставить товар.

Риски переходят в момент передачи товара на складе продавца.

Основное отличие – базис поставки EXW возлагает на продавца минимальные обязанности.

Группа F (Основная перевозка оплачена покупателем)

Условия поставки FCA Инкотермс 2020 – расшифровывается «Free Carrier» named place, переводится «Франко перевозчик» указанное название места.

Продавец обязан: выполнить экспортное таможенное оформление и отгрузить товар перевозчику назначенному покупателем.

② Покупатель обязан: доставить товар и выполнить импортное таможенное оформление.

Риски переходят в момент передачи продавцом товара перевозчику.

Условия поставки FAS Инкотермс 2020 – расшифровывается «Free Alongside Ship» named port of shipment, переводится «Свободно вдоль борта судна» указанный порт отгрузки.

Продавец обязан: выполнить экспортное таможенное оформление и разместить товар в порту отгрузки вдоль борта судна указанного покупателем.

Покупатель обязан: погрузить товар на судно и доставить в порт разгрузки, а также выполнить импортное таможенное оформление.

Риски переходят в порту в момент размещения товара вдоль борта судна.

③ **Условия поставки FOB** Инкотермс 2020 – расшифровывается «Free On Board» named port of shipment, переводится «Свободно на борту» указанный порт отгрузки.

Продавец обязан: выполнить экспортное таможенное оформление, доставить товар в порт отгрузки и погрузить на борт судна указанного покупателем.

Покупатель обязан: доставить товар в порт разгрузки, а также выполнить импортное таможенное оформление.

Риски переходят на борту судна с момента полной погрузки.

Группа С (Основная перевозка оплачена продавцом)

Условия поставки CFR Инкотермс 2020 – расшифровывается «Cost and Freight» named port of destination, переводится «Стоимость и фрахт» указанный порт назначения.

Продавец обязан: выполнить экспортное таможенное оформление, погрузить товар на борт судна и доставить в порт разгрузки.

④ <u>Покупатель обязан: разгрузить и принять товар в порту разгрузки, а также выполнить импортное таможенное оформление.</u>

Риски переходят на борту судна с момента полной погрузки.

Условия поставки CIF Инкотермс 2020 – расшифровывается «Cost, Insurance and Freight» named port of destination, переводится «Стоимость, страхование и фрахт», указанный порт назначения.

Продавец обязан: выполнить экспортное таможенное оформление, застраховать, погрузить товар на борта судна и доставить в порт разгрузки.

Покупатель обязан: разгрузить и принять товар в порту разгрузки, а также выполнить импортное таможенное оформление.

Риски переходят на борту судна с момента полной погрузки.

Условия поставки CIP Инкотермс 2020 – расшифровывается «Carriage and Insurance Paid to» named place of destination, переводится «Фрахт/перевозка и страхование оплачены до» указанное название места назначения.

Продавец обязан: выполнить экспортное таможенное оформление, застраховать и доставить товар в согласованное место назначения.

Покупатель обязан: разгрузить товар и выполнить импортное таможенное оформление.

Риски переходят в момент передачи продавцом товара перевозчику.

Условия поставки CPT Инкотермс 2020 – расшифровывается «Carriage Paid To» named place of destination, переводится «Фрахт/перевозка оплачены до» указанное название места назначения.

Продавец обязан: выполнить экспортное таможенное оформление и доставить товар в согласованное место назначения.

Покупатель обязан: разгрузить товар и выполнить импортное таможенное оформление.

Риски переходят в момент передачи продавцом товара перевозчику.

Группа D (Доставка)

Условия поставки DAP Инкотермс 2020 – расшифровывается «Delivered At Point» named point of destination, переводится «Поставка в пункте» указанное название места назначения.

Продавец обязан: выполнить экспортное таможенное оформление и доставить товар до согласованного пункта назначения.

Покупатель обязан: разгрузить товар и выполнить импортное таможенное оформление.

Риски переходят в пункте назначения.

Условия поставки DPU Инкотермс 2020 – расшифровывается «Delivered Named Place Unloaded» named place of destination, переводится «Поставка на место выгрузки» указанное название места назначения.

Продавец обязан: выполнить экспортное таможенное оформление, доставить товар до места назначения и выгрузить его.

⑤ Покупатель обязан: принять товар и выполнить импортное таможенное оформление.

Риски переходят в месте назначения после полной выгрузки.

Условия поставки DDP Инкотермс 2020 – расшифровывается «Delivered Duty Paid» named place of destination, переводится «Поставка с оплатой пошлины» указанное название места назначения.

Продавец обязан: выполнить экспортное таможенное оформление, доставить товар до согласованного места назначения и выполнить импортное таможенное оформление с уплатой пошлин.

Покупатель обязан: разгрузить и принять товар.

Риски переходят в месте назначения.

⑥ Основное отличие – базис поставки DDP возлагает на продавца максимальные обязанности.

Задание 1. Переведите подчёркнутые предложения на китайский язык.（将上文带有下划线的句子翻译成中文。）

Задание 2. Ответьте на следующие вопросы.（回答下列问题。）

1) Какие обязанности у покупателя по условиям поставки FAS?
2) Какие обязанности у продавца по условиям поставки CIF?
3) Какие обязанности у покупателя по условиям поставки CIP?
4) Какие обязанности у продавца по условиям поставки DAP?

Текст 2
Экспорт овощей и фруктов из Китая

① Китай как «мировая фабрика» экспортирует не только одежду, электронику, стройматериалы и оборудование, но также и напитки, овощи, быстрозамороженную продукцию, лапшу быстрого приготовления, конфеты, печенье, специи, продукцию аквапромысла, чай и т.д. Большой популярностью среди зарубежных покупателей пользуются масло, рис, грибы, свежие и обезвоженные овощи, а также фрукты из Китая.

② Из-за быстрого ритма жизни и ③ большой занятости на работе у людей не остаётся времени для полноценного продуктового шоппинга и долгого стояния у плиты, поэтому многие стали приобретать готовые продукты питания и полуфабрикаты в замороженном виде, а также замороженные овощные смеси, чтобы тем самым ускорить и упростить процесс приготовления пищи. Подметив изменения в потребительских предпочтениях, китайские производители овощей и фруктов и компании по переработке тут же взяли быка за рога и стали быстро развивать соответствующие направления: ④ замороженные овощи, консервированные фрукты, овощные нарезки в вакуумных упаковках, консервы, изготовляемые по рецептам заказчика, мучные изделия и т.д. – всё это несомненно послужило залогом быстрого роста соответствующей отрасли в Китае, а также содействовало повышению стандартов качества. Сейчас китайские предприятия активно продвигают свою продукцию на зарубежных рынках, экспортируя овощи и фрукты по более низким, чем конкуренты, ценам.

В результате осложнившихся отношений с США и странами Европы Россия ввела ограничения на импорт ряда товаров из стран, которые ввели против неё санкции. Под санкции попали говядина, свинина, птица, фрукты, орехи, сыры и вся молочная продукция. Китайские производители сельхозпродукции и экспортно-импортные предприятия не могли упустить выпавший на их долю редкий шанс, поэтому Китай сразу же выразил готовность полностью обеспечить российский рынок овощами, фруктами и мясом. Россия уже подтвердила свою готовность долгосрочно импортировать из Китая крупные партии соответствующей продукции при условии строгого соблюдения партнёрами требований и стандартов, принятых на российском рынке.

Россия уже не первый год импортирует овощи из Китая; начиная с 2011 года объём поставок замороженной плодоовощной продукции из Китай значительно возрос. Представители Россельхознадзора и Торгово-промышленной палаты отмечают, что качество китайской сельхозпродукции получает все большие гарантии, при этом цена на неё остаётся доступной. Из овощей россияне охотно покупают китайские брокколи, фасоль, овощные смеси с кукурузой и др., но особенно россиянам пришлись по вкусу фрукты из Китая – сочные персики и сладкие ананасы.

Начиная с августа этого года только через пограничный пункт в Суфэньхэ ежедневно экспортируется в Россию 250–300 т овощей и фруктов, это говорит об увеличении объёмов экспорта как минимум на 20 %. Среди экспортёров есть предприятия Хэйлунцзяна, Ляонина, Хэбэя, Шаньдуна и Фуцзяни.

Как предсказывают эксперты, в ближайшем будущем экспорт овощей и фруктов из Китая в Россию вырастет на 80 %. Такое резкое увеличение объёмов поставок несомненно окажет влияние на торговлю сельхозпродукцией в Китае. Как отмечает представитель Государственного комитета по реформам и развитию Китая, если отношения между Россией и ЕС так и не улучшатся, то китайские компании в среднесрочной и долгосрочной перспективе ещё больше упрочат свои позиции на российском рынке сельскохозяйственной продукции и продуктов питания.

Уже сейчас Китай создаёт специализированные торговые зоны для экспорта овощей и фруктов в Россию. Одна зона располагается в уезде Дуннин пров. Хэйлунцзян, а вторая – в Суйфэньхэ (т.е. также в пров. Хэйлунцзян). Зона в уезде Дуннин, которую открывает китайская компания «Баожун», должна стать логистическим центром экспорта овощей и фруктов на Дальний Восток России. Там будет осуществляться сбор и распределение грузов, утверждаться цена на продукцию и др.

Задание 3. Переведите подчёркнутые предложения и словосочетания на китайский язык.（将上文带有下划线的句子和词组翻译成中文。）

Задание 4. Прочитайте текст и ответьте на вопросы.（读课文，回答问题。）

1) Почему Россия увеличивает импорт овощей и фруктов из Китая?
2) Какие овощи и фрукты из Китая россияне постоянно покупают?
3) Какие пункты, связанные с сельхозпродукцией для экспорта в Россию, создаются в Китае?

Упражнение 3. Составьте и разыграйте диалоги на тему «Отгрузка говядины из Китая в Россию».（编写并演练题目为"从中国向俄罗斯发运牛肉"的对话。）

Словарь

Инкотермс [阳] 国际贸易术语解释通则
палата [阴]（某些国家中一些机构的名称）局, 厅, 院
перевозка [阴] 运送；转运；（船舶，航空）运输
затаможка [阴] 出口清关手续
растаможка [阴] 进口清关手续

затаможить [完] //затамаживать, затамаживать [未] что 办理出口清关手续
причал [阳] 码头
погрузка [阴] 装卸
терминал [阳] 航站楼；<铁路>终点站
разгрузка [阴] 卸货
продажа [阴] 出售，售卖

ржа́вчина [阴] 锈; 铁锈; <植> 锈病

пестици́д [阳] 杀虫剂

рефрижера́тор [阳] 制冷机; 冷餐器; 冷餐车, 冷藏船

конте́йнер [阳] 集装箱; 货柜

фут [阳] 英尺

лото́к [阳] 街头货摊, 摊床; (沿街叫卖用的)托盘, 货盘; 排水槽, 水沟

вибра́ция [阴] <理> 振动, 振荡, 颤动; <乐> 颤音

дистрибью́тор [阳] 推销商, 经销人

Урок 12
Транспортные операции. Импортная перевозка российской нефти

第十二课
运输业务·俄罗斯石油的进口运输

Часть I. Транспортные операции
第一部分　运输业务

Транспортная операция принципиально начинает и завершает процесс реализации внешнеторговых сделок, не только определяя фактическое исполнение сделок купли-продажи, но и существенно влияя на контрактную цену товаров.

Классификация внешнеторговых транспортных операций:

1. Международные и внутренние

Международные перевозки - это перевозка грузов из одного места в одной стране в одно место в другой с пользованием одним или несколькими средствами транспорта между двумя или множествами странами.

Международные перевозки включают перевозку импортируемых и экспортируемых товаров через территорию, воздушное пространство или транзит грузов морскими и речными судами в транзитных портах.

Международные, но не внешнеторговые перевозки рассматриваются как перевозки некоммерческих грузов, например, ярмарочные и выставочные товары, спортивный инвентарь для участия в соревнованиях, оборудование для киносъёмок и т.д., а также гуманитарная помощь.

Внутренние перевозки грузов, как следует из названия, осуществляются между регионами

运输业务是真正开始并完成外贸交易的过程。它不仅决定着买卖业务的实际执行，而且从本质上影响着商品的合同价格。

外贸运输业务的分类：

1. 国际和国内

国际运输是指使用一种或多种运输工具在两个或多个国家之间，把货物从一个国家的某一地点运到另一个国家的某一地点的运输。

国际运输包括跨越领土、领空运输进出口商品，或通过海运和内河船只在过境港口转运货物。

国际而非对外贸易的运输被认为是非商业性货物的运输，例如展览和展销会货物、参加比赛的体育设备、电影摄制设备等，甚至包括人道主义援助物资的运输。

国内货物运输，顾名思义，是在同一国家内不同地区之间的

внутри одной страны.

2. Объекты транспортных операций

- пассажиры;
- груз;
- почта;
- багаж.

3. Способы транспортировки

- водные (морские и речные) перевозки;
- железнодорожные перевозки;
- воздушные перевозки;
- трубопроводные перевозки;
- автомобильные перевозки;
- смешанные перевозки.

В соответствии с указанной классификацией определяются правовые нормы, регулирующие условия договоров перевозки, таможенного оформления и страхования груза.

4. Форма и функции транспортных документов

- железнодорожный, автомобильный и речной транспорт: накладная;
- морской: коносамент, фрахтовый ордер или, очень редко, накладная;
- смешанные перевозки: коносамент на смешанные перевозки, чаще всего, сквозной коносамент.

В зависимости от возложенных на транспортный документ функций он может быть оборотным (коносаменты и сквозные коносаменты) и необоротным (накладные и фрахтовый договор). Любой транспортный документ выполняет две основные функции: является подтверждением наличия договора перевозки и

运输。

2. 运输业务的对象

- 乘客；
- 货物；
- 邮政；
- 行李。

3. 运输方式

- 水（海和河）运；
- 铁路运输；
- 空运；
- 管道运输；
- 汽运；
- 多式联运。

上述类型的划分，决定了管辖运输合同、通关、货物运输保险等条件的法律规范。

4. 运输单据的形式和功能

- 铁路、公路和内河运输：运单；
- 海运：提单、租船委托书，或很少用的运单；
- 混合运输：多式联运提单。经常使用转船提单。

根据运输单据的功能，该单据可以是可转让的（提单和转船提单），也可以是不可转让的（运单和租船合同）。任何运输单据都具有两项主要功能：确认存在运输合同，并在收货时用作承运

служит распиской перевозчика в приёме им груза. Оборотные документы обладают также товарораспределительной функцией.

5. Особенности транспортировки грузов
- сухие грузы (навалочные, насыпные, сборные);
- наливные грузы.

Классификация грузов по транспортным характеристикам имеет большое значение не только с точки зрения технологии их погрузки, выгрузки, перевозки, перевалки и хранения, но оказывает существенное влияние на принципы формирования транспортных тарифов и выбор условий транспортного страхования грузов.

6. Используемые транспортно-технологические системы
- контейнерные перевозки. Контейнер является транспортным оборудованием унифицированных размеров, объём которого более 1 м³;
- пакетные перевозки. Пакет – укрупнённое грузовое место, состоящее из нескольких меньших грузовых мест, с использованием средств пакетирования в поддонах или без них;
- паромные перевозки. Паром – специальное судно, предназначенное для перевозки транспортных средств.

7. Участники выполнения транспортных операций
- перевозчики. Это фирмы, которые в основном занимаются транспортировкой грузов;
- экспедиторы. Это транспортное агентство, которое главным образом занимается услугами, связанными

人的收据。可转让单据也具有物权分配功能。

5. 货物运输的特性
- 干货（散装货、堆装货、杂货）；
- 装运液体的货物。

按运输特性对货物进行分类，不仅从装载、卸载、运输、转运和仓储技术的角度来看很重要，而且对运输关税的制定原则和货物运输保险条件的选择产生着重大影响。

6. 所采用的运输—技术体系
- 集装箱运输。集装箱是统一尺寸的运输设备，容积大于1立方米；

- 打包运输。袋子——使用有或无托盘打包的方法，由几个较小的货件组成的综合货件；

- 轮渡运输。渡轮——专为运输车辆而设计的船舶。

7. 运输操作的参与者
- 承运人——主要从事货物运输的公司；
- 货运代理人——主要从事与货物运输有关的服务的运输中介；

с перевозкой грузов;
- операторы смешанных перевозок. Фирма обязана использовать несколько видов транспорта по доставке груза через несколько пунктов перевалки и хранения, но выполнить все услуги по одному контракту;
- участники внешнеторговой сделки.

По сравнению с операцией на внутреннем рынке транспортная операция во внешней торговле более сложна. Это связано с большим расстоянием, многочисленными сторонами, участвующими в процессе перевозки, а также наличием определённых факторов и условий для перевозки товаров в международной торговле.

- 多式联运经营人。公司有义务运用几种运输方式，经过多个转运地和存储地交付货物，但须在一个合同项下，履行所有服务；
- 外贸业务的参与者。与在国内市场进行的业务相比，外贸中的运输业务更为复杂。这种复杂性同距离长，运输过程中涉及众多方，以及国际贸易中存在货物运输的某些因素和条件相关。

Часть II. Диалог. Импортная перевозка российской нефти
第二部分　对话　俄罗斯石油的进口运输

К: Мы очень рады из соответствующих новостей в Интернете узнать, что в этом году значительно увеличился экспорт российской нефти в Китай. Это показывает, что наше сотрудничество в данной сфере имеет очень широкие перспективы.

Р: Да. Мы тоже обратили внимание на сообщения об этом. Нефть на протяжении многих лет уже представляет собой один из самых важных и главных ресурсов нашей страны. У двух наших стран протяжённая граница, и поэтому огромный

中：很高兴，从互联网上看到相关消息，俄罗斯今年对华石油出口又有大幅增加。这说明我们两国在该方面的合作具有非常广阔的前景。

俄：是的，我也注意到这方面的报道。石油长期以来已经是我们国家最重要和主要的能源之一。我们两国接壤边境线长，合作潜力巨大。据

потенциал для нашего сотрудничества. По данным на сайте oilprice. com от 26 мая 2020 г., Россия стала крупнейшим поставщиком сырой нефти в Китай в прошлом месяце, в среднем 1,75 млн. баррелей в день. По сообщению, наша нефть марки Юралс хорошо продаётся в Китае, её качественные характеристики в значительной степени соответствуют большинству китайских заводов. В первом квартале этого года Юралс бьёт рекорды по объёмам экспорта в Китай.

К: Так что сотрудничество между нашими двумя компаниями также очень оперативно. После месячного общения по телефону и Интернету сегодня мы, наконец, можем провести прямые переговоры о транспортировке сырой нефти по данной сделке.

Р: Верно. Транспортировка, если говорить о нефти, является ключевым этапом. Транспортировка нефти осуществляется по-разному: трубопроводным, морским, железнодорожным, автомобильным и даже воздушным транспортом. Эти виды транспортировки нефти имеют разную оснащенность, отличаются уровнем развития, а также многими экономическими показателями. У каждого вида транспортировки имеются свои плюсы и минусы. Среди них, наиболее важным является трубопроводный транспорт.

Сам по себе трубопроводный транспорт – одна из высокотехнологичных отраслей. Мы можем не только доставить нефть по трубопроводам

oilprice.com网站2020年5月26日数据显示，俄罗斯上个月成为中国最大的原油供应商，平均175万桶/日。据报道，我国Urals牌的石油在中国的销路非常好，它的品质特征非常符合大多数的中国工厂。今年第一季度，Urals对华出口额创历史新高。

中：所以，我们两家公司的合作也极具可操作性。经过1个月的电话和网络联系，今天我们终于可以面对面地商讨本单石油的运输问题。

俄：是的。运输对于石油贸易来讲，是非常关键的一步。石油运输有多种形式：管道运输、海运、铁路运输、汽运，甚至还包括空运。上述石油运输方式装备不同，发展水平不同，也有众多的经济指标。每种运输方式各有利弊，其中，管道运输是最主要的一种方式。

管道运输本身就属于高新技术行业之一。我们不仅可以通过管道输送石油到当地的炼

на местные НПЗ и морские нефтеналивные терминалы, но также к конечным потребителям. В настоящее время это самый экономичный способ транспортировки.

К: Мы также знаем, что наиболее известной компанией в области транспортировки нефти по трубопроводам является российская «Транснефть».

Р: Да. Всем известно, что из трёх основных направлений для экспорта нефти самое перспективное – это восточное. По нефтепроводу «Восточная Сибирь – Тихий океан» экспортируют нефть в Китай, а также осуществляют поставки на рынки АТР.

К: Это точно. В апреле 2009 года «Роснефть» заключила первый крупный долгосрочный контракт с Китайской национальной нефтегазовой корпорацией (КННК) сроком на 20 лет на поставку нефти в Китай в объёме 15 млн. тонн в год, начиная с 2011 года. До сих пор прошло уже более десяти лет. Как Вам кажется, какая транспортировка предпочтительная для нашей данной сделки? Железнодорожная или трубопроводная?

Р: По-моему, трубопроводная. Так как стоимость перевозки по железной дороге составляет от 30 % конечной цены, по трубам – 10-15 %. В связи с этим, трубопроводный транспорт сэкономит много затрат на транспортировку.

К: Трубопроводный транспорт является своевременным и эффективным, не зависит от

油厂和海上石油码头，而且也可以通过管道输送给最终用户，这是目前最经济的运输方式。

中：我们还知道，通过管道进行石油运输领域最知名的公司是俄罗斯的 Transneft。

俄：是的。众所周知，在石油出口的三个主要方向中，最具前景的是东线。石油通过"东西伯利亚-太平洋"输油管道出口到中国，实现向亚太市场的供应。

中：没错。2009年4月，俄罗斯石油公司与中国石油天然气集团公司签署了为期20年的第一份重大长期合同，从2011年开始，每年向中国供应石油1500万吨。到现在为止，已经十几年了。我们这一单石油，您认为走哪种运输途径好呢？铁路还是管道运输？

俄：我认为，用管道运输。因为，铁路运输成本占最终价格的30%，管道运输成本占10-15%。因此，管道运输将节省很多运输费用。

中：管道运输时效性好，可以不受白天黑夜和天气的限制，

времени и погоды, но имеет слабую манёвренность. При морской транспортировке доставка нефти осуществляется крупными танкерами, которые имеют низкие фрахтовые ставки и большие объёмы, но такая транспортировка занимает слишком много времени. Можем ли мы транспортировать нефть частично по трубопроводу, а частично по морю?

Р: Мы рекомендуем: 70 % нефти морскими перевозками и 30 % трубопроводными. Ведь большинство нефтепромыслов находится далеко от мест переработки или сбыта нефти, нефть при трубопроводной транспортировке можно использовать для срочного производства нефтепродуктов.

К: Замечательное предложение! Расскажите нам, пожалуйста, о строительстве нефтепроводов.

Р: В настоящий момент нефтепроводы сделаны из стали или пластика. Диаметр труб от 10 до 120 см. Большинство нефтепроводов находится на глубине 1-2 метра под землёй. Чтобы предавать нефть по нефтепроводам, изобретена специальная система насосов, которая обеспечивает передачу нефти по трубам со скоростью от 1 до 6 метров в секунду.

К: В последние годы в СМИ относительно много говорится об экологически безопасных трубопроводных перевозках. Интересно, как это осуществляется в Вашей стране?

Р: У нас новая трубопроводная система создана

但是灵活性差。海运则采用大型油轮运输，海运运费低、运量大，但是时间较长。我们是否可以部分管道运输，部分海运？

俄：我们建议70%的石油用海运，30%的用管道。因为大多数油田都位于远离炼油或销售的地方，管道运输的石油可以用于应急的石油产品生产。

中：这个提议不错。请简单介绍一下石油管道的建造。

俄：目前，石油管道是由钢或塑料制成的，管道直径在10至120厘米之间。主要输油管道位于地下1—2米深处。为了把石油通过输油管道输送，现在人们发明了一种专门的泵系统。该系统确保以每秒1—6米的速度通过管道输送石油。

中：近年来媒体较多提到了环保管道运输，不知现在贵国进行得如何？

俄：我们新的管道系统是基于石

с учётом самых передовых достижений в проектировании, строительстве и эксплуатации нефтепроводов, обладает высоким уровнем надёжности и минимальным воздействием на окружающую среду.

К: Давайте остановимся на вопросе транспортировки сырой нефти. Дальше нам следует узнать о документах, которые должны быть предоставлены для транспортировки.

油管道设计、建造和运营方面的最先进成果，可靠性高，对环境的影响最小。

中：关于这单原油的运输情况我们就谈到这里。下面我们需要了解一下运输中需要提供的单据。

Часть III.　Общая информация
第三部分　知识点

I. Запомните следующие словосочетания.（记住下列词组。）

1) 运输业务 транспортные операции
2) 领空 воздушное пространство
3) 电影设备 оборудование для киносъёмок
4) 人道性援助 гуманитарная помощь
5) 铁路运输 железнодорожные перевозки
6) 管道运输 трубопроводные перевозки
7) 多式联运 смешанные перевозки
8) 法律规范 правовые нормы
9) 运输单据 транспортные (перевозочные) документы
10) 可转让提单 оборотный коносамент
11) 干货（散装货、堆装货、杂货）сухие грузы (навалочные, насыпные, смешанные)
12) 石油码头 нефтеналивной терминал
13) 大型邮轮 крупный танкер

II. Запомните следующие важные события и моменты в области транспортировки нефти между Китаем и Россией. （记住下列中俄石油运输领域的重要事件和时间点。）

История экспорта нефти из России в Китай

В начале 2000-х годов происходит наращивание поставок нефти в КНР по железной дороге.

В апреле 2009 года «Роснефть» заключила первый крупный долгосрочный контракт с КННК сроком на 20 лет на поставку нефти в Китай в объёме 15 млн. тонн в год начиная с 2011 года.

29 декабря 2009 года введён в эксплуатацию экспортный нефтепровод «Восточная Сибирь – Тихий океан» (ВСТО).

В сентябре 2010 года завершено строительство нефтепровода-отвода от ВСТО в Китай «Сковородино – Дацин» мощностью 15 млн. тонн в год.

С 1 января 2011 года начаты коммерческие трубопроводные поставки нефти из России в Китай.

22 марта 2013 года во время официального визита в Россию только что избранного нового лидера КНР Си Цзиньпина подписано межправительственное соглашение об увеличении поставок российской нефти с 15 до 30 млн. тонн в год.

В 2013 году «Роснефть» заключила контракт на поставку 365 млн. тонн нефти в течение 25 лет с китайской государственной компанией КННК. В этом же году российская компания заключила крупный контракт по поставкам в течение 10 лет с Китайской нефтехимической корпорацией.

В 2014 году Китай импортировал 33 млн. тонн нефти из России, доля России в китайском импорте нефти составила 11 %, доля Китая в российском экспорте нефти – 15 %.

В мае 2015 года Россия заняла 1-е место среди стран по поставкам нефти в Китай, обогнав Саудовскую Аравию.

19 июня 2015 года КННК подписан контракт на строительство второй очереди нефтепровода от границы с Россией до Мохэ – продолжения отвода от трубопровода ВСТО. Мощность отвода должна удвоиться до 30 млн. тонн. Протяжённость его российской части 64 км, китайской – около 1 000 км.

С июля 2015 года правительство Китая впервые разрешило прямой импорт нефти более чем десятку независимых переработчиков, для которых российские сорта нефти, по словам трейдеров, привлекательнее саудовских, потому что Саудовская Аравия использует жёсткую систему распределения нефти и осуществляет поставки не во все пункты назначения.

В конце 2016 года «Роснефть» и КННК подписали соглашение об увеличении поставок через территорию Казахстана до 10 млн. тонн в год.

В сентябре 2017 года «Роснефть» и Китайская энергетическая корпорация «Хуасинь» заключили контракт на поставку нефти в Китай сроком на пять лет суммарным объёмом до 60,8 млн. тонн за весь период действия контракта.

В апреле 2020 года Россия стала крупнейшим поставщиком сырой нефти в Китай, опередив Саудовскую Аравию. Согласно подсчётам Главного таможенного управления КНР, продажи российской нефти Китаю выросли на 17,7 % по сравнению с апрелем 2019 года и достигли 7,2 млн. тонн. Одновременно поставки саудовского сырья упали на 18 % – до 5,16 млн. тонн. Кроме этого, сегодня у России с Китаем действует ряд долгосрочных контрактов, и объёмы поставок по ним не зависят от событий на мировом рынке.

Часть IV. Упражнения
第四部分　练习

Упражнение 1. Расшифруйте нижеследующие аббревиатуры и переведите их на китайский язык.（解释下列缩略词，并将它们翻译成中文。）

1) НПЗ
2) АТР
3) ВСТО
4) КННК

Упражнение 2. Объясните следующие термины на русском языке. （用俄语解释下列术语。）

1) Международные перевозки грузов
2) Перевозки некоммерческих грузов
3) Внутренние перевозки грузов
4) Пакетные перевозки
5) Паромные перевозки
6) Экспедитор

Упражнение 3. Переведите следующие словосочетания. （翻译下列词组。）

1) 销售交易
2) 体育器材
3) 空运
4) 通关
5) 多式联运提单
6) 轮渡运输
7) "东西伯利亚—太平洋"输油管道
8) речное судно
9) водные (морские и речные) перевозки
10) автомобильные перевозки
11) страхование перевозки грузов
12) товарораспределительная функция
13) сырая нефть
14) фрахтовые ставки

Упражнение 4. Прочитайте тексты и выполните задания. （读课文，完成任务。）

Текст 1

Внешнеторговые перевозки

Внешнеторговые перевозки железнодорожным транспортом

Международные железнодорожные перевозки осуществляются на основании двусторонних и многосторонних соглашений, которые заключаются соответствующими министерствами государств-участников соглашения. Перевозки грузов между странами участниками соглашения осуществляются по единому транспортному документу – международной накладной. Железные дороги имеют Соглашения о международном прямом железнодорожном сообщении (СМГС); о международном прямом, смешанном железнодорожно-водном сообщении, заключённые между большинством стран.

① <u>Договор железнодорожной перевозки считается заключённым при приёмке груза к перевозке станцией отправления, которая удостоверяется наложением штемпеля станции отправления на накладную календарного.</u>

Расчёты за перевозку внешнеторговых грузов железнодорожным транспортом определяются на базе действующих международных соглашений, тарифными правилами и условиями контрактов. Участники СМГС разработали международный транзитный тариф (МТТ), который применяется при расчётах за транзитные перевозки на территории стран-участников соглашения.

Внешнеторговые перевозки автомобильным транспортом

Договор международной автомобильной перевозки, заключаемый на основании годовых договоров и отдельных контрактов, оформляется товарно-транспортной накладной (ТТН), которая составляется в четырёх экземплярах (у перевозчика – 2 экземпляра, по одному у грузовладельца и покупателя). ② <u>Автомобильные тарифы устанавливаются в расчёте за перевозку одной тонны груза в зависимости от расстояния и предусматривают определённые надбавки, скидки и штрафы с установленной суммы.</u>

Транспортно-экспедиторские операции во внешней торговле

В международном товарообороте продвижение грузов от продавца к получателю практически невозможно без участия транспортно-экспедиторских фирм. Формы и виды предоставляемых экспедиторами услуг постоянно расширяются. Объясняется это тем, что продавцы, покупатели и перевозчики товара не всегда бывают заинтересованы или в состоянии выполнить те или иные услуги, связанные с транспортировкой товара от производителя к потребителю, особенно в рамках развития интермодальных способов транспортировки или перевозок «от двери до двери». Выполнение этих услуг берут на себя специализированные транспортно-экспедиторские фирмы.

Важнейшими услугами экспедиторов являются следующие: рекомендации клиенту по формулированию транспортных условий контракта и консультации по повышению эффективности транспортировки за счёт выбора наиболее рациональных маршрутов и способов перевозки грузов различными видами транспорта; предложения по снижению расходов по упаковке, погрузочно-разгрузочным и другим операциям, по транспортно-экспедиторскому обслуживанию; осуществление годового, квартального, месячного планирования перевозок внешнеторговых грузов, согласовывание месячных планов перевозок грузов с транспортными ведомствами; хранение грузов на складах; составление необходимых документов для расчётов; высылка клиентам товаросопроводительной документации; заключение договоров с иностранными транспортными и транспортно-экспедиторскими компаниями на перевозку и транспортно-экспедиторское обслуживание внешнеторговых грузов на иностранной территории различными видами транспорта; предоставление клиенту не менее 70 % скидок, полученных от иностранных железных дорог, транспортно-экспедиторских агентов за границей; проверка и оплата счётов (в иностранной валюте) за перевозки и выставление заказчику счётов (в местной или иностранной валюте).

Трудности транспортного обеспечения внешней торговли

Российский транспорт на сегодняшний день не в состоянии обеспечивать на современном уровне потребности грузовладельцев внешнеэкономического комплекса страны. Основных причин здесь, по-видимому, три: нехватка современных транспортных средств практически всех видов; изношенная, устаревшая материально-техническая база большинства портов, пограничных переходов и т.п.; устаревшие формы организации перевозок внешнеэкономических грузов.

③ <u>Техническая отсталость, изношенность, нехватки в российском транспорте связаны прежде всего с ведомственностью, недостаточной эффективностью всего</u>

хозяйственного механизма страны. Серьёзное положение на внешнеторговом транспорте вызвано неудовлетворительным состоянием транспортного хозяйства страны в целом. Вследствие несовершенной инвестиционной политики приходили в упадок уже имеющиеся железнодорожные магистрали, сворачивались планы сооружения современных автомагистралей, не обеспечивалось обновление вагонного и автопарков. Серьёзное положение сложилось и на морском транспорте, на который приходится значительная доля обеспечения внешнеторговых перевозок. Средний возраст судов российского флота составляет 14,2 года, однако если учесть только торговый морской флот, то средний возраст судов будет находиться на уровне 15 лет. «Старение» флота серьёзно снижает возможности в обеспечении нужд участников внешнеэкономической деятельности. Положение усугубляется ещё и тем, что практически все развитые страны, ряд развивающихся государств для защиты своих национальных коммерческих интересов, а также в рамках кампании за сохранение окружающей среды в законодательном порядке запретили или предполагают запретить заход в свои порты судов в возрасте свыше 15 лет. Пополнение тоннажа в результате списания судов, возраст которых составляет 20 лет и более, затрудняется современной ситуацией в мировом судостроении, где резко возросли цены на строительство нового тоннажа и суда, бывшие в эксплуатации, тогда как возможности отечественного судостроения ограниченны.

Задание 1. Расшифруйте нижеследующие аббревиатуры и переведите их на китайский язык.（解释下列缩略词，并将它们翻译成中文。）

    1) СМГС

    2) МТТ

    3) ТТН

Задание 2. Переведите подчёркнутые предложения на китайский язык.（将上文带有下划线的句子翻译成中文。）

Задание 3. Прочитайте Текст 1 и ответьте на следующие вопросы. （读课文1，回答下列问题。）

1) Что обозначают «международные железнодорожные перевозки»?
2) Что является причиной расширения услуг экспедиторов?
3) Какие услуги экспедиторов (не менее пяти) представлены в данном тексте?
4) Какие причины не позволяют российскому транспорту обеспечивать потребности грузовладельцев?
5) Какое положение у российского флота для перевозки внешнеторговых грузов?

Текст 2

Россия стала крупнейшим экспортёром нефти в Китай из стран вне ОПЕК в 2019 году, со средним уровнем поставок в 1,6 млн. баррелей в сутки (б/с). Об этом говорится в еженедельном отчёте Управления по энергетической информации (EIA) Минэнерго США.

Согласно отчёту, России удалось занять долю в 15 % в китайском импорте нефти. Основываясь на данных EIA можно сделать вывод, что общие поставки нефти из РФ в Китай в 2019 году составили около 584 млн. баррелей (почти 80,2 млн. тонн).

Ранее ФТС РФ сообщала, что физический объём экспорта российской нефти во все страны в 2019 году вырос на 2,7 % – до 267,46 млн. тонн по сравнению с 2018 годом. Таким образом, с учётом данных EIA, в прошлом году на поставки в Китай пришлось практически 30 % российского экспорта нефти.

В ноябре 2019 года министр энергетики РФ Александр Новак отмечал, что Россия занимает ведущие позиции по экспорту сырой нефти в КНР, увеличив в 2018 году объём поставок на 27,4 %, а также лидирует по экспорту электроэнергии. По его мнению, есть все основания говорить о «формировании российско-китайского энергетического альянса».

Импорт Китая из других стран

В 2019 году Китай нарастил средний импорт нефти практически на 10 % – до 10,1 млн. б/с. Основными причинами для такого роста EIA называет увеличение нефтеперерабатывающих мощностей в КНР на 1 млн. б/с, стратегическое накапливание запасов и стабильный с 2012 года уровень внутренней добычи.

Страны ОПЕК обеспечили 55 % нефтяного импорта Китая, что оказалось наименьшим показателем с 2005 года. Так, Саудовская Аравия экспортировала в Китай больше нефти, чем когда-либо прежде, но её доля в китайском импорте была меньше чем та, которую она занимала с 2008 по 2013 год.

Как уже ранее сообщало Минэнерго США, экспорт нефти из США в Китай в 2019 году снизился на 43 %, до 133 тыс. б/с из-за торговых войн и неблагоприятных цен на топливо для Пекина.

По оценкам EIA, внутреннее потребление топлива Китая в первом квартале 2020 года составило в среднем 13,9 млн. б/с, что на 0,6 млн. баррелей меньше, чем годом ранее. Главным образом снижение произошло в результате мер китайского правительства, связанных со сдерживанием распространения коронавируса COVID-19. Влияние вспышки вируса на экономику и транспортный сектор всё ещё продолжается, и, вероятно, скажется на импорте нефти в Китай, запуске новых НПЗ и внутреннем потреблении во II квартале 2020 года, говорится в отчёте.

Задание 4. Добавьте пропущенное содержание по Тексту 2.（根据课文2，补足空缺部分。）

1) России удалось занять долю _____ в китайском импорте нефти.

2) С учётом данных EIA, в 2019 году, на поставки в Китай пришлось практически _____ российского экспорта нефти.

3) Россия занимает ведущие позиции по экспорту сырой нефти в КНР, увеличив в 2018 году объём поставок _____, а также лидирует по экспорту _____.

4) Страны ОПЕК обеспечили _____ нефтяного импорта Китая, что оказалось наименьшим показателем с 2005 года.

Задание 5. Ответьте на следующие вопросы.（回答下列问题。）

1) Какое положение было в 2019 году у Китая по импорту нефти?

2) Какая ситуация у экспорта нефти стран ОПЕК в Китай?

3) Почему снизился импорт нефти из других стран в первом квартале 2020 года?

Упражнение 6. Составьте и разыграйте диалоги на тему «Импорт полезных ископаемых из России в Китай».（编写并演练题目为 "从俄罗斯向中国进口矿产品" 的对话。）

Словарь

возду́шный [形]大气的，空气的；航空的
грузово́й [形] 运货的，载货的；货物的
речно́й [形] 河的，河流的；河运的
су́дно [中]（复）суда́船，船舶，船艇
я́рмарка [阴]集市；交易会，展销会
инвента́рь [阳] 某类用具、器材的总和
гуманита́рный [形]人道主义的
трубопрово́дный [形]管道运输的
сме́шанный [形]混合的
правово́й [形]法律的，法治的，权利的
фрахто́вый [形]运费的（主要指海上运费的）
накладна́я [阴]（公文）运（货）单，托（运）单；提货单；发货单
коносаме́нт [阳] 提单
оборо́тный [形] 流动的，周转的；背面的，反面的
распи́ска [阴] 签名，签字；收据，收条
товарораспредели́тельный [形] 货物处理的，货物分配的

нава́лочный [形] 装载的，装货的；散装的，堆装的
насыпно́й [形]（沙、土、碎石等散装物）堆成的，堆起的
наливно́й [形] 装运液体的
вы́грузка [阴] 卸货，卸载；下车，下船
перева́лка [阴] 转运，转载；转运站，转载站
паке́т [阳] 一组，一系列，一揽子（决议、法规、文件、措施等）
пакети́рование [中] 打包，打捆，组装
паро́мный [形] 轮渡的，渡船的
экспеди́тор [阳] 发送人，发货人
ба́ррель [阳] 1桶（英美容量单位，美国制等于115.6升，英国制等于163.65升）
манёвренность [阴] 机动性；灵活性
та́нкер [阳] 油船，邮轮
ста́вка [阴] 费率
пла́стик [阳] 塑料
насо́с [阳] 泵，抽水机，抽气机

Урок 13
Внешнеторговая документация.
Экспортные документы
на пуховые одеяла

第十三课

对外贸易单证·出口羽绒被的单据

Часть I. Внешнеторговая документация
第一部分　对外贸易单证

На этапе осуществления внешней торговли прилагается большое количество документов, которые играют важную роль на всех этапах внешней торговли.

Внешнеторговая документация – это собирательное наименование различных документов, служебных писем и сертификатов, используемых во внешней торговле. Что касается внешнеторговой документации, которая охватывает платёжные, транспортные, страховые, инспекционные, карантинные, таможенные процедуры, валютные расчёты и иные этапы импортно-экспортной деятельности, то она характеризуется высоким профессионализмом, своевременностью, большими объёмами работы и широким охватом.

С точки зрения импортно-экспортных операций существуют следующие типы документов:

1) документы, подготовленные для экспортных операций;

2) документы, используемые для обеспечения производства экспортных товаров;

3) документы, подготовленные для экспорта товаров и их отгрузки;

4) документы, подготовленные для импортных операций.

С точки зрения выполняемых функций

在对外贸易实施的阶段，随附大量单证，这些单证在对外贸易的各个阶段都发挥着重要的作用。

对外贸易单证是对外贸易中使用的各种单据、文件与证书的统称。对外贸易单证贯穿进出口活动的支付、运输、保险、检验、检疫、报关、结汇等环节，具有专业性与时间性强、编制工作量大、涉及面广的特点。

根据进出口业务所划分的单据：

1）为出口交易做准备的单据；

2）确保出口货物生产的单据；

3）为出口货物及其装运做准备的单据；

4）为进口货物做准备的单据。

根据所完成功能，外贸单证

существуют следующие группы документов:

1) финансовые документы: тратта, простой вексель, чек, аккредитив и пр. Данные документы указывают на то, что клиент поручает своему банку произвести платёж назначенной стороне в другой стране или произвести платёж в установленном порядке;

2) коммерческие документы: коммерческие счета-фактуры, таможенные накладные и т.д., содержат информацию о стоимости, качестве и количестве товара, представляются банку продавцом, покупатель против них производит оплату.

3) транспортные документы: морской коносамент, чартерный коносамент, документы смешанной транспортной перевозки, авиагрузовая накладная и т.д., необходимы для покупателя, чтобы получить товар, осуществить таможенное оформление, перепродать товар и запросить компенсацию у перевозчика или страховой компании. Согласно международной торговой практике, в большинстве случаев продавец обязан представить покупателю документы, связанные с товарами. В международной торговле, когда в договоре купли-продажи предусматривается документальный аккредитив или документы против платежа (D/P), документ (особенно коносамент), представленный продавцом, используется в качестве условия для покупателя при оплате товаров.

4) страховые документы: страховой полис, страховой сертификат и пр., в основном отражают

有如下分组：

1）资金单证：汇票、本票、支票、信用证等。该类单据是指：客户授权其银行向另一国的指定当事方付款，或按规定的方式付款。

2）商业单证：商业发票、海关发票等。这些文件提供了产品的价值、质量和数量信息。卖方向银行交单，买方根据单据付款。

3）货运单证：海运提单、租船提单、多式联运单据、空运单等。它们是买方提取货物、办理报关手续、转售货物以及向承运人或保险公司请求赔偿所必不可少的文件。按照国际贸易惯例，在绝大多数情况下，卖方都有义务向买方提交有关货物的各种单据。在国际贸易业务中，当买卖合同采用跟单信用证或付款交单(D/P)的支付方式时，都是以卖方交单（特别是提单）作为买方支付货款的条件。

4）保险单证：保险单、保险证明等。该类单证主要反映保险

отношения между страховщиком и страхователем.

5) прочие документы: экспертиза товара, сертификат происхождения, извещение о готовности товара к отгрузке и т.д.

Часть вышеуказанных документов сопровождает товар от пункта отправления до пункта назначения и называется сопроводительными коммерческими документами: транспортными, коммерческими, таможенными. Остальные документы должны предъявляться при отгрузке товара и называются «отгрузочными документами».

Поскольку коммерческие счета-фактуры и коносаменты занимают особое место во внешнеторговых операциях, мы подробно расскажем о них.

Коммерческие счета-фактуры являются основными документами, используемыми покупателями и продавцами для передачи товара и расчёта платежа за товары. Этот вид документа даёт стране-импортёру основание для определения размера импортных пошлин, а также продавцу и покупателю основу для предъявления и урегулирования претензий. Основные реквизиты коммерческого счёта-фактуры включают наименование, количество и цену товаров. Другими реквизитами счёта являются:

• номер и дата финансового документа;

• наименование и адрес компании;

• краткое наименование товара;

• номер контракта;

• номер аккредитива;

• маркировка и число мест;

公司与被保险人之间的关系。

5）其他单证：商检证书、原产地证书、装运通知等。

上述单据中的一部分单据伴随货物从起运地到目的地，它们叫做随附商业票据：运输的、商业的、海关的。剩余部分文件在货物发运时出具，即货运单据。

因为商业发票和提单在外贸业务中的特殊地位，我们在这里进行重点介绍。

商业发票是买卖双方交接货物和结算货款的主要单证，是进口国确定征收进口关税的依据，也是买卖双方索赔、理赔的依据。商业发票的要项有货物名称、数量、价格等。其他需要填写的内容是：

• 财务文件号及日期；

• 公司名称和地址；

• 商品简称；

• 合同号；

• 信用证号；

• 唛头及件数；

- цена за единицу товара;
- количество товара, вес нетто и брутто, числа и номера поставленных грузовых мест с указанием вида упаковки;
- грузополучатель;
- сумма платежа;
- название судна или номер и дата коносамента, или номер и дата транспортной накладной, или номер и дата транспортного документа при смешанных перевозках;
- подпись продавца.

Коносамент (bill of lading; B/L) – это сертификат, выдаваемый грузоотправителю, когда перевозчик перевозит груз.

Что касается коносамента, то следует обратить внимание на следующие:

Эмитентом коносамента должен быть перевозчик, капитан или их агент;

Коносамент подтверждает, что перевозчик получил товар и гарантирует доставку товара в пункт назначения;

Коносамент является документом о правах собственности. Сторона, держатель коносамента, имеет право требовать от перевозчика сдачи груза и имеет право на владение и распоряжение им.

Важными реквизитами, включёнными в коносамент, являются следующие:

- название перевозчика (судна);
- подпись перевозчика или капитана или названного им агента;

- 货物单价；
- 货物数量、净重和毛重、按包装类型提供的包装号码和件数；
- 收货人；
- 支付的总值；
- 船舶名称，或者提单编号和日期，或者运输单据号码和日期，或多式联运运单号和日期；
- 卖方签字。

提单（bill of lading；B/L）是承运人承运货物时签发给托运人的一种凭证。

有关提单，需要注意的有：

提单的签发人必须是承运人、船长或他们的代理；

提单证明承运人已收到货物，并且保证至目的地交付货物；

提单是一种物权凭证，持有提单的一方有权要求承运人交付货物，并享有占有和处理货物的权利。

提单所包含的要项有：

- 承运人（船只）名称；
- 承运人或船长或指定代理人的签名；

- наименование груза;
- маркировка;
- указание порта погрузки и порта разгрузки;
- наименование отправителя (продавца товара);
- указание количества и нумерации выданных оригиналов коносамента;
- число мест и вид упаковки;
- вес брутто, размеры;
- наименование грузополучателя (именной коносамент), или указание, что коносамент выдан по приказу отправителя либо грузополучателя (ордерный коносамент), или указание, что коносамент выдан на предъявителя (коносамент на предъявителя).

Прочие также достаточно важные документы:
- страховой полис. Это документ, выданный страховщиком, в котором страховщик обязуется возместить страхователю убытки, причинённые рисками и авариями, указанными в договоре.

- сертификат контроля качества. Это документ, подписанный экспортёром, удостоверяющий, что товар проверен до отгрузки и что его качество соответствует положениям контракта.

- упаковочный лист. Он является дополнительным документом к счёту. В нём излагаются детали упаковки, согласованные покупателем и продавцом в аккредитиве (или контракте), с тем, чтобы иностранный покупатель мог провести таможенный осмотр и проверку товаров, когда товары при-

- 货名；
- 唛头；
- 指出装货港和卸货港；
- 托运人的名称（货物的卖方）；
- 注明签发的提单正本的数量及其编号；
- 件数和包装；
- 毛重，尺码；
- 收货人的名称（记名提单），或表明提单是由托运人或收货人的命令签发的（指示提单），或表明提单交给持有人（不记名提单）。

其他重要的单证有：
- 保险单。这是保险公司出具的一种文件。保险公司在该文件中承诺支付一定的费用，赔偿被保险人因合同中规定的风险和事故而引起的损失。

- 质量检验证书。它是出口商签署的文件，证明货物在装运前已经过检验，其质量同合同规定相符。

- 装箱单。它是发票的补充单据，它列明了信用证（或合同）中买卖双方约定的有关包装事宜的细节，便于国外买方在货物到达目的港时供海关检查和核对货物。

бывают в порт назначения.
- сертификат происхождения. Это сертификационный документ, который требуется для процедуры таможенного оформления импортируемой / экспортируемой промышленной продукции на территорию соответствующей страны. В зависимости от страны происхождения товара устанавливается ставка ввозной пошлины.

- 原产地证书。这是向有关国家进出口工业品办理海关手续时需要的证书。进口税率根据货物的原产国而定。

Часть II. Диалог. Экспортные документы на пуховые одеяла
第二部分 对话 出口羽绒被的单据

К: Это первый раз, когда наша компания экспортирует пуховые одеяла в Вашу компанию. Сообщите нам, пожалуйста, какие документы Вам нужны при расчёте в иностранной валюте?

中：这是我公司首次向贵公司出口羽绒被，请告知贵公司在结汇时需要哪些单据？

Р: Необходимыми документами для экспорта являются внешнеторговый договор купли-продажи, коммерческий счёт-фактура, морской коносамент, упаковочный лист и т.п.

俄：用于出口的必备单据有：对外贸易买卖合同、商业发票、海运提单、装箱单等。

К: У Вас есть какие-либо особые требования к экспортному коммерческому инвойсу?

中：对于出口商业发票贵公司有什么特殊要求吗？

Р: Как Вам известно, в международной коммерческой практике счёт-фактура – это документ, предоставляемый продавцом покупателю и содержащий перечень товаров и услуг, их количество и цену, по которой они поставлены покупателю,

俄：正如贵方知道的那样，发票，是在国际贸易实践中由卖方提供给买方的一种单据，内容包括商品和服务名录、数量和价格、商品外在特征（颜

формальные особенности товара (цвет, вес и т.д.), условия поставки и сведения об отправителе и получателе.

Выписка счёта-фактуры свидетельствует о том, что у покупателя появляется обязанность оплаты товара в соответствии с указанными условиями, а также о том, что товар отгружен согласно условиям поставки.

Всё, что нам нужно, вот эти регулярные данные.

К: Понятно. А каковы у Вас требования к морскому коносаменту, который мы должны предъявить?

Р: У нас нет особого требования к импорту пуховых одеял. Вашей стороне нужно предъявить прямой коносамент и ордерный коносамент.

К: Прямой, это понятно. Почему нужен ордерный?

Р: Ордерный коносамент – это оборотный документ, обеспечивающий доставку груза стороне, указываемой в графе со словами *to order*, посредством индоссамента – передаточной надписи на самом коносаменте.

К: О! Понятно. Скажите, пожалуйста, при импорте нам нужно ли предъявить сертификат происхождения?

Р: Нужно, конечно. Обычно сертификат происхождения товара нужен всем европейским странам.

К: Хорошо Спасибо. Какие документы нам ещё нужно подготовить для экспорта?

Р: Страховые документы. Страхование осуществляется

色、重量等）、交货条件以及发货人和收货人的信息。

出具商业发票表明买方有义务按照规定的条件支付货款，并且货物是按照交货条件发货的。

我们需要的也就是这些常规数据。

中：知道了。贵方对海运提单有什么要求吗？

俄：我们对于羽绒被的进口没有特殊的要求，贵方只需提供直达、指示提单即可。

中：直达，这个我们理解。但为什么要提供指示提单呢？

俄：指示提单是一种可转让单据，确保货物交付给表中所示的一方，在提单上需带有to order字样，并须经背书，也就是在提单上签字转让。

中：哦！知道了。请问，在出口时需要提供原产地证书吗？

俄：需要。一般来说，欧洲国家都需要商品原产地证书。

中：好的，谢谢。我们还有什么重要的单据需要准备吗？

俄：保险单证。在可以评估风险

в случаях, когда вероятность наступления рисков может оцениваться и существуют определённые финансовые гарантии компенсации ущерба со стороны страховщиков.

К: Какой метод расчёта Вы посоветуете принять в нашем сотрудничестве на этот раз?

Р: Мы предлагаем принять документы против платежа как метод платежей и расчёта. Этот метод не такой опасен для Вас. Мы также сэкономим расходы на открытие счёта по аккредитиву и не обязаны вносить банковский депозит. Расходы на D/P гораздо меньше, чем на аккредитив.

К: Хотя расходы на этот метод расчёта намного ниже расходов на открытие аккредитива, у нас всё ещё существует риск: продавец должен быть готов взять на себя риск того, что импортёр не произведёт оплату или не примет документы.

Р: Не беспокойтесь, пожалуйста, об этом. У нас высокая кредитоспособность. Ничего подобного не случится.

К: Раньше мы никогда не использовали такой метод расчёта. Учитывая тот факт, что это первая сделка с Вами, и сумма сделки не очень большая, может ли 30 % от суммы товара быть произведена авансом T/T, а остальные 70 % Вы заплатите нам при предъявлении коносамента по факсу?

Р: Мы узнали в Интернете и от наших других клиентов, что у Вашей компании очень хорошая кредитная репутация. Мы согласны с Вашим предложением.

发生概率的情况下提供保险，并且保险公司对于损害在资金上有一定的补偿担保。

中：这次和贵公司的合作，贵方建议采用什么样的结算方式呢？

俄：我们建议采用"付款交单"的付款方式。这种方式对贵方没有什么风险，我方也省去了开立信用证账户的手续费，不必预付银行押金。D/P 的费用要比信用证低很多。

中：这种方式固然比信用证费用低很多，但我方还是有风险：卖方必须准备承担进口商不付款或不接受单据的风险。

俄：请不用担心，我方资信一直非常好。不会发生诸如此类的事情。

中：这种方式我们从来没有尝试过。鉴于这是我们合作的首单业务，金额不是很大，可否采用 T/T 预付 30% 的货款，其余 70% 见提单传真件付款？

俄：我们在互联网上，还有从其他客户那里了解到贵公司的资信非常好。我们同意你们的提议。

К: Мы весьма Вам благодарны. Если возникнут какие-нибудь проблемы в процессе экспорта, мы свяжемся с Вами.

Р: Нет вопросов. Всё это для того, чтобы добились успеха в нашем сотрудничестве.

中：非常感谢。如果在出口过程中出现问题，我们会和贵方联系。

俄：没问题。一切都是为了我们合作成功。

Часть III. Общая информация
第三部分　知识点

I. Запомните следующие словосочетания.（记住下列词组。）

1) 结汇 валютные расчёты

2) 商业发票 коммерческий счёт-фактура

3) 海运提单 морской коносамент

4) 空运单 авиагрузовая накладная

5) 海关手续 таможенное оформление

6) 跟单信用证 документальный аккредитив

7) 保险证明 страховой сертификат

8) 商检证书 инспекционный сертификат

9) 装运通知 извещение о готовности товара к отгрузке

10) 发货单据 отгрузочные документы

11) 交接货物 передача товаров

12) 索赔 предъявление претензий

13) 出票日期 дата выдачи (документа)

14) 件数 число мест

15) 卖方签字 подпись продавца

16) 提单持有人 держатель коносамента

17) 装货港 порт погрузки

18) 卸货港 порт разгрузки

19) 质检证书 сертификат контроля качества

20) 信用证账户 счёт по аккредитиву

II. Запомните следующие выражения. (记住下列表述。)

1) Мы хотим получить товар несколькими партиями. 我们希望分批接收货物。

2) Мы обычно поставляем товар на условиях СИФ. Мы гарантируем страхование и фрахт товаров. 我们通常以CIF价格发货。我们购买货物的保险，并缴纳运费。

3) Товар будет поставлен вовремя. 货物将按时交付。

4) Прошу Вас подготовить письменное заявление с указанием наименования груза, номера и даты коносамента, способа отправки груза, пункта отправления, страховой суммы груза и условий страхования. 请您准备一份书面申请，注明货物名称、提单的编号和日期、货物的运输方式、装运地、货物的保险金额以及保险条件。

5) Желательно получить товар месяц спустя после подписания контракта. 希望在签订合同后的一个月收货。

6) Давайте начнём с вопроса фрахтования. 让我们从租船问题开始。

7) Теперь нам остаётся обсудить условия платежа. 现在我们得讨论一下支付条件了。

8) Передача документов покупателю только против платежа наличными или переводом – D/P (documents against payment). 仅在现金支付或汇款后方可将单据转让给买方—D/P(付款交单)。

9) Банк экспортёра направляет документы банку получателя. 出口商银行将单据送交收款人银行。

Часть IV. Упражнения
第四部分 练习

Упражнение 1. Переведите следующие словосочетания. (翻译下列词组。)

1) 报关
2) 海关发票
3) 提货

4) 保险单

5) 原产地证书

6) 随附商业票据

7) 结算货款

8) 货物单价

9) 物权凭证

10) 提单正本

11) 可转让单据

12) таможенная очистка

13) чартерный коносамент

14) документы против платежа (D/P)

15) страховая премия

16) пункт отправления

17) передаточная надпись

18) урегулирование претензий

19) вес нетто и брутто

20) право на владение и распоряжение грузом

21) упаковочный лист

22) импортные пошлины

Упражнение 2. Объясните следующие термины на русском языке. （用俄语解释下列术语。）

1) Коносамент

2) Сертификат происхождения

3) Упаковочный лист

4) Коммерческий счёт-фактура

Упражнение 3. Соотнесите нижеследующие словосочетания слева и справа. （连线下列左右两列词组。）

А. 质检证书	а. полное страхование
Б. 重量证书	б. авиационная накладная
В. 一切险	в. банковские гарантии
Г. 空运提单	г. весовой сертификат
Д. 银行担保	д. инкассовое поручение
Е. 托收单	е. сертификат качества

Упражнение 4. Прочитайте тексты и выполните задания. （读课文，完成任务。）

Текст 3
Таможенная декларация: функции и порядок оформления

Таможенная декларация – это документ, в котором содержится информация о перемещаемом через государственную границу товаре. Данный документ оформляется в соответствии с правилами, установленными тем или иным государством. Под товарами подразумеваются не только экспортируемая и импортируемая продукция, но и вещи, находящиеся в ручной клади или багаже пассажира, ценные предметы, валюта.

Таможенная декларация составляется на следующие виды товаров:

• товары, провозимые через таможенную границу;

• товары, попадающие под изменение таможенного режима;

• товары, являющиеся отходами, получившимися после применения таможенного режима переработки;

• другие товары.

Таможенная декларация – это письменное заявление, в котором содержится точная информация о грузе, применяемом к нему таможенном режиме и транспорте, на котором товар перевозится. Если речь идёт о частном лице, которое провозит через границу некий товар, то заполняется пассажирская документация по форме ТД-6. Организации – участники ТН ВЭД должны оформлять декларацию на товары (сокращённо ДТ). Если этот документ не составлен, то таможня не принимает груз на оформление и не пропускает его через границу. Информация о товаре, содержащаяся в ДТ, должна полностью соответствовать фактическим данным. Если таможня обнаруживает какие-либо несоответствия и ошибки в документации, то это влечёт за собой задержку оформления документов.

Таможенная декларация не просто подтверждает сведения о товаре, но и служит доказательством того, что экспортно-импортная операция разрешается специальными органами. Таможня ставит свои отметки, которые говорят о законности перемещения товара. Помимо перечисленных функций таможенная декларация выполняет ещё одну – является источником информации для статистики.

По двусторонним торговым соглашениям с Россией таможенная декларация является обязательной при провозе грузов через границы с 98 государствами. Декларант обязан выполнить следующие условия:

• предоставить оформленную в соответствии с государственными нормативами декларацию в таможенные органы;

• если этого потребует таможенный инспектор, предоставить для контроля как сам товар, так и транспортное средство, на котором он перевозится;

• оплатить таможенные платежи;

• содействовать таможенным работникам в ходе оформления.

Нужно отметить, что документация должна предоставляться декларантом в определённый срок, который равен сроку временного хранения (2 месяца и при необходимости плюс ещё 2 месяца). Этот документ состоит из четырёх подшитых листов по форме ТД1 и ТД2. Разумеется, при оформлении декларации не допускается никаких исправлений. Все данные, которые занесены в декларацию, заверяются печатью организации, декларирующей груз.

Таможенная служба осуществляет проверку правильности сведений и заполнения декларации, сверяет её с другими документами, поданными для правильного оформления груза. Вся информация, внесённая в таможенную декларацию, должна сопровождаться оригиналами или заверенными копиями подтверждающих документов. Если таможенная служба обнаруживает, что каких-то документов в комплекте с декларацией не хватает, то декларант обязан предоставить их в установленный срок.

Как видите, оформление документации требует обширных специальных знаний и некоторого практического опыта. Поэтому советуем обращаться в специализированные организации, сотрудники которых помогут в этом непростом деле.

Задание 1. Ответьте на следующие вопросы. （回答下列问题。）

1) Что такое таможенная декларация?

2) На какие виды товаров составляется таможенная декларация?

3) Какая информация содержится в таможенной декларации?

4) Какие функции выполняет таможенная декларация?

5) Какая обязанность у декларанта?

6) Какую задачу выполняет таможенная служба?

Задание 2. Расшифруйте следующие аббревиатуры, и переведите их на китайский язык. （解释下列缩略词，并将它们翻译成中文。）

1) ТД

2) ДТ

3) ТН ВЭД

Текст 2
Пуховые одеяла: виды пуха, что лучше, как выбрать

Пуховые одеяла - это классика домашнего уюта и комфортного сна. Не удивительно, ведь их согревающие способности до сих пор остаются вне конкуренции. Мягкое и при этом лёгкое одеяло, набитое пухом и обшитое шёлковой или хлопчатобумажной тканью, помогает согреться даже в самую суровую зимнюю стужу, но не все изделия из пуха одинаковы. Для того чтобы деньги, отданные за покупку, не оказались зря потраченными, перед выбором пухового одеяла нужно разобраться во всех его нюансах.

Пуховое одеяло отличается особой лёгкостью и повышенной гигроскопичностью.

Оно прекрасно сохраняет тепло. Но на характеристики принадлежности влияет соотношение пуха и перьев в составе (в процентах).

Существует две разновидности наполнителей:

Натуральные – к ним обычно относят пух-перо птиц (утки, гуся, гаги) и подшёрсток животных (верблюжий и козий пух).

Искусственные – в эту группу входит синтетический наполнитель «лебяжий пух».

Стоимость пухового одеяла напрямую зависит от качества исходного наполнителя. Сырьё добывают как с птицы, так и с живых животных. Именно от того, каким путём было добыто сырьё для наполнителя, зависит и конечный ценник на изделие.

В большинстве своём производители используют для изготовления пуховых одеял птичье оперенье. Сейчас большинство солидных предприятий отдаёт предпочтение сбору оперенья с живой птицы. Его могут собирать в период естественной линьки, так что птицы не страдают.

В производстве используют оперение утки, гуся и гаги. Самыми элитными считаются изделия из гагачьего оперенья. Этот вид птиц обитает в северных широтах, в холодном климате, так что их перьевой материал как ничто другое способен согревать даже в мороз. Изделия из утиного и гусиного пуха считаются более простыми и доступными по цене.

Перьевой материал, собранный с гуся, превосходит по весу гагачий. Выделяют три стандарта гусиного пуха:

• швейцарский (максимальные показатели объёма);

• европейский (высокий стандарт качества);

• мировой (обладает относительно небольшим объёмом и применяется для изготовления дешёвых изделий).

Существуют также постельные принадлежности, набитые верблюжьим и козьим пухом. У каждого вида сырья есть свои преимущества и недостатки.

Плюсы изделий из козьего подшёрстка:

• относительная лёгкость одеял (натуральный наполнитель придаёт пледам воздушность и невесомость);

• повышенная гигроскопичность (козий пух хорошо впитывает влагу, но при этом не изменяется в весе, так что постельные принадлежности будут оставаться сухими постоянно, даже в особенно жаркое время года);

• упругость изделий (натуральность материала помогает ему оставаться упругим, поэтому одеяла могут восстановить свой первоначальный объём даже после продолжительной эксплуатации и не сваляться со временем).

Но у козьего пуха есть и свои минусы:

• высокая теплоизоляция (это может быть как плюсом, так и минусом, всё зависит от того, на какое время года вы планируете приобрести изделие);

• требовательность к термической обработке и стирке (неверно выбранный режим стирки или неправильно подобранная температура воды могут сгубить ваше одеяло).

Последнее по списку, но не по важности сырьё – верблюжий пух. Многие путают этот материал с верблюжьей шерстью, но это два разных наполнителя. Пух получают при вычёсывании лёгкого и мягкого подшёрстка молодых верблюжат. Такой материал имеет полую фактуру, которая помогает сохранять фиксированную температуру тела.

Задание 3. Ответьте на следующие вопросы.（回答下列问题）

1) Как перевести словосочетание «пуховое одеяло» на китайский язык?
2) Объясните значение глагола «согреться» в этом тексте, напишите к ним синонимы.
3) Какие особенности имеются у пухового одеяла?
4) Чему нужно уделять внимание при выборе пухового одеяла?
5) Чем отличаются натуральные наполнители пухового одеяла?
6) Из чего делаются «элитные» одеяла?
7) Какие минусы у козьего пуха для производства одеял?

Упражнение 5. Составьте и разыграйте диалоги на тему «Экспорт кожаных курток из Китая в Россию». （编写并演练题目为 "向俄罗斯出口皮夹克" 的对话。）

Словарь

прилагáться [未] 附加上；运用，使用
пронизывать [未] 穿（珠串）；（成为主要的）贯穿（行动、工作、组织等）
инспекциóнный [形] 视察的，检查的
карантинный [形] 检疫的
охвáт [阳] 包围，抱住
чек [阳] 支票
счёт, -а; счетá及счёты [阳] <财> 账户；账目
счёт-фактýра [阳] 账单发票，发货账单
чáртерный [тэ] [形] 租用的，包租的（指飞机等）
перепродáть [完] 转售
пóлис [阳] 保险单
экспетиза [阴] 技术鉴定，检验
сопроводительный [形] 陪伴的；随同寄发的

пóшлина [阴] 税，关税，手续费
реквизит [阳] <法，财>（文据、票据等的）要素，要项，应填项目
выписка [阴] 订购；开具，出具
нéтто [нэ] [不变] （形及副）毛重
брýтто [不变] （形及副）净重
мéсто [中] 地点；（行李、货物的）件
держáтель [阳] （有价证券等）持有人，拥有者
нумерáция [阴] 编号
страхóвщик [阳] 承保人
причинить [完] 致使，引起；使遭受
страховáтель [阳] 投保人
граф [阳] 图形；图表
индоссамéнт [阳] 背书（转让票据时，持票人在票据背面的签名）

Урок 14
Заключение договора международной купли-продажи товаров

第十四课
签署国际货物买卖合同

Часть I. Заключение договора международной купли-продажи товаров

第一部分　签署国际货物买卖合同

Договор международной купли-продажи товаров (в дальнейшем именуется «Договор купли-продажи») относится к соглашению, заключённому между сторонами, коммерческие предприятия которых находятся в разных странах, в соответствии с которым одна сторона предоставляет товары и передаёт право собственности, а другая сторона оплачивает поставленные товары.

Договор купли-продажи тесно связан с тем, может ли торговля быть успешно завершена, и в то же время он может стать важным доказательством при разрешении соответствующих споров.

При заключении внешнеторгового контракта необходимо учитывать следующие пункты:

1. Выбор применимого права

Правильный выбор и использование соответствующих законов может позволить обеим сторонам минимизировать риски при заключении сделки и уточнить обязанности, права и интересы друг друга при исполнении договора.

Международной конвенцией, обычно используемой в международных торговых контрактах, является Конвенция ООН о договорах международной купли-продажи товаров (CISG). Данная Конвенция вступила в силу для Китая 1 января

国际货物买卖合同（以下简称"买卖合同"）是指营业地处于不同国家的当事人之间所订立的，由一方提供货物并转移所有权，另一方支付价款的协议。

国际货物买卖合同与贸易能否顺利完成有着密切的关系。同时，在解决相应的纠纷时，它是重要的证据。

签订外贸合同有如下注意事项：

1. 选择适用的法律

正确选择和使用适当的法律，可以使双方在达成交易时最大程度地降低风险，明晰彼此在合同执行过程中的责、权、利。

国际贸易合同常用的国际公约为《联合国国际货物销售合同公约》（《CISG公约》）。该公约分别于1988年1月1日在中国、1991年9月1日在俄罗斯生效。

1988 г. и для России 1 сентября 1991 г.

2. Право подписания договора

Договор является юридическим документом, имеющим юридическую силу, и поэтому обе стороны, подписавшие Договор, должны иметь право на его заключение. Иначе, даже если договор заключён, он является недействительным.

Как правило, на важных переговорах договоры подписываются председателями совета директоров или генеральными директорами обеих сторон, однако в ходе некоторых переговоров договор подписывается другими людьми, которые представляют официальную письменную доверенность на право заключения договора, выданное юридическим лицом, чтобы установить законный статус и полномочия обеих сторон для обеспечения законности и действительности договора.

3. Форма договора

В статье 11 Конвенции ООН о договорах международной купли-продажи товаров предусматривается следующее:

Не требуется, чтобы договор купли-продажи заключался или подтверждался в письменной форме или подчинялся иному требованию в отношении формы. Он может доказываться любыми средствами, включая свидетельские показания.

В соответствии с данной статьёй договор купли-продажи может быть заключён, подтверждён в письменной, устной или иной форме и не подлежит формальным ограничениям.

2. 签约权

合同是具有法律效力的法律文件，因此，签订合同的双方都必须有签约资格。否则，即使签订合同，它也是无效的。

通常，重要的谈判需要双方董事长或总经理签约。但在有的谈判中，签约人不是上述人员，这时，则应提交法人开具的正式书面授权书，这样，可以做到了解双方的合法身份和权限范围，以保证合同的合法性和有效性。

3. 合同形式

《联合国国际货物销售合同公约》第十一条规定：

销售合同无须以书面订立或书面证明，在形式方面也不受任何其他条件的限制。销售合同可以用包括人证在内的任何方法证明。

根据该条，国际货物买卖合同可以用书面、口头或其他方式订立、证明，不受形式方面的限制。

4. Языки договора

При заключении внешнего торгового договора очень важен выбор языка договора. Обычно внешнеторговый договор между КНР и РФ оформляется на двух языках.

В договоре должно быть чётко оговорено, вариант на каком языке является основным. Если иностранные бизнесмены настаивают на преобладании своего языка, то предприятия нашей страны должны тщательно проверять вариант на иностранном языке и своевременно общаться к зарубежной стороне для уточнения содержания соответствующих положений, чтобы не возникало противоречий из-за различий в понимании текста контракта.

5. Уточнение условий товаров

Основные условия товара в договоре включают в себя качество, количество, цену, страхование, способ платежа, условия для проведения инспекции товара и т.д., в частности, нужно обратить внимание на следующие пункты:

- наименование, ярлык и товарный знак, спецификацию и модель продукции;

- количество, единицу измерения и методы измерения поставок товаров;

- цену за единицу товара и сумму цен товаров, валюту расчёта, способ определения цены товара;

- условия отгрузки в соответствии с торговыми терминами с уделением особого внимания времени отгрузки, способу перевозки, месту поставки,

4. 签订合同所使用的语言

在签订外贸合同时，合同语言的选择非常重要。一般情况下，中俄两国的外贸合同用中俄文两种语言书就。

合同中应明确规定以哪一种语言版本为主。如果外商坚持以其语言为主，则我国企业必须认真核对外文版本，并且适时与外方进行沟通，以落实相关条款的确切内涵，以免因对合同文本理解不同而产生争议。

5. 明确货物条款

合同的主要货物条款包括品质、数量、价格、保险、支付方式、检验条款等，尤其要注意下列条款：

- 产品名称、品牌和商标、规格和型号；

- 交货数量、计量单位与计量方法；

- 货物单价和总金额、计价货币、商品的作价方法；

- 依照贸易术语来确定装运条款，其中主要注意装运时间、运输方式、装运地与目的地、装运方式；

месту назначения и способу отгрузки продукции;
- наименования, виды страхования, ставку страхового взноса и т.д.;
- сроки платежей и форму расчётов.

6. Электронный договор

Электронные договоры – это соглашения между сторонами в условиях сети, которые для достижения определённых целей чётко устанавливают взаимные обязательства посредством электронной почты и электронного обмена данными. В настоящее время в нашей стране существуют «Гунчжэн», «Фадада», «Е-цяньбао», «Циюэсо», «Юньхэтун» и другие электронные платформы для подписи и печати договора, чтобы предоставить пользователям комплексное обслуживание по сохранению, сбору и выдаче свидетельства.

В настоящее время благодаря распространению Интернета значительная часть переговоров и заключения международных торговых сделок проводится с помощью социального программного обеспечения и электронной почты. Но записи текстов разговора и электронную почту в социальных программах очень трудно использовать в качестве убедительных доказательств. Хотя электронная почта может быть сертифицирована нотариусом, поскольку она может быть изменена с помощью технологий в любое время, в любом месте и по своему усмотрению, нотариусы не всегда могут быть подлинными, но могут иметь место ситуации, когда подлинное сообщение не может быть

- 保险条款名称、投保险别、保险费率等；
- 付款时间和结算方式。

6. 电子合同

电子合同是指在网络条件下当事人之间为了实现一定目的，通过电子邮件和电子数据交换所明确相互义务关系的协议。目前我国有公正邮、法大大、e签宝、契约锁、云合同等电子签约及印章管理平台为用户提供邮件证据留存、取证以及出证的一站式服务。

如今，由于互联网的普及，众多国际贸易均通过公共社交软件和邮件进行谈判和签订合同。但社交软件的聊天记录和电子邮件很难成为有力证据。虽说电子邮件经过公证可以被采证，但因为邮件是可以通过技术随时、随地、任意改变内容的，因此公证人员公证的内容，未必就一定会真实，可能出现真实邮件却无法公证的状况，导致维权困难。

нотариально заверено, что затрудняет защиту прав.

Типовой закон об электронной торговле, принятый Комиссией ООН по праву международной торговли 16 декабря 1996 года, направлен на урегулирование правовых коллизий, возникающих в глобальной электронной торговле. В нём принята гибкая форма «типового закона», чтобы предоставить странам набор признанных в международной практике правовых норм. Данный закон является первым в мире единым регламентом электронной торговли.

1996年12月16日联合国国际贸易法委员会通过的《电子商务示范法》是为了解决全球电子商务所遇到的法律冲突，采取了灵活的"示范法"形式，向各国提供一套国际公认的法律规则。该法是世界上第一个电子商务的统一法规。

Часть II. Диалог. Заключение договора
第二部分　对话　签订合同

P: После долгих усилий сегодня мы окончательно проверим условия договора и сможем подписать его.

K: Да, верно. Когда подпишем договор, и мы сразу же начнём производство продукции и обязательно отправим Вам товар соответствующего договору качества и количества.

P: Мы также с нетерпением ожидаем товара, чтобы как можно скорее начать следующий этап коммерческой деятельности.

K: Хорошо. Тогда в целях предосторожности просим обе стороны предъявить лицензию и печать своей компании.

俄：经过这么长时间的努力，今天，我们对合同条款进行最后的检查，就可以签合同了。

中：是的。今天签了合同，我们就立刻开始产品的生产，一定保质保量地把货物发给你们。

俄：我们也期待着早日收到货物，以便尽早开展下一步的贸易活动。

中：好的。那么，慎重起见，现在就请双方出示公司的营业执照和印章。

Р: Без труда. Это лицензия и печать нашей компании. Проверьте подлинность, пожалуйста.

К: Это нашей компании. Проверьте, пожалуйста.

Р: Отлично! Никаких проблем нет ни с одной из сторон. У нас подпишет договор председатель совета директоров лично. Кто будет с Вашей стороны?

К: У нас будет подписывать договор директор нашего отдела. Это доверенность от гендиректора нашей компании на подписание договора.

Р: Пошлите нам, пожалуйста, доверенность вместе с договором при заключении контракта. Сейчас давайте обсудим некоторые вопросы в договоре.

К: Хорошо. У нас тоже некоторые вопросы к Вам. Просим Вас сначала высказать своё мнение.

Р: Мы отмечаем, что в договоре оговаривается, что этот договор использует письменную форму для определения прав и обязанностей друг друга, и мы полностью согласны с этим.

К: Да. Хотя Китай согласился выполнить договор в устной форме, всё-таки, письменная форма является наиболее чёткой и надёжной, что делает выполнение договора более беспрепятственным. Это контракт, который мы подготовили по протоколам совещаний обеих сторон. Он сделан в соответствии с образцом международного торгового контракта и характеристиками нашей сделки. Пожалуйста, проверяйте, есть ли что-то неуместное.

俄：没问题。这是我们公司的营业执照、印章。请验证。

中：这是我们公司的，请验证。

俄：很好。双方的都没有问题。我们是董事长签字，请问你们呢？

中：我们由部门经理签字，这是总经理的签字授权书。

俄：签约时，请将授权书和合同一起交给我们。那么我们现在就合同中的一些问题再商讨一下。

中：好的，我们也有一些问题要提出。请贵方先讲。

俄：我们注意合同中规定：本合同采用书面形式确定彼此的权益和责任，对此我们非常赞同。

中：是的。虽然我国同意口头等形式实施合同，但书面形式是最明晰、最稳妥的，它使合同的执行更为顺畅。
这是我们根据双方的会议纪要准备好的合同。它是按照国际贸易合同模板，结合我们此笔贸易的特点制作的。请看一看，有没有不合适的地方。

Р: Мы рассмотрели договор, и считаем, что лучше изменить условия поставки. Изначально мы выбрали поставку на условиях FOB INCOTERMS (2020), но недавно из-за внутренних изменений нашей судоходной компании возникают задержки судов, поэтому мы рекомендуем применить условие поставки CIF. Это Вас устраивает?

К: Нет проблем. В обычной ситуации, когда осуществляем сделки с иностранными клиентами, мы применяем CIF для поставки товаров и оформления страхования. Наши судоходные и страховые компании имеют большой опыт внешней торговли и пользуются хорошей репутацией.

Р: Так прекрасно! Расскажите, пожалуйста, о Ваших вопросах.

К: В первоначальном проекте договора указано: «Текст договора на русском языке имеет преимуществую юридическую силу в случае спора». Мы не согласны с этим. В нашей торговой практике во внешнеторговом контракте предусматривается нижеследующее: «Настоящий контракт составлен на русском и китайском языках в 2-х экземплярах, оба текста имеют одинаковую юридическую силу.»

Р: Согласны. Давайте сделаем по Вашему мнению. Варианты одного пункта договора на русском и китайском не совпадают: порт назначения в коносаменте на русском языке – Санкт-Петербург, но на китайском языке – Москва.

俄：我们看了，其中的货物交付条件需要做一下改变：最初我们所采用 INCOTERMS（2010）的 FOB 条款，但最近我们船公司内部变动，船只安排不顺畅，所以我们建议采用 CIF。贵方意下如何？

中：没有问题。一般同国外客户进行贸易，我们都是用 CIF 发运货物并签订保险合同。我们的船公司和保险公司都具有丰富的外贸经验，而且信誉非常好。

俄：那就太好了。现在请讲你们的问题。

中：原来合同草案中"如有争议，俄语文本具有较高的法律效力"。这点我们不同意。在我们的贸易实践中，对外贸易合同规定如下：本合同以中俄文书就，一式两份，中俄文本均具有同等法律效力。

俄：好的，就按你们的意见来。合同中有一点中俄文不相符：提单目的港俄文为圣彼得堡港口，中文为莫斯科。

К: Ах! Это наш недосмотр! Прошу прощения. Мы заменим Москву Санкт-Петербургом.

Р: Кроме того, во время предыдущих переговоров мы договорились о том, что товары будут поставлены в картонных коробках, которые состоят из 5 слоёв. Посмотрите, это запись разговора того времени. Однако в контракте оговорено, что товары будут упакованы в 3-слойный картон.

К: Ситуация такова: мы провели соответствующие эксперименты и обнаружили, что 3-слойный гофрированный картон может полностью защитить товар от повреждений. И бумага, поставляемая нами трехслойного гофрированного картона, качественна, и цена сопоставима с предыдущим 5-слойным гофрированным картоном.

Р: Так будет хорошо, если Вы можете убедиться, что товары не будут повреждены.

К: Есть ли у Вас другие вопросы к нам?

Р: Больше нет.

К: Учитывая, что мы обсудили все вопросы в договоре в Вэйсине, мы вышлем Вам отсканированную копию подписанного и заверенного печатью контракта на китайском и русском языках по электронной почте. Пожалуйста, если Вы согласитесь на все пункты договора, пошлите нам электронной почтой подписанный и заверенный печатью с указанием даты сканированный экземпляр договора завтра до 12

中：哦！这是我们的一个失误，对不起。我们现在就更正过来，把莫斯科改为圣彼得堡。

俄：另外，之前在谈判期间，我们商定包装为5层瓦楞纸箱包装。请看，这是当时的聊天记录，但合同中写的包装条款为3层瓦楞纸包装。

中：情况是这样的：我方进行过相应实验，发现3层瓦楞纸包装完全可以防护产品于破损。而且我们提供的这个3层瓦楞纸箱纸质非常好，价格和之前5层瓦楞纸箱的价格不相上下。

俄：贵方如能确保货物不会破损就行。

中：请问你们还有什么问题吗？

俄：我方没有了。

中：鉴于今天我们是在微信上探讨的合同中存在的问题，我方将整理好的、签字盖章后的纸质中俄文合同扫描件，通过电子邮件发给贵方，请贵方同意后在明天中午12点前将打印出来并签好字的、写明日期的、盖章的纸质合同扫描后用电子邮件发给我方，

часов дня. И в то же время отправьте нам через DHL-экспресс в адрес нашей компании оригинал договора.

Р: Мы полностью согласны с Вами. Это соответствует практике международной торговли, и обе стороны будут защищены законом.

К: Тогда договор вступит в силу со дня подписания и отправки по почте, то есть завтра.

Р: Знаменито!

同时将合同正本通过DHL发送至我方公司。

俄：我们完全同意。这样做非常符合国际贸易惯例，双方都会受到法律的保护。

中：那么，合同自贵方签字并发送邮件之日，也就是明天生效。

俄：太好了！

Часть III. Общая информация
第三部分 知识点

I. Запомните следующие словосочетания.（记住下列词组。）

1) 适用的法律 применимое право
2) 《联合国国际货物销售合同公约》(《CISG公约》) Конвенция ООН о договорах международной купли-продажи товаров (CISG)
3) 所有权 право собственности
4) 签约权 право подписания договора
5) 签约人 человек, подписывающий договор / сторона в договоре
6) 检验条款 условия для проведения инспекции товара
7) 规格型号 спецификация и артикул / модель спецификации
8) 投保险别 виды страхования
9) 《电子商务示范法》 Типовой закон об электронной торговле
10) 会议纪要 протокол совещания
11) 合同正本 оригинал договора

II. Запомните следующие выражения.（记住下列表述。）

1) Я подготовил проект контракта с фирмой «Чудо» и все необходимые документы. 我已经准备了一份与"奇迹"公司的合同草案和所有必要的文件。

2) Подготовьте нам всю необходимую документацию. 请给我们准备所有必要的文件。

3) В проекте контракта отражены условия сделки, которые мы обсудили на предварительных переговорах. 合同草案反映了我们在初步谈判中讨论的交易条款。

4) В контракте указаны наименование и количество поставляемого товара, цена, место и сроки поставки, условия и порядок платежа, транспортные условия, юридические адреса сторон. 合同规定了所交付货物的名称和数量、价格、交货地点和条款、付款条件、运输条件、当事人的法定地址。

5) В контракте нужно указать номер контракта, место и дату заключения контракта, поставить подписи Продавца и Покупателя. 合同中需要注明合同号、订立合同的地点和日期，并交由买卖双方签字。

6) Считаю, что Вы нарушили контракт. 我认为您违反了合同。

7) В проекте контракта нет предложений, о которых мы говорили на прошлой встрече. 合同草案没有包含我们在上次会议上提到的建议。

8) В проект контракта Вы внесли изменения, с которыми мы не согласны. 您对合同草案所做的修改，我们不同意。

Задание 3. Прочитайте следующий материал и узнайте, в чём разница между «договором» и «контрактом». （阅读以下材料，了解"договор"和"контракт"之间的区别。）

Очень часто даже квалифицированные специалисты не понимают различий между договором и контрактом. Эти два понятия очень похожи по своей сути, но существенно отличаются с правовой точки зрения.

В первую очередь, слово «договор» имеет русское происхождение. Его можно определять, как документ, который подтверждает взаимные обязательства двух или нескольких сторон. Договор может быть как устным, так и письменным.

«Контракт» же слово латинского происхождения, которое можно перевести, как «сделка». Такой документ может быть создан только в письменном виде. В тексте контракта должны быть чётко прописаны все обязательства сторон, которые принимают участие в определённом деле.

Составление договора включает в себя требования к соответствующему оформлению, корректному составу сторон и другим аспектам. Заключая договор, все стороны должны найти взаимопонимание, так как этот документ направлен именно на удовлетворение целей каждого участника процесса.

Договор имеет несколько особенностей:

• участие в подписании договора могут брать двое больше сторон;

• правоотношения регулируются на основании законов РФ;

• можно составлять как в письменной , так и в устной форме;

• сторонами договора могут быть любые субъекты;

• в тексте должны быть прописаны все условия обязательств;

• договор может, как устанавливать, так и продолжать и оканчивать правовые отношения между странами.

Такой перечень не может считаться полным, так как договорные взаимоотношения всё время обновляются, получают все новые и новые обличия.

Особенно чётко видны различия между договором и контрактом в свободе договора, так как его составление не имеет таких узких рамок, какие присутствуют у контракта.

Римское право определяет «контракт», как полный синоним слов «договор» и «соглашения». Но в пределах правового поля Российской Федерации принято различать эти понятия.

Контракт регулирует отношения между государственными структурами и гражданами РФ, придерживаясь норм действующего законодательства.

Контракт имеет несколько особенностей:

• одной из сторон всегда выступают государственные или муниципальные органы;

• действует на определённый срок;

• имеет право его расторгать только одна из сторон (в трудовом законодательстве – работодатель. в гражданском – заказчик, органы власти);

• заключается только в письменном виде (иначе является недействительным);

• если после разрыва контракта одна из сторон становится пострадавшей, то ей положена компенсация.

Сегодня юристы РФ считают контракт специфической формой договора, в которой прописан особый субъектный состав сторон и обязательно должен быть выполнен в письменном виде. На основании этого можно сделать вывод, что договор – это понятие более широкое, контракт же имеет узкое значение.

Часть IV. Упражнения
第四部分　练习

Упражнение 1. Объясните следующие термины на русском языке. （用俄语解释下列术语。）

1) Договор международной купли-продажи товаров

2) Конвенция ООН о договорах международной купли-продажи товаров (CISG)

3) Электронный договор

4) Типовой закон об электронной торговле

Упражнение 2. Переведите следующие словосочетания. （翻译下列词组。）

1) 国际货物买卖合同

2) 生效

3) 商标

4) 计量单位

5) 船公司

6) 保险费率

7) обязанности, права и интересы

8) отсканированная копия договора

9) доверенность на право заключения договора

10) способ определения цены товара

11) из предосторожности

12) председатель совета директоров

Упражнение 3. Прочитайте тексты и выполните задания.（读课文，完成任务。）

Текст 1

Конвенция Организации Объединённых Наций о договорах международной купли-продажи товаров (Венская конвенция о международных договорах купли-продажи товаров), Конвенция от 11 апреля 1980 года (отрывки)

... считая, что развитие международной торговли на основе равенства и взаимной выгоды является важным элементом в деле содействия развитию дружественных отношений между государствами,

полагая, что принятие единообразных норм, регулирующих договоры международной купли-продажи товаров и учитывающих различные общественные, экономические и правовые системы, будет способствовать устранению правовых барьеров в международной торговле и содействовать развитию международной торговли,

СОГЛАСИЛИСЬ О НИЖЕСЛЕДУЮЩЕМ:

Статья 1

1) Настоящая Конвенция применяется к договорам купли-продажи товаров между сторонами, коммерческие предприятия которых находятся в разных государствах:

а) когда эти государства являются Договаривающимися государствами; или

б) когда, согласно нормам международного частного права, применимо право Договаривающегося государства.

3) Ни национальная принадлежность сторон, ни их гражданский или торговый статус, ни гражданский или торговый характер договора не принимаются во внимание

при определении применимости настоящей Конвенции.

......

Статья 11

Не требуется, чтобы договор купли-продажи заключался или подтверждался в письменной форме или подчинялся иному требованию в отношении формы. Он может доказываться любыми средствами, включая свидетельские показания.

......

Статья 13

Для целей настоящей Конвенции под «письменной формой» понимаются также сообщения по телеграфу и телетайпу.

Статья 14

1) Предложение о заключении договора, адресованное одному или нескольким конкретным лицам, является офертой, если оно достаточно определенно и выражает намерение оферента считать себя связанным в случае акцепта. Предложение является достаточно определённым, если в нём обозначен товар и прямо или косвенно устанавливаются количество и цена либо предусматривается порядок их определения.

Статья 15

1) Оферта вступает в силу, когда она получена адресатом оферты.

2) Оферта, даже когда она является безотзывной, может быть отменена оферентом, если сообщение об отмене получено адресатом оферты раньше, чем сама оферта, или одновременно с ней.

Статья 16

1) Пока договор не заключен, оферта может быть отозвана оферентом, если сообщение об отзыве будет получено адресатом оферты до отправки им акцепта.

2) Однако оферта не может быть отозвана:

а) если в оферте указывается путём установления определённого срока для акцепта или иным образом, что она является безотзывной; или

б) если для адресата оферты было разумным рассматривать оферту как безотзывную и адресат оферты действовал соответственно.

Статья 17

Оферта, даже когда она является безотзывной, утрачивает силу по получении оферентом сообщения об отклонении оферты.

......

Статья 19

1) Ответ на оферту, который имеет целью служить акцептом, но содержит дополнения, ограничения или иные изменения, является отклонением оферты и представляет собой встречную оферту.

2) Однако ответ на оферту, который имеет целью служить акцептом, не содержит дополнительные или отличные условия, не меняющие существенно условий оферты, является акцептом, если только оферент без неоправданной задержки не возразит устно против этих расхождений или не направит уведомления об этом. Если он этого не сделает, то условиями договора будут являться условия оферты с изменениями, содержащимися в акцепте.

3) Дополнительные или отличные условия в отношении, среди прочего, цены, платежа, качества и количества товара, места и срока поставки, объёма ответственности одной из сторон перед другой или разрешения споров считаются существенно изменяющими условия оферты.

......

Статья 33

Продавец должен поставить товар:

а) если договор устанавливает или позволяет определить дату поставки – в эту дату;

б) если договор устанавливает или позволяет определить период времени для поставки – в любой момент в пределах этого периода, поскольку из обстоятельств не следует что дата поставки назначается покупателем; или

в) в любом другом случае – в разумный срок после заключения договора.

Задание 1. Ответьте на следующие вопросы. (回答下列问题。)

1) Какую роль должна иметь Венская конвенция 1980?

2) Что в данной конвенции понимается под «письменной формой»?

3) Что такое оферта?

4) Как отменить оферту?

5) В течение какого времени продавец должен поставить покупателю товар?

Текст 2
ДОГОВОР МЕЖДУНАРОДНОЙ КУПЛИ-ПРОДАЖИ ТОВАРОВ (отрывки)

г. _____ "_____" _____ 20 _____ г.

_____,
(указать наименование стороны)

являющейся юридическим лицом по законодательству _____

(указать государство)

(в дальнейшем именуется «Продавец»), в лице _____,

(указать должность, фамилия, имя, отчество)

действующего на основании _____,

(указать: устава, доверенности, положение и т.п.)

с одной стороны, и _____,

(указать наименование стороны)

являющейся юридическим лицом по законодательством Российской Федерации (в дальнейшем именуется «Покупатель»), в лице _____,

(указать должность, фамилия, имя, отчество)

действующего на основании _____,

(указать: устава, доверенности, положение и т.п.)

с другой стороны, (в дальнейшем вместе именуются «Стороны», а каждая отдельно – «Сторона») заключили этот Договор международной купли-продажи товаров (в дальнейшем именуется «Договор») о нижеследующем.

1. ОБЩИЕ ПОЛОЖЕНИЯ

1.1. В порядке и на условиях, определённых настоящим Договором, Продавец обязуется передать в собственность Покупателю, а Покупатель обязуется принять в собственность от Продавца на условиях CIP _____ (согласно Правилам IНКОТЕРМС в редакции 2020 г.) товары (в дальнейшем именуются «товары») соответственно спецификациям (в дальнейшем именуются «спецификации»), которые являются приложениями к настоящему Договору.

1.2. Каждая из Сторон гарантирует, что на момент заключения настоящего Договора она не ограничена законом, другим нормативными или правоприменительными актами, судебным решением или другим, предусмотренным соответствующим действующим законодательством, способом в своём праве заключать настоящий Договор и выполнять все условия, определённые в нём.

1.3. ① <u>Продавец и Покупатель соответственно подтверждают, что заключение настоящего Договора и выполнение предусмотренных им условий для Продавца и Покупателя не противоречит нормам действующего в Российской Федерации законодательства, а для Продавца также – нормам законодательства страны места нахождения последнего, в соответствии с которыми осуществляется хозяйственная или другая деятельность Сторон, а также соответственно подтверждают то, что заключение настоящего Договора и выполнение предусмотренных им условий не противоречит целям деятельности Сторон, положением их учредительных документов или других локальных актов Сторон.</u>

1.4. Страхование товаров осуществляется Продавцом в порядке, сроки и на условиях, предусмотренных приложением № _____ к настоящему Договору.

1.5. Местом передачи товаров Продавцом соответствующему перевозчику есть: _____ .

1.6. Местом получения товаров Покупателем от перевозчика есть: _____ .

1.7. Сроки совершения предусмотренных пп. 1.5 и 1.6 настоящего Договора действий предусмотренные в соответствующих спецификациях.

1.8. Вид транспорта, который применяется для перевозки товаров от Продавца Покупателю: _____ .

1.9. Сторонами согласован следующий порядок таможенного оформления товаров, распределение взаимных обязанностей относительно обеспечения такого оформления: _____ .

1.10. О выполнении предусмотренной п. 1.5 действия Продавец должен сообщить Покупателя в срок _____ путём _____.

1.11. Перечень товаросопроводительных документов, порядок и сроки их передачи одной Стороной другой определены в приложении № _____ к настоящему Договору.

2. ЦЕНА ТОВАРОВ И ОБЩАЯ СУММА ДОГОВОРА

2.1. Цены на товары определяются в долларах США (USD) с учётом условий CIP _____.

2.2. Общая сумма Договора устанавливается соответственно спецификациям и представляет _____ (_____) долларов США.

3. СРОКИ И ДАТА ПОСТАВКИ

3.1. ② Товары должны передаваться Покупателю в сроки, указанные в спецификациях. Датой отгрузки считается дата штемпеля в _____ накладной. Датой поставки товара является дата прибытия товара в адрес Покупателя. Товары поставляются раньше времени согласованными партиями.

4. КАЧЕСТВО ТОВАРОВ

4.1. Качество товаров должна отвечать требованиям, указанным в спецификациях, и согласованным Покупателем и Продавцом стандартам и техническим условиям и подтверждаться сертификатами качества, выданными компетентными органами и заводом-изготовителем.

5. УПАКОВКА И МАРКИРОВАНИЕ

5.1. ③ Упаковка, в которой отгружаются товары, должна обеспечивать при условии надлежащего обращения целостность товаров при транспортировке. На каждое место Продавцом наносится следующая маркировка: наименование Продавца, номер Договора, номер места, вес брутто и нетто, номер серии и другие реквизиты, заранее сообщенные Покупателем Продавцу.

6. УСЛОВИЯ ОПЛАТЫ

6.1. ④ Платежи за товары, должны быть осуществленные в долларах США с безотзывного документарного аккредитива, открытого по доверенности Покупателя в пользу Продавца банком–корреспондентом Уполномоченного банка и авизованного через Уполномоченный банк.

6.1.1. Уполномоченным банком является _____.

6.2. Если аккредитив будет открыт банком, который не является корреспондентом Уполномоченного банка, Покупатель обязуется обеспечить подтверждение аккредитива банком-корреспондентом Уполномоченного банка.

6.3. Аккредитив, который приоткрывается соответственно настоящему Договору, подчиняется Унифицированным правилам и обычаям для документарных аккредитивов в редакции 1993 года, опубликованным Международной торговой палатой за N 500.

6.4. Аккредитив должен быть открыт на протяжении/не позднее _____ дней от даты сообщения Продавцом о том, что товар подготовлен к отгрузке, сроком действия к _____, на общую сумму Договора.

6.5. ⑤ Если по вине Покупателя или его банка открытия аккредитива будет задержано, Продавец имеет право отказать в отгрузке товара или этот расторгнуть Договор путём _____ в срок _____.

6.6. Платежи за аккредитивом будут осуществляться в Уполномоченном банке против представления Продавцом следующих документов:

_____;

_____;

_____;

_____;

_____.

6.7. Документы должны быть представлены Продавцом в Уполномоченный банк не позднее/на протяжении _____ дней от даты отгрузки товара.

6.8. Все расходы, связанные с открытием, авизованием, подтверждением, продлением срока, изменением условий и выполнением аккредитиву, платит Покупатель.

6.9. Если условия открытого аккредитива не будут отвечать условиям настоящего Договора, Покупатель за свой счёт по доверенности Продавца должен обеспечить внесение необходимых изменений в условия аккредитива в срок _____.

7. ПЕРЕДАЧА И ПРИЁМ ТОВАРОВ

7.1. Порядок, сроки и условия приёма и передача товаров по этому Договору предусмотрены в приложении № _____ к настоящему Договору.

Задание 2. Переведите подчёркнутые предложения в контракте на китайский язык.（将上文合同中带有下划线的句子翻译为中文。）

Упражнение 4. Составьте и разыграйте диалоги на тему «Подписание "Контракта на экспорт цветных телевизоров в Россию"».（编写并演练题目为"签署'向俄罗斯出口彩电'的合同"的对话。）

Словарь

именоваться [未] <文语> 叫做，名为
применимый [形] 可以应用的，适用的，有用的
право [中] (单) 法，法制；法学；权利；(复) 许可证，证书
конвенция [阴] 条约，公约
иначе [对别连接词] <口语> 否则，要不然
полномочие [中] 权利，全权
вышеупомянутый [形] 上面提到的，上述的
действительность [阴] 效力，功效
коллизия [阴] 冲突，矛盾
регламент [阳] <旧> 章程，规则，条例
предосторожность [阴] 预防，防备；谨慎，小心
беспрепятственный [形] 无阻碍的，通畅的
протокол [阳] 记录，笔录；<外交> 议定书
неуместный [形] 不得当的，不合时宜的
судоходный [形] 通航的，能行船的
недосмотр [阳] 注意不够，照顾不周；疏忽大意，漏阅，失察
сопоставимый [形] 可比的；可以相提并论的
отсканированный [形] 扫描的
заверенный [形] 证明的，签认的，验证的
экспресс [阳] 特别快车；快船；特快公共汽车；快递邮件
оригинал [阳] 原件，原稿，原本

Урок 15
Исполнение договора на экспорт товара. Импорт аппаратуры

第十五课
商品出口合同的履行·进口仪器

Исполнение договора купли-продажи

Количество является существенным условием и определяется в единицах измерения или в денежном выражении (ст. 465, 466 ГК РФ).

Возможно 2 нарушения условия о количестве

- Передача товара в большем количестве
- Передача товара в меньшем количестве

Часть I. Исполнение договора на экспорт товара
第一部分　商品出口合同的履行

Исполнение договора – это действия сторон договоров по реализации содержания контракта. Договоры, заключённые в соответствии с законом, имеют обязательную юридическую силу. Покупатель и продавец должны исполнять обязательства, предусмотренные в договоре, и ни одна из сторон не может изменить или расторгнуть договор без согласия сторон.

Исполнение экспортного договора является последним звеном всей экспортной работы. Он относится ко всему процессу исполнения поставки товара в соответствии с положениями контракта и других задач до тех пор, пока платёж за товар не будет взыскан.

Существует множество звеньев в реализации экспортных договоров, охватывающих широкий спектр областей, строгую своевременность, сравнительно сложные процедуры, большее влияние и выделяющихся технической и содержательной характеристиками.

В реализации экспортных договоров существует пять основных звеньев: подготовка грузов, напоминание об открытии аккредитива, его проверка и изменение, фрахтование, оформление документов и расчёт в иностранной валюте.

- Подготовка товара

合同的履行是合同当事人实现合同内容的行为。依法订立的合同，具有法律约束力。买卖双方应当履行合同中规定的义务，任何一方不得擅自变更或者解除合同。

出口合同履行工作是整个出口工作的最后一个环节。它是指出口人按照合同的规定履行交货等一系列任务，直至收回货款的整个过程。

出口合同履行工作环节多，涉及面广，时间性强，手续较复杂，影响较大，技术性和知识性较为突出。

出口合同履行工作主要有五大环节：备货、催证、审证、改证、租船订舱和制单结汇。

- 备货

Подготовка товара – это подготовка товаров к своевременной доставке, соответствующих качеству и количеству положениям экспортного договора или аккредитива для обеспечения своевременной отгрузки. В этот период нужно обращать внимание на то, соответствует ли следующая информация товаров договору купли-продажи:

1) качество товара;
2) количество товара;
3) упаковка товара;
4) маркировка товара.

• Заявление на инспекцию товара

«Закон КНР об инспекции импортных и экспортных товаров» (2018) предусматривает: органы по инспекции импортных и экспортных товаров, созданные Государственным органом по инспекции товаров в различных регионах, осуществляют инспекцию импортных и экспортных товаров в регионах, находящихся под их юрисдикцией. Инспекция импортных и экспортных товаров, перечисленных в Каталоге, должна проводиться органами инспекции товаров.

Грузоотправитель или его агент экспортных товаров, которые должны быть проверены органами товарной инспекции, должен подать заявление на инспекцию в органы по инспекции товаров в местах и в сроки, указанные этими органами.

Проверка товара включает в себя качество, вес, количество и упаковку товара.

备货是指根据出口合同或信用证的规定，按时、按质、按量准备好应交付的货物，以保证按时出运。其间需要注意下列货物情况是否与购销合同相符：

1) 货物品质；
2) 货物数量；
3) 货物包装；
4) 货物的唛头。

• 报验

《中华人民共和国进出口商品检验法》(2018)规定：国家商检部门设在各地的进出口商品检验机构管理所辖地区进出口商品检验工作。列入目录的进出口商品，由商检机构实施检验。

必须经商检机构检验的出口商品的发货人或者其代理人，应当在商检机构规定的地点和期限内，向商检机构报验。

商品检验内容包括商品质量、重量、数量和包装。

- Напоминание об открытии аккредитива

  Напоминание об открытии аккредитива означает, что в случае, если импортёр не направит аккредитив в срок, предусмотренный в договоре, или если экспортёр в зависимости от источника и обстоятельств перевозки может отгрузить товар заранее, он напомнит импортёру незамедлительно открыть аккредитив письмом, телеграммой или другими средствами.

- Проверка аккредитива

  Под проверкой аккредитива понимается всесторонняя проверка содержания аккредитива, выданного через банк иностранным импортёром, чтобы определить возможность принятия аккредитива или необходимость внесения изменений.

- Фрахтование, страхование, таможенное декларирование и отгрузка товара

  Если Инкотермс включает содержание фрахтования, экспортёр должен в кратчайшие сроки оформить фрахтование, страхование, таможенное декларирование и отгрузку товара. После отгрузки товара в течение указанного в аккредитиве времени покупателю должно быть направлено уведомление об отгрузке в соответствии с содержанием аккредитива.

- Оформление документов

  После отгрузки товара предприятие-экспортёр должно незамедлительно оформить документы в соответствии с условиями аккредитива. При оформлении документов должны быть согласован-

- 催证

  催证是指当进口人未按合同规定时间开来信用证或出口人根据货源和运输情况可能提前装运时，通过信函、电报或其他方式催促进口人迅速开出信用证。

- 审证

  审证是指对国外进口人通过银行开来的信用证内容进行全面审查，以确定是否接受或需要做哪些修改。

- 租船订舱、投保、报关和装运

  如贸易术语中包含有租船订舱内容，出口人要尽快办理租船订舱、投保、报关和装运等工作。装船后，应在信用证规定的时间内，按信用证规定的内容向买方发出装船通知。

- 缮制单据

  货物装运后，出口企业应立即按照信用证的规定，正确缮制单据。在缮制单据时应做到单单一致（单据与单据）、单证一致

ными документы товара (документы и аккредитив (документ и аккредитив), документы и товары (документ и товар), документы и контракт.

• Учёт и списание экспортных поступлений

Учёт и списание экспортных поступлений осуществляется в целях предотвращения вывоза иностранной валюты. Государственным управлением по валютному контролю КНР издано соответствующее постановление, требующее, чтобы все экспортные организации, действующие в стране, экспортируя товары за границу, проходили процедуру учёта и списания экспортных поступлений.

• Возврат налогов за экспорт

Возврат налогов за экспорт – возврат в международные торговые операции товаров, ввозимых на таможенную территорию нашей страны, НДС и акциза, уплаченных в соответствии с налоговым законодательством по всем производственным цепочкам и цепочкам товарооборота.

Возврат налогов за экспорт способствует повышению конкурентоспособности национальных товаров на международных рынках и используется всеми странами мира.

（单据与信用证）（单据与货物）、单据与合同一致。

• 出口收汇核销

出口收汇核销是为了防止外汇外流。国家外汇管理局颁布了相应法规，要求境内出口单位向境外出口货物时，均应办理出口收汇核销手续。

• 出口退税

出口退税是指在国际贸易业务中，对我国报关出口的货物退还在国内各生产环节和流转环节按税法规定缴纳的增值税和消费税，即出口环节免税且退还以前纳税环节的已纳税款。

出口退税有利于增强本国商品在国际市场上的竞争力，为世界各国所采用。

Часть II. Диалог. Импорт аппаратуры
(Д – начальник отдела Ван Сяочэнь, С – коммерческий сотрудник проекта импортной аппаратуры)

第二部分 对话 进口仪器
（经——部门经理王晓晨，员——进口仪器项目业务员）

Д: Вы получили проект контракта от продавца?

经：卖方的合同草案收到了吗？

С: Ван Сяочэнь, какой это контракт?

员：王经理，是哪份合同？

Д: Контракт на импорт комплекта жидкостного хроматографа из России.

经：我们从俄罗斯进口一套色谱仪的合同。

С: Только что получил.

员：刚收到。

Д: Прекрасно! Проверьте проект договора, составленный российской стороной на основе протоколов собраний между двумя сторонами, обмена электронной почтой и содержания Вэйсиня.

经：非常好！根据双方谈判的会议纪要、邮件往来和微信内容检查俄方的合同草案。

С: Ван Сяочэнь, я проверил проект контракта и заметил, что там существует два пункта, не совпадающих со вторым протоколом собрания: один – это дата доставки, а другой – упаковка товара. Дата доставки указывается во втором протоколе собрания: 28-ое число этого месяца, но срок поставки, указанный в контракте, – 5-ое число следующего месяца. Упаковка товаров изначально была намечена «в деревянные ящики», но в контракте указаны картонные коробки.

员：王经理，我检查了一下，发现这份合同的主要条款中有和我们第二次会议纪要不同的内容，主要有两点：一是交货期，二是货物包装。关于交货期，第二次会议纪要中记录的是本月28号，但合同中写的交货时间是下月5号。货物包装，原来是木箱包装，但在合同中写的是纸箱包装。

Д: Свяжитесь с сотрудником российской стороны. В принципе, это неважно, что доставка осуществляется с опозданием на неделю. Но лучше всего

经：你和对方的业务员沟通一下，原则上来讲，交货期晚了一个星期，不是太大的事情，

нам получить товар 28-го числа. Что касается упаковки, мы настаиваем на упаковке товара в деревянные ящики, потому что аппарат тяжёлый и дорогой, товару требуется надёжная защита.

....

С: Ван Сяочэнь, я общался с российской стороной. Причина, по которой срок доставки отложен на неделю, заключается в том, что время, назначенное Российской авиатранспортной компанией, будет отложено, и нам забыли сообщить об этом. Они согласились упаковать товар в деревянные ящики.

Д: Великолепно! Я проверю договор. Если не будет никаких изменений и добавлений условий договора, наш гендиректор подпишет контракт и заверит печатью.

....

Это контракт, который уже был подписан нашим гендиректором, заверен печатью нашей компании. Вы можете отправить его нашему клиенту на сверку.

....

С: Ван Сяочэнь, наш клиент уже подтвердил договор.

Д: Отлично! Согласно требованиям контракта, нам надо поручить нашему банку оформить безотзывный аккредитив.

С: Российская сторона уже торопит нас с открытием аккредитива. Сегодня утром из банка поступило извещение о том, что безотзывный аккредитив уже открыт.

但能在28日收到货最好。至于包装，我方坚持木箱包装，因为仪器比较重，而且价格高昂，所以包装需要可靠的防护。

....

业：王经理，和对方沟通过了。交货期之所以晚一个星期是因为俄罗斯航空运输公司那里安排的时间会向后延迟，他们忘记和我们说明这点了。外包装他们同意还是用木箱包装。

经：很好！我看一下合同，如果条款没有变化和添加，我们总经理就可以签字、盖章了。

....

这是我们总经理已经签过字并加盖公章的合同，您发给客户，让他们审阅。

....

员：王经理，客户已经确认了合同。

经：非常好！根据合同要求，我们应授权我方银行开立不可撤销信用证。

员：对方已经催过开证。今天上午收到银行通知，不可撤销信用证已开立。

Д: Оповестите, пожалуйста, клиента, чтобы организовал подготовку товара в соответствии с требованиями аккредитива.

经：请通知客户按信用证要求安排备货。

С: Ван Сяочэнь, мы получили от клиента уведомление об отгрузке для авиаперевозки согласно требованиям аккредитива.

员：王经理，已收到客户在信用证项下的空运装运通知。

Д: Да. Сообщите, пожалуйста, клиенту о необходимости предоставления соответствующих документов в соответствии с требованиями аккредитива. Учитывая, что время авиадоставки относительно быстрое, заранее оформите таможенную декларацию на импорт и одновременно уточните у банка, выдавшего аккредитив, соответствует ли требованиям комплект документов, представленных клиентом.

经：好的。请通知客户按信用证要求提交相关单据文件。考虑到空运到货时间较快，请提前办理进口报关手续，同时和开证银行核对：客户提交的全套单据是否和信用证保持单证一致。

С: Ван Сяочэнь, хроматограф по договору на импорт прибыл на таможню аэропорта. Я подготовил полный набор документов по таможенной очистке в соответствии с процедурой таможенного декларирования. Прошу Вас всё это рассмотреть.

员：王经理，进口合同项下的色谱仪已到达机场海关，我已按照海关进口报关流程准备好全套清关单据，请您审核。

Д: Раз документы уже полностью готовы, оформите таможенную очистку.

经：单据既已齐全，你去办理清关手续吧。

С: Ван Сяочэнь, во время проверки товаров таможня аэропорта указала, что знак Международной конвенции по защите растений нечёткий, предполагается, что деревянная упаковка повреждена насекомыми-вредителями, инспекционный

员：王经理，机场海关在查验商品时指出 IPPC 标识不清，木质包装疑似有虫害，要求商检部门根据情况按要求做木质包装销毁或者再次熏蒸消

отдел обязан уничтожить деревянную упаковку или произвести фумигацию и дезинфекцию в соответствии с требованиями.

Д: Сделайте по требованию таможни. Как можно скорее оформите таможенную очистку импорта, чтобы избежать ненужных затрат на складирование.

经：按照海关的要求来。抓紧时间办理进口清关手续，以免造成不必要的仓储费用。

....

....

С: Ван Сяочэнь, таможенная очистка хроматографа по импортному контракту завершена. Товар помещён на склад компании.

员：王经理，进口合同项下色谱仪的清关流程全部完成，货物已入公司仓库。

Д: Вы много проработали. Сообщите продавцу, что товар получен.

经：辛苦了。请通知卖方，我方已收到货物。

С: Хорошо.

员：好的。

Часть III. Общая информация
第三部分　知识点

I. Запомните следующие словосочетания.（记住下列词组。）

1) 出口合同 договор на экспорт товара

2) 合同当事人 участники договора (контракта)

3) 解除合同 расторгнуть договор

4) 具有法律约束力 иметь обязательную юридическую силу

5) 备货 подготовка товара

6) 审证 проверка аккредитива

7) 租船订舱 фрахтование

8) 制单结汇 оформление документов и расчёт в иностранной валюте

9) 《中华人民共和国进出口商品检验法》 «Закон Китайской Народной Республики

об инспекции импортных и экспортных товаров»

10) 中华人民共和国国家外汇管理局 Государственное управление валютного контроля КНР

11) 出口收汇核销 учёт и списание экспортных поступлений

12) 液相色谱仪 жидкостный хроматограф

13) 可靠的保护 надёжная защита

14) 盖章 заверить печатью (печать)

15) 国际植物保护公约 Международная конвенция по защите растений (IPPC)

16) 虫害 ущерб от насекомых-вредителей

II. Запомните следующие выражения.（记住下列表述。）

1) Каков срок действия аккредитива? 信用证有效期多长?

2) Несмотря на наши многочисленные напоминания, Вы до настоящего времени не открыли аккредитив. 尽管我们多次提醒，你们至今未开出信用证。

3) Мы внесли изменения в условия аккредитива. 我们已经修改了信用证条款。

4) Какие документы мы должны предоставить? 我们应提交哪些文件?

5) Вы получили наше уведомление о готовности товара к отгрузке? 你们是否收到我们的装运准备就绪通知书?

6) Мы оформим бортовой коносамент, как только закончим все формальности. 一旦办完全部手续，我们便签发已装船通知。

7) Мы только что подписали портовый чартер. 我们刚刚签署了港口租船合同。

8) У Вас есть разрешение на беспошлинный ввоз оборудования? 您是否持有设备免税进口许可证?

9) Это оборудование не подлежит обложению таможенными пошлинами. 这台设备不需要缴纳关税。

10) Необходимые формальности выполняются в рамках таможенных правил. 必须按照海关规章来办理必要的手续。

Часть IV. Упражнения
第四部分 练习

Упражнение 1. Переведите следующие словосочетания.（翻译下列词组。）

1) 履行义务

2) 合同履行的程序

3) 催证

4) 出口商品报验

5) 出口退税

6) 增值税

7) 仓储费

8) 开证行

9) изменить договор

10) российская авиатранспортная компания

11) изменение в аккредитиве

12) заявление на инспекцию товара

13) протокол собрания

14) безотзывный аккредитив

15) охватывать широкий спектр областей

Упражнение 2. Укажите соответствия русским и китайским терминам.（指出俄文和中文的对应形式。）

А. карантинные формальности   а. 优惠费率

Б. условия чартера   б. 免税

В. льготный тариф   в. 海关查验

Г. экспортная пошлина   г. 出口税

Д. таможенный досмотр   д. 检疫手续

Е. освобождать от налога   е. 租船合同条款

Упражнение 3. Прочитайте тексты и выполните задания.（读课文，并完成任务。）

Текст 1

Порядок таможенного оформления грузов на экспорт

Товары, отправляемые на экспорт из России, в обязательном порядке подлежат таможенному оформлению. ① <u>Под таможенным оформлением подразумевается совокупность определённых действий, которые необходимо совершить, чтобы переместить груз через границу РФ.</u> Процедуру проводят на таможенных постах, в отделах таможенного оформления и контроля того региона, где находится отправитель груза. При определённых обстоятельствах и при наличии согласия таможенного органа провести процедуру оформления можно и в иных местах, однако, придётся уплачивать повышенные сборы.

Порядок таможенного оформления экспорта предполагает набор следующих действий:

- представление груза органам таможенного контроля;
- декларирование;
- внесение обязательных платежей.

Каждый этап выполняют по правилам в соответствии с ТК ТС. Если экспортёр не располагает достаточными знаниями или возможностями для самостоятельного оформления, он имеет право обратиться к таможенному представителю (брокеру). Это посредник, который по договору с экспортёром предоставляет услуги по таможенному представлению, уплате сборов, заполнению декларации вплоть до организации транспортировки. Зачастую это избавляет владельца груза от дорогостоящих ошибок.

Таможенный контроль

② <u>С момента принятия декларации и до пересечения границы Таможенного союза груз пребывает под таможенным контролем. Он подразумевает совокупность действий со стороны представителей таможенных органов, которые прописаны в Главе 16 ТК ТС.</u> Контроль часто бывает выборочным, то есть не все формы обязательны для применения:

• Проверка документов и сведений. Сотрудники таможенной службы проверяют подлинность документов и правильность заполнения, для оценки достоверности имеют право запрашивать информацию в сторонних источниках.

• ③ Устный опрос. Беседа с владельцем груза или его представителем с целью уточнения сведений.

• Получение объяснений. Письменные объяснения декларанта, перевозчика или других лиц по фактам, которые имеют значение для проведения таможенного контроля.

• Таможенное наблюдение. Открытое систематическое или разовое визуальное наблюдение за тем, как выполняется перевозка товаров в зоне таможенного контроля.

• Таможенный осмотр. Визуальный осмотр товаров и транспортных средств без вскрытия и нарушения целостности упаковки на предмет наличия пломб, печатей и других средств идентификации. По итогам осмотра составляется акт.

• Таможенный досмотр. Вскрытие упаковки, ёмкостей, контейнеров с нарушением пломб. Декларант или его представитель вправе присутствовать при этом. При их отсутствии потребуются двое понятых. По итогам досмотра составляется акт.

• Проверка маркировки товаров со специальными марками, наличия на них идентификационных знаков, указывающих на легальность ввоза товаров на таможенную территорию.

• ④ Таможенный осмотр помещений и территорий. Проводится для того, чтобы подтвердить наличие товаров, находящихся под таможенным контролем. По результатам составляют акт.

• Таможенная проверка. Цель – убедиться в соблюдении требований законодательства Таможенного союза. К числу проверяемых лиц относятся декларант, таможенный представитель, ответственный за временное хранение товаров, владелец магазина беспошлинной торговли и иные участники сделок с товарами, проходящими таможенный контроль. Контроль имеет форму камеральной или выездной таможенной проверки.

Благополучное прохождение всех этапов таможенного контроля (или тех, что были выбраны сотрудником таможенной службы) даёт владельцу груза или его представителю право на вывоз товара за пределы таможенной зоны.

Задание 1. Переведите подчёркнутые предложения на китайский язык. （将上文带有下划线的句子翻译成中文。）

Задание 2. Ответьте на следующие вопросы. （回答下列问题。）

1) Что необходимо сделать, если процедура таможенного оформления проводится не на таможне?
2) Каков порядок таможенного оформления экспорта предполагает?
3) Что такое ТК и ТС? Переведите их на китайский язык.
4) Кто такой таможенный представитель?
5) Какую цель преследует таможенная проверка?

Текст 2

Таможенное оформление при ввозе (импорте) товаров

Импортом товара признаётся его ввоз (импорт) на таможенную территорию РФ без обязательства об обратном вывозе. Так гласит п. 10 ст. 2 Федерального закона №164-ФЗ. В Таможенном же кодексе (далее – ТК РФ) термин «импорт» не встречается. Вместо него используется оборот «выпуск для внутреннего потребления». Импорт товара является таможенным режимом, характеризующимся тем, что ввезённые на таможенную территорию РФ товары находятся на территории их ввоза (импорта) и не связаны обязательством об их вывозе с этой территории.

Учитывая нормы ст. 14 ТК РФ все товары и транспортные средства, следующие через таможенную границу, в обязательном порядке должны проходить процедуры таможенного оформления при импорте товаров и таможенного контроля. Таможенное оформление при их ввозе (импорте) начинается с предоставления таможенному органу предварительной таможенной декларации или документов установленных ст. 72 ТК РФ (в зависимости от того, какое действие производится ранее), а завершается помещением товаров под таможенный режим ввоза, исчислением и взиманием таможенных платежей.

Декларирование товаров осуществляется декларантом либо таможенным брокером (ст. 124 ТК РФ). Декларант – это лицо, которое декларирует товары либо от имени которого они декларируются (пп. 15 п. 1 ст. 11 ТК РФ), то есть в случае ввоза (импорта) товара из-за рубежа им будет являться российский покупатель. Таможенный брокер – это посредник, осуществляющий проведение таможенных операций от имени и по поручению декларанта. Им может быть только российское юридическое лицо, в обязательном порядке включённое в Реестр таможенных брокеров (представителей) (п. 1 ст. 139 ТК РФ). Организация-импортер должна заключить с ним договор поручения и выдать ему доверенность.

Таможенная декларация на ввозимые (импортируемые) товары подаётся не позднее чем через 15 дней считая со дня их предъявления таможенным органам в месте прибытия указанных товаров либо со дня завершения режима внутреннего таможенного транзита, в случае, когда декларирование осуществляется не в месте прибытия товаров (ст. 129 ТК РФ).

При их декларировании в таможенный орган представляются документы, подтверждающие сведения, заявленные в таможенной декларации (ст. 131 ТК РФ):

– внешнеторговые договоры купли-продажи либо иные виды договоров, заключённых в процессе внешнеэкономической сделки;

– имеющиеся в наличии у декларанта коммерческие документы;

– транспортные (перевозочные) документы;

– разрешительные документы, такие как: разрешения, лицензии, сертификаты и другие документы установленные для предъявления таможенным законодательством РФ;

– документы, удостоверяющие происхождение декларируемых товаров (в случаях, предусмотренных ст. 37 ТК РФ);

– банковские документы: платёжные и иные расчётные документы;

– документы, удостоверяющие сведения о декларанте.

Задание 3. Ответьте на следующие вопросы. （回答下列问题。）

1) Что означает понятие «импорт товара»?

2) Что нужно делать согласно ст. 14 ТК РФ?

3) Кто такой декларант?

4) Кто такой таможенный брокер?

5) Какие разрешительные документы нужно представлять в таможенные органы?

Упражнение 4. Составьте и разыграйте диалоги на тему «Исполнение договора на экспорт». （编写并演练题目为"出口合同的履行"的对话。）

Словарь

расто́ргнуть [完] что <公文>解除，废除；<转>摆脱；断绝，破坏

обяза́тельный [形]必须履行的；[只用长尾]法定的，义务的；必备的

взыска́ть [完] что 追索；征收；索取

фрахтова́ние [中] 租船订舱

предусмотре́ть [完] что 预见到，预先注意到；规定

грузоотправи́тель [阳] 发货人，托运人，发货单位

незамедли́тельно [副] <公文>立刻地，毫不耽搁地

согласо́ванный [形] 协调的，协同一致的

списа́ние [中] 转销，报销，注销

возвра́т [阳] 归还，退还

аппарату́ра [阴] 器械，器具，仪器

цепо́чка [阴] 连锁，细小的链子；一行，一连串，一列

хромато́граф [阳] 色谱仪

отложи́ть [完] кого-что 推迟，延期；放在一边

безотзы́вный [形] 不可撤销的

оповести́ть [完] кого-что о ком-чём 通知，通告

насеко́мое-вреди́тель [阳] 害虫

непреме́нно [副] 一定，必定，必然

дезинфе́кция [阴] 消毒

фумига́ция [阴] 熏蒸

своевре́менность [阴] 及时，适时

склади́рование [中] 仓储

Урок 16
Претензии и их урегулирование. Претензия на импорт пиломатериалов

第十六课
索赔和理赔·进口板材索赔

Часть I. Претензии и их урегулирование
第一部分 索赔和理赔

Претензия – это требование потерпевшей стороны компенсации за прямо или косвенно причинённые другой стороной убытки, связанные с нарушением установленного договора в ходе международных торговых операций.

Урегулирование претензии означает, что сторона, нарушившая договор, принимает и регулирует претензию о компенсации, поданную потерпевшей стороной.

Претензии и урегулирование – это две стороны одного и того же вопроса. В случае потерпевшей стороны – это претензия, а в случае неисполнения обязательств – урегулирование.

Целью предъявления претензии является разрешение споров, возникающих в связи с получением продавцом некачественных товаров или ненадлежащих услуг в рамках сделки во избежание обращения в суд.

В процессе торговли стороны предпочитают получать именно претензии с требованиями другой стороны, а не судебные извещения о подаче им иска. Поскольку существуют гонорары адвокатов и другие расходы. Если решение вопроса достигается при помощи претензии, то такой выбор является разумным.

Претензии возникают в следующих ситуациях:

索赔是指在国际贸易买卖过程中，因一方违反合同规定，直接或间接地给另一方造成损失，受损方向违约方提出赔偿要求，以弥补其所受损失。

理赔是指违反合同的一方对受损方所提出的赔偿要求予以受理并进行处理。

索赔和理赔是一个问题的两个方面：在受损方是索赔，在违约方是理赔。

提出索赔的目的是解决买方交易时因收到劣质商品或出现不当服务发生的争端，用以规避诉诸法院。

在贸易过程中，因为有律师费和其他各项费用，贸易方更倾向于接收另一方的索赔要求，而不是收到被起诉到法院的通知。如果可以采用索赔解决，这种选择是明智的。

索赔在下列情况下产生：

• Претензия к продавцу

В результате нарушения продавцом контракта и убытков покупателя покупатель может предъявить претензию продавцу. Например, продавец не доставил товар вовремя, что нанесло ущерб цепочке поставок товара покупателя; у товара был обнаружен дефект, что сказалось на продажах и т.д.

• Претензия к покупателю

Задержка приёмки товара; позднее открытие или неоткрытие аккредитива; отказ от принятия товара и т.д.

• Претензия к судовой компании

Претензии к транспортировке включают задержки с отгрузкой судовой компанией, повреждение груза в пути, самовольное изменение курса судна, задержка времени прибытия судна в порт назначения и т.д.

• Претензия к страховым компаниям

Любой ущерб, возникший в рамках страховки, может быть востребован у страховой компании.

Основание претензии

- правовая основа: относится к контракту, подписанному между сторонами, применимым законам и положениям;
- фактическая основа: относится к фактической истине нарушения контракта и её письменным доказательствам, в том числе претензионному письму, акту проверки, выданному нотариусом (с указанием характера, содержания и количества возникшей аварии и т.д.), списку претензий (с

• 对卖方的索赔

由于卖方违约而造成买方的损失，买方可以向卖方索赔。例如卖方未按时交货，致使买方供货链受损；商品质量存在瑕疵，影响销售等。

• 对买方的索赔

延迟接货；迟开或不开信用证；拒收货物等。

• 对船公司的索赔

运输索赔，包括船公司延迟发船，运输途中出现货损、私自改线、推迟船舶到目的港的时间等。

• 对保险公司的索赔

凡发生在投保范围内的损失，均可向保险公司索赔。

索赔依据

• 法律依据：指当事人之间签订的合同及应用的法律法规；

• 事实依据：指违反合同的事实真相及其书面证明。包括索赔函、公证机构出具的检验报告（说明事故发生的性质、内容及数量等）、索赔清单（说明损失项目之名称、数量、索赔总金额及结

указанием наименования, количества, суммы претензии и метода расчёта объекта потерь) и другим документам.

Метод предъявления претензии
- требовать от одной стороны исполнения договорных обязательств;
- требовать от продавца замены товара;
- требовать от продавца ремонта несоответствующего контракту товара или восполнение недостающего количества;
- запросить снижение цены;
- возместить ущерб;
- вернуть приобретённый товар и возвратить долг.

Большинство внешних претензий нашей страны связано с импортными операциями. При предъявлении внешней претензии следует обратить внимание на следующие аспекты:
- выяснить факт ущерба и разграничить обязанности;
- подготовить доказательства и документы для претензии;
- определить предмет и сумму претензии;
- определить план предъявления претензии;
- предъявить претензию.

При рассмотрении претензий по экспортным операциям, как правило, следует учитывать следующие вопросы:
- Серьёзно исследовать, тщательно расследовать, выяснить факты и разграничить обязанности. Проверить ситуацию с организацией, причастной к претензии. Проверить ситуацию и выяснять

算方式）以及其他单据。

索赔方式
- 要求一方履行合同义务；
- 要求卖方交付替代货物；
- 要求卖方对与合同不符的货物进行修补或补足合同规定数量；
- 要求减价；
- 赔款；
- 退货还款。

我国的对外索赔，大部分发生在进口业务中。在对外索赔时，应注意以下几个方面：

- 查明损害事实，分清责任；
- 备妥索赔证据和单证；

- 确定索赔项目和金额；
- 确定索赔方案；
- 提出索赔。

出口业务处理理赔时，一般应注意以下问题：

- 认真研究、细致调查、弄清事实、分清责任。同索赔涉及单位核实情况，查明货差货损、货物品质、存储、运输等情况。

причину недостачи, повреждения, несоответствия качества, хранения и транспортировки товара.

- Тщательно проверить законность документов претензии, поданной другой стороной и органа выдачи документов.

- Если это ответственность нашей стороны, нам необходимо внимательно изучить претензию другой стороны и провести переговоры с другой стороной, чтобы определить способы и сумму компенсации.

Пункт претензии в договоре на импорт и экспорт товаров предусматривает два способа:

Первый способ – это пункт о расхождениях и претензиях: положения договора купли-продажи, касающиеся регулирования и ответственности за нарушение договора;

Второй способ – это пункт о штрафах: в договоре предусматривается, что в случае неисполнения или неполного исполнения контракта одной из сторон, данная сторона должна выплатить другой стороне оговорённую денежную сумму.

- 仔细审核对方所提出的索赔单证和出证机构的合法性。

- 如确属我方责任，应认真研究，与对方协商，确定赔偿办法和赔偿金额。

进出口合同中的索赔条款有两种规定方式：

一种是异议、索赔条款：是买卖双方合同中关于处理和索赔违约责任的规定；

另一种是罚金条款：是指合同中规定如由于一方未履行或未完全履行，应向对方支付一定数量的约定金额。

Часть II. Диалог. Претензия на импорт пиломатериалов
第二部分 对话 进口板材索赔

К: Доброе утро! Вы хорошо отдохнули прошлой ночью?

Р: Доброе утро! Спасибо за Ваше гостеприимство. Я хорошо отдохнул.

中：早上好！昨晚您休息得好吗？

俄：早上好！感谢贵方的接待，

К: Давайте приступим к делу.

Р: С радостью. После получения от Вас письма-претензии мы серьёзно отнеслись к этому. Наша компания поручила мне приехать к Вам для расследования данного дела.

К: Вы, должно быть, видели это вчера на нашем складе пиломатериалов. Доски, которые Вы поставили в начале этого месяца, имеют синюю гниль. Ввиду этого, мы не можем продать эту партию досок по обычной рыночной цене. Это является причиной нашей претензии.

Р: Вчера я внимательно проверил данную партию досок и обнаружил синюю гниль, но я не полностью согласен с указанными Вами данными. По моей статистике, только 6 % досок поражено синей гнилью, мы считаем Вашу претензию необоснованной.

К: Согласно договору, синяя гниль не должна превышать 2 %, поэтому у нас есть основания для претензии.

Р: Во время вчерашнего осмотра мы внимательно проверили синюю гниль. Гниение произошло после того, как доски прибыли в порт Китая. Из-за того, что Вы не смогли вовремя организовать приём товара, товар задержался в порту на 10 дней. В то время был сезон дождей, поэтому появилась синяя гниль.

К: Мы считаем, что это связано с тем, что влагоёмкость в досках превышает процент, указанный в контракте. Согласно отчёту, проведённому нашей

我休息得很好。

中：让我们步入正题吧。

俄：好的。我方收到贵方有关索赔的信函后非常重视，特此委托本人前来贵公司调查此事。

中：想必昨天您在我们的板材仓库看到了。贵方于本月初供应的板材存在大量的蓝变，所以这批板材我方无法按照正常的市场价格销售，这也是我们向贵方提出索赔的理由。

俄：昨天我认真查看了这批板材，有蓝变现象，但我不同意贵方所说的数量。据我统计，蓝变的板材只有6%，我方认为贵方的索赔是没有根据的。

中：根据合同，板材的蓝变不应超过2%，所以，我们有理由向贵方提出索赔。

俄：我方昨天在检查时对蓝变做了仔细检查。蓝变是在货物抵达中国港口后产生的。由于贵方未能及时安排接货，致使货物在港口滞留了10天，而这段时间又正值雨季，因此板材发生了蓝变。

中：我方认为板材蓝变是因为这批板材的含水率大于合同中

стороной, средняя влагоёмкость достигает 28 %. Это наш отчёт об измерениях. Проверьте, пожалуйста.

Р: Мы считаем, что влагоёмкость пиломатериалов перед отгрузкой соответствовала требованиям, есть и отчёт о влагоёмкости в сопроводительных документах, который, вероятно, Вы тоже видели.

К: Давайте отложим претензию на синюю гниль. Есть ещё один вопрос: толщина досок в данной партии должна составлять 28 мм, но мы заметили, что доски в одном из контейнеров имеет толщину 32 мм, а доски 32 мм повреждены синей гнилью больше всего. Нам кажется, что Вы загрузили не те доски. И влагоёмкость досок значительно превышает требования.

Р: Я проверил эту проблему. Это, действительно, наша ошибка при погрузке. Мы готовы понести эту часть Вашего ущерба.

К: Какой у Вас вариант решения?

Р: Если у Вас есть рыночный спрос на эту часть – доски 32 мм, мы можем продать её Вам с подходящей скидкой. Когда следующая партия будет отгружена, недостающие доски толщиной 28 мм будут отправлены Вам по цене 90 % от контрактной цены. Что Вы думаете об этой проблеме?

К: Ваше предложение разумное. Мы можем попытаться связаться с нашими производителями, чтобы узнать, есть ли в этом потребности.

规定的百分比，据我方测定的数据报告显示，板材的平均含水率达到了28%。这是我方的测定报告，请您查看。

俄：我方认为，板材在发货前含水率在要求范围内，在随车单据中也有含水率的测定报告，想必贵方也看到了。

中：那么，板材的蓝变问题我们后续再谈。还有一个问题：这批板材厚度要求是28毫米，但我方发现有一个集装箱里的板材有32毫米厚度的，而32毫米的板材蓝变最严重，我方认为贵方装错了板材，并且含水率大大超过了要求。

俄：这个问题我核实过了，确实是我方在装货时出现了错误。我方愿意承担贵方这部分的损失。

中：贵方有什么解决方案?

俄：这部分32毫米厚度的板材如果贵方有市场需求，我方可以以合适折扣价销售给贵方，在下一批发货时，缺少的这部分28毫米厚度板材按合同价的90%发给贵方，您看怎么样？

中：贵方的提议不错，我们可以尝试和我们的厂家联系，看

Но полагаем, что 80 % уместнее.

Р: Мы идём Вам навстречу: 85 %. Дайте мне, пожалуйста, подробный отчёт об инспекции. Мне нужно доложить об этом нашей компании. После обеда мы рассчитаем общую цену досок толщиной 32 мм. В следующей партии возместим недостающие доски 28 мм по 85 % контрактной цены.

К: Это протокол сегодняшних переговоров. Подпишите, пожалуйста!

Р: Хорошо! Дайте мне один экземпляр и электронный скан.

К: Мы очень довольны сегодняшними переговорами и благодарим Вас за Вашу поддержку.

Р: Мы надёжные партнёры. Надеемся, что наше сотрудничество будет всё лучше и лучше.

是否有需要的。但我们认为80%更为合适。

俄：那就各让一步：85%。请贵方将详细的检验报告给我一份，我需要向公司汇报此事，今天下午我方将会核算出32毫米厚度板材总价格。我方将在下一批发货时按合同价的85%补齐这次缺少的28毫米板材。

中：这是今天我们双方会谈的备忘录，请您签字！

俄：好的，请给我一份，并给我一份电子扫描件。

中：我方对今天的会谈非常满意，感谢贵方给予的支持。

俄：我们双方是可靠的合作伙伴，

Часть III. Общая информация
第三部分　知识点

Задание 1. Запомните следующие словосочетания.（记住下列词组。）

1) 理赔 урегулирование претензии

2) 受损方 потерпевшая сторона

3) 提出索赔 предъявление претензии

4) 承担损失 нанести ущерб

5) 影响销售 сказаться на продажах

6) 拒收货物 отказ от принятия товара

7) 货损 повреждение товара

8) 法律依据 правовая основа

9) 律师费 гонорар адвоката

10) 索赔函 претензионное письмо/письмо-претензия

11) 替代货物 замена товара

12) 赔款 возместить ущерб (убытки)

13) 还款 возвратить долг/возврат средств

14) 弄清事实 разъяснить факты

15) 罚金条款 условия штрафа

16) 进口板材 импорт пиломатериалов

17) 向……提出索赔 предъявить (кому) претензию

18) 电子扫描件 электронный сканированный документ

Задание 2. Запомните следующие выражения. （记住下列表述。）

1) Наша сторона заявляет Вам о рекламации в связи с ненадлежащим исполнением обязательств по договору Вашей стороной очередной партии. 鉴于贵方针对该批货物未正当履行义务，我方提出索赔。

2) Мы считаем, что это является серьёзным нарушением контракта. 我们认为这是严重违反合同的行为。

3) Это привело к тому, что мы не смогли вовремя пустить в эксплуатацию новый цех завода. Мы понесли очень серьёзные убытки. 这导致了我们工厂的新车间无法投入使用。我们遭受了非常严重的损失。

4) Согласно контракту мы просим Вас возместить убытки за задержку поставки. 根据合同，我们要求您为延迟交货赔偿。

5) Мы примем Вашу претензию как вполне обоснованную. 我们将接受贵方的索赔，因为它有着充分的根据。

6) Потому что эти товары были повреждены при транспортировке, Вы должны предъявить претензию к страховой компании. 由于这些物品在运输中被损坏，因此您应该就此向保险公司提出索赔。

7) Если рекламация не может быть урегулирована соглашением сторон, то спор переходит в арбитражный суд, решение которого является окончательным и обязательным для обеих сторон. 如果无法通过当事方的协议解决投诉，则争端将进入仲裁，该裁决为终局决定，对双方均具有约束力。

8) Компенсировать мне затраты (убытки), вызванные обращением за юридической помощью, в сумме 500 рублей. 赔偿因寻求法律援助而产生的费用（损失）500卢布。

9) Рекламация предъявляется в письменной форме заказным письмом с приложением всех документов, подтверждающих рекламацию и имеющих полную доказательную силу для обеих сторон. 投诉以书面形式通过挂号信提交，并附有所有确认投诉的文件，为双方提供了充分的证据力。

10) Предупреждаю, что в случае, если мои законные требования будут проигнорированы, я буду вынужден обратиться с исковым заявлением в судебные инстанции. 我提醒您，如果我的合法要求被忽略，我将被迫向法院起诉。

Часть IV. Упражнения
第四部分　练习

Упражнение 1. Переведите следующие словосочетания.（翻译下列词组。）

1) 弥补所遭受的损失
2) 不当服务
3) 延迟开证
4) 延迟发货
5) 书面证明
6) 补足数量
7) 分清责任
8) 测定报告

9) 约定的金额

10) цепочка поставок товара

11) во избежание обращения в суд

12) список претензии

13) вернуть приобретённый товар

14) сокращение количества товара и повреждение товара

15) судебное извещение

Упражнение 2. Изучите образец претензии и письма-претензии. Выполните задания.（学习索赔函样本和索赔函，完成任务。）

1

Образец претензии в случае недостачи или брака

Куда _____

"_____"_____ 20_____ г.

(наименование организации)

Кому_____

(Ф.И.О. руководителя)

П Р Е Т Е Н З И Я № _____

на сумму_____ руб.

На основании договора № _____ от "_____"_____ 20_____ г., накладной № _____ от "_____" _____ 20_____ г., счёту № _____ от "_____"_____ 20_____ г. в адрес _____

(наименование организации)

поступили товары _____

(наименование товаров)

арт. _____ по цене _____ руб. в количестве _____ на _____ руб.

Указанные товары поступили _____.

(вид транспортного средства)

При проверке товара по количеству (качеству) было установлено, что по накладной, счёту, значится: _____.

Фактически оказалось _____.

Недоста́ча (брак) на сумму _____ образовалась(ся) по вине изготовителя (поставщика, перевозчика) _____.

Данный факт подтверждается актом № _____ от "_____" _____ 20 _____ г.

На основании изложенного и руководствуясь ст. _____,

П Р О Ш У :

Убытки в сумме _____ руб. (стоимость недостающего, забракованного товара), _____ % штрафа в сумме _____ руб., транспортные расходы в сумме _____ руб., расходы по экспертизе в сумме _____ руб., всего в сумме _____ руб. перечислить на наш расчётный счёт № _____ в _____ г. _____.

(наименование банка)

Приложения:

1. Акт приёмки товара № _____.
2. Удостоверение представителя _____ № _____ от "_____" _____ 20 _____ г.
3. Товарно-транспортная накладная № _____.
4. Другие документы, обосновывающие претензию на _____ листах.

Руководитель предприятия _____

(подпись)

2
……

8. ПРЕТЕНЗИИ

8.1. ① Претензии могут быть заявлены относительно качества – в случае несоответствия качества товаров предусмотренным настоящим Договором требованиям, относительно количества – в случае несоответствия количества товаров транспортным документам за весом и количеством мест. Покупатель имеет право заявить Продавцу претензию на протяжении 60 дней от _____, которую Продавец рассматривает на протяжении 30 дней и даёт ответ путём _____ в срок _____. Документом, который подтверждает несоответствие качества товара предусмотренным настоящим Договором требованиям или количеству товара документам об отгрузке, Стороны признают акт, составленный при участии торгово-промышленной палаты.

......

9. ОТВЕТСТВЕННОСТЬ СТОРОН ЗА НАРУШЕНИЕ ДОГОВОРА

9.1. В случае нарушения обязательства, которое возникает из настоящего Договора (в дальнейшем именуется «нарушение Договора»), Сторона несёт ответственность, определённую настоящим Договором и (или) действующим в Российской Федерации законодательством.

9.1.1. ② Нарушением Договора есть его невыполнения или ненадлежащее выполнение, т.е. выполнение с нарушением условий, определённых содержанием настоящего Договора.

9.1.2. Сторона не несёт ответственности за нарушение Договора, если оно произошло не по её вине (умысле или неосторожности).

9.1.3. Сторона считается невиновной и не несёт ответственности за нарушение Договора, если она доведёт до сведения другой стороны, использовала всех зависимые от неё мероприятия по надлежащему выполнению настоящего Договора.

......

11. АРБИТРАЖ

11.1. Все споры, которые связаны с настоящим Договором, решаются путём переговоров между представителями Сторон. ③ Если спор невозможно решить путём переговоров, он решается в Арбитражном институте Стокгольмской Торговой палаты (Stockholm Chamber of Commerce, V. Tradgardsgatan 9, Stockholm, Sweden) соответственно положениям Регламента Арбитражного института Стокгольмской Торговой палаты, принятого Торговой палатой г. Стокгольма и введенного в действие с «01» января 1988 года. Язык арбитража – английский.

Задание 1. Переведите подчёркнутые предложения на китайский язык.（将上文带有下划线的句子翻译成中文。）

Задание 2. Заполните пропущенное содержание в нижеследующей части контракта. （补足合同中的空缺内容。）

1) Сторона не несёт ответственности за _____ Договора, если оно произошло не _____ (умысла или неосторожности).

2) Сторона считается _____ и не несёт ответственности за нарушение Договора, если она доведёт, что употребила всех зависимых от неё мероприя-тий по _____ настоящего Договора.

3) Покупатель имеет право заявить Продавцу претензию на протяжении 60 дней от _____, которую Продавец рассматривает на протяжении 30 дней и даёт ответ путём _____ в срок _____.

Упражнение 3. Прочитайте текст и выполните задания. （读课文，完成任务。）

Процедура экспорта пиломатериалов

С 2011 года объём экспорта необработанной древесины из России сократился, пиломатериалов – вырос. Первое место среди импортирующих стран занимает Китай, на втором месте Узбекистан, на третьем – Египет. Самые высокие цены предлагает Япония. Выросли поставки так же в такие страны Европы, как Нидерланды, Великобритания, Германия, Бельгия и Италия. При вывозе за границу законодательством установлены определённые требования к экспорту пиломатериалов: сертификация, лицензирование, квоты и санэпиднадзор.

Особенности лесной продукции России

В Российской Федерации 2/3 леса – лиственница, на втором месте – сосна, на третьем – ель. Российские производители экспортируют главным образом именно эту древесину. Дуб, берёза, бук, ольха, ясень, осина требуют предварительной обработки согласно требованиям ГОСТ. Основные виды поставок – доска и брус. По прогнозам специалистов, спрос на экспорт пиломатериалов в ближайшие годы будет расти.

Экспорт пиломатериалов

① Обработанная древесина согласно ГОСТ 8486 делится на доски, брусы. Любой из этих элементов состоит из кромок (узких поверхностей), пластей (широких поверхностей) и торцов (концов, перпендикулярных кромкам). В производстве используются 3 способа распиловки:

• тангенциальная – пропилы, которые образуют пласти, располагаются в непосредственной близости к касательным годичных колец бревна;

• радиальная – пропилы, которые образуют пласти, располагаются в непосредственной близости к радиусам годичных колец бревна;

• смешанная.

Требования к размерам (длине, ширине пласти и кромки) определены в ГОСТ 24454-83.

Цены на обработанную древесину зависят от многих факторов: местоположения участка и распила, влажности, сорта древесины. Это значит, что доски или брусья из лиственницы стоят дороже, чем из ели или сосны. После просушки цена повышается, так как при удалении влаги предотвращается образование трещин.

Технические условия к пиломатериалам из хвойных пород древесины определены в ГОСТ 26002-83, описание упаковки, прокладок, маркировки – в ГОСТ 16369-96 и ГОСТ 19041-85. Для упаковки пиломатериалов на экспорт чаще всего используются блок-пакеты, транспортные пакеты, специальные пленки.

Особенности экспорта древесины

② Экспорт древесины (как обработанной, так и не обработанной) – достаточно трудоёмкий процесс. Работы затрудняют непростые климатические условия, сезонность, необходимость в использовании различных видов транспорта. Все мероприятия по заготовке и организации отправки можно разделить на несколько этапов, которые сопровождаются подготовкой обширного перечня документов.

В процессе организации экспорта древесины участвует так же целый ряд организаций:

• торгово-промышленная палата;

• представительства министерства экономического развития и торговли;

• станции защиты растений;

• таможня;

• транспортные предприятия;

• банки и страховые компании.

Для оформления всех необходимых документов обязательно требуется юридическое сопровождение.

Перечень документов для экспорта лесоматериалов

Чтобы совершать продажи пиломатериалов за границу, в первую очередь нужно найти партнёров, заключить внешнеэкономический контракт и зарегистрировать предприятие на таможне.

Далее оформляются

③ паспорт сделки;

• письмо с просьбой разрешить таможенное оформление по отгрузке;

• заявление с просьбой разрешить таможенное оформление креплению;

• спецификация;

• инвойс;

• фитосертификат;

• платёжные поручения для оплаты услуг таможни и перевозки.

Параллельно с оформлением документов проводятся работы по подготовке продукции к перевозке.

Необходимо

• распилить сырьё на доски/брус;

• формировать пакеты для транспортировки;

• обернуть, обвязать их, провести маркирование;

• транспортировать на погрузку.

Одновременно оформляются дополнительные документы

• заключаются договоры с перевозчиками;

• открываются счёта-справки для оплаты услуг перевозчиков;

• оформляются экспедиторские, транспортные, банковские и страховые документы;

• проводится подготовка к таможенному декларированию;

• продукция декларируется на таможне, оформляются все необходимые документы.

Только по завершении всех этих мероприятий груз отправляется к покупателю.

Задание 1. Переведите подчёркнутые предложения и словосочетания на китайский язык.（将上文带有下划线的句子和词组翻译成中文。）

Задание 2. Ответьте на следующие вопросы.（回答下列问题。）

1) Какие требования к экспорту пиломатериалов установлены при вывозе за границу?
2) Какую древесину экспортируют российские производители?
3) От чего зависит цена на обработанную древесину?
4) Какие организации участвуют в процессе организации экспорта?
5) Какие дополнительные документы оформляются по подготовке продукции к перевозке?

Упражнение 4. Составьте и разыграйте диалоги на тему «Претензия и урегулирование претензии».（编写并演练题目为"索赔和理赔"的对话。）

Словарь

претéнзия [阴] 索赔

урегули́рование [中] 调整，调节

потерпéвший [形] <法>受害人，受害一方

ненадлежáщий [形] 不应有的，不应该的，不适当的

избежáние [中] 躲避，回避；避免

торгóвец [阳] 商人，生意人；<口语>商业工作者

иск [阳] 诉讼，控诉

гонорáр [阳] （付给作者等的）酬金；报酬；稿费

адвокáт [阳] 律师

кóсвенно [副] 间接地

компенсáция [阴] <文语>补偿，抵偿，赔偿；抵偿费，赔偿费

дефéкт [阳] 瑕疵

сказáться [完] [第一、二人称不用] на ком-чём 影响到

неоткры́тие [中] 未开立；不开放

самовóльный [形] 擅自的，自做主张的

постановлéние [中] (政府、机关的) 命令，指令

нотáриус [阳] <法>公证人

восполнéние [中] <文语>补充，弥补，填补

правди́вый [形] 真实的，实在的，与事实相符的

расследование [中] 调查

разъясни́ть [完] кого-что 说明，阐明，解释明白；弄清楚

подразделе́ние [中] (较大部分中的一个组成)部分，部门，科目

реклама́ция [阴] <商> (由于商品质劣、分量不足等)索赔，要求赔偿

доска́ [阴] 木板；板状物；板材

вы́спаться [完] 睡足，睡够

задержа́ться [完] 滞留

влагоёмкость [阴] 含水量，含湿量

содержа́ние [中] 含量

понести́ [完] что 遭到，受到

уме́стный [形] 恰当的，合适的，适当的；适宜的，适时的

выпла́чиваться [未] выпла́чивать 的被动式

доложи́ть [完] что 及 о ком-чём 报告；呈报

недостаю́щий [形] 所缺少的，短缺的

мемора́ндум [阳] <外交>备忘录

скан [阳] 扫描件，扫描版

Словарь
词汇表

А

аванга́рд [阳] 前卫队，前锋；先锋队　　（4）

ава́нсовый [形] 预付款的，预支款的　（10）

агра́рный [形] 农业的，农田的；与土地有关的　　　　　　　　　　　　　　　　（5）

адапти́вность [阴] 适应性，应变性　（6）

адвока́т [阳] 律师　　　　　　　　（16）

администрати́вный [形] 管理上的；行政上的　　　　　　　　　　　　　　　　（2）

администра́тор [阳] 行政干部；管理人员　　　　　　　　　　　　　　　　（2）

аккредити́в [阳] <财> 信用证　　　（10）

аккредитиводате́ль [阳] 信用证开证人（15）

аксессуа́р [阴] 配件　　　　　　　　（6）

акти́в [阳] <会计> 资产，（与паси́в"负债"相对）　　　　　　　　　　　　　　（7）

актуа́льный [形] 具有现实意义的，迫切的；实际存在的　　　　　　　　　　（7）

акцептова́ть [完，未] что <财> 承兑，承付　　　　　　　　　　　　　　　　（10）

аналоги́чный [形] 类似的　　　　　（9）

аппарату́ра [阴] 器械，器具，仪器　（15）

арти́кул [阳] 货号；编号　　　　　（3）

атмосфе́ра [阴] 大气（层）；<转>气氛，环境　　　　　　　　　　　　　　　（3）

аттестацио́нный [形] 鉴定的，证明资历的　　　　　　　　　　　　　　　（9）

аудиовидеоте́хника [阴] 影音设备　（1）

аэрацио́нный [形] <技> 通风的，通风用的；充气的　　　　　　　　　　　　（7）

Б

ба́нка [阴] 罐；<医>(常用复)拔火罐　（10）

ба́нк-аге́нт [阳] 代理行　　　　　（10）

ба́ррель [阳] 桶(英美容量单位，美国制等于115.6升，英国制等于163.65升)（12）

безотзы́вный [形] 不可撤销的　　（15）

бело́к [阳] 蛋白质　　　　　　　（5）

бельево́й [形] 内衣的　　　　　　（6）

беспрепя́тственный [形] 无阻碍的，通畅的　　　　　　　　　　　　　　　（14）

биома́сса [阴] 生物质，生物量　　（4）

биоразлага́емость [阴] 生物可降解性（8）

биото́пливо [中] 生物燃料　　　　（5）

биоэнерге́тика [阴] 生物能(力)学，生物能量学　　　　　　　　　　　　　　　（4）

бру́тто [不变，形及副] 毛重　　　（13）

бухга́лтер [阳] 会计员　　　　　　（7）

В

ва́куумный [形] 真空的　　　　　（10）

варьи́роваться [未] <文语>变形，变态（3）

веб-страни́ца [阴] 网页　　　　　（10）

ве́ксель [阳] 复-я <财> 期票，票据（10）

вертика́льный [形] 垂直的，竖(向)的；立式的　　　　　　　　　　　　　　　（7）

вестибю́ль [阳] (公共建筑物或大宅的)前室，前厅，外室，入口处的大厅　（2）

взыска́ть [完] что追索；征收；索取（15）

вибрацио́нный [形] 振动的　　　　（8）

вибра́ция [阴] <理>振动，振荡，颤动；<乐>颤音　　　　　　　　　　　　　（11）

визи́т [阳] 拜访；出诊；访问 （2）
визи́тка [阴] (口)名片 （2）
влагоёмкость [阴] 含水量，含湿量 （16）
влагосто́йкость [阴] 耐湿性，防潮性 （8）
вмеша́тельство [中] 干涉 （7）
внешнеторго́вый [形] 对外贸易的 （1）
возвра́т [阳] 归还，退还 （15）
возде́лывать [未] 耕种；栽培 （5）
возду́шный [形] 大气的，空气的；航空的 （12）
восполне́ние [中] <文语>补充，弥补，填补 （16）
вто́ргнуться [完] во что 攻入；入侵 （3）
вы́вести [完] кого-что 带出，领出；из чего 使退出 （6）
вы́грузка [阴] 卸货 （12）
вы́писка [阴] 订购；开具，出具 （13）
вы́работка [阴] 加工，润色 （1）
выра́щивание [中] 培养，栽培，种植 （5）
вы́слушать [完] кого-что 听取，仔细听完 （4）
вышеизло́женный [形] 上述的 （2）
Вэйси́нь (WeChat) 微信 （10）

Г

гара́нтия [阴] 保证，保障 （1）
гармо́ния [阴] (事物、现象、动作等)协调，一致，和谐，匀称 （3）
гибри́дный [形] 杂种的，杂交的；混合的 （5）
гладкокра́шеный [形] 素染的 （6）
гонора́р [阳] (付给作者等的)酬金；报酬；稿费 （16）
го́речь [阴] 苦，苦楚 （6）
гра́мотно [副] 文理通顺地 （4）
граф [阳] 图形；图表 （13）
грузово́й [形] 运货的，载货的；货物的 （12）
грузоотправи́тель [阳] 发货人，托运人，发货单位 （15）
гуаша́ [阳] 刮痧 （10）
гуманита́рный [形] 人道主义的 （12）

Д

дезинфе́кция [阴] 消毒 （15）
действи́тельность [阴] 效力，功效 （14）
делега́ция [阴] 代表团 （2）
делово́й [形] 事务上的；公务的；业务上的 （2）
держа́тель [阳] (有价证券等)持有人，拥有者 （13）
дерива́ция [阴] 派生，衍生 （6）
дефе́кт [阳] 瑕疵 （16）
диагно́стика [阴] <医> 诊断学；诊断，确诊 （10）
диапазо́н [阳] 区域，波段；音域 （9）
диверсифика́ция [阴] 经营多样化，多种经营 （5）
диза́йн [阳] 设计，打图样，计划，打算构思 （8）
динами́чный [形] 变动不定的；灵活的；动作多变的；动态的 （3）
дина́стия [阴] 朝代；皇朝；王朝 （2）
дистрибью́тор [阳] 推销，经销人 （1）
долгове́чный [形] 经久耐用的 （8）
доложи́ть [完] что 及 о ком-чём 报告；呈报 （16）
до́ля [阴] 份额 （1）
доска́ [阴] 木板；板状物；板材 （16）
древеси́на [阴] 原木，木材 （4）

Ж

животново́дство [中] (畜牧业)畜牧业 （5）
жирото́чный [形] 炼脂的，溶脂的 （7）

З

заве́ренный [形] 证明的，签认的，验证的 （14）
загото́вка [阴] 准备；半制品；采购 （5）
задержа́ться [完] 滞留 （16）
зарубе́жный [形] 国外的，外国的 （2）
затамо́жить [完] // затама́живать, затамо́живать [未] что 办理出口清关 （11）
затамо́жка [阴] 出口清关手续 （11）
затра́тный [形] 消耗的，耗费的 （9）
звено́ [中] 环节；(党政机关的)级；层 （1）
звуковоспроизводя́щий [形] 放音的 （1）

И

иерархи́я [阴] 体系，层级，分层；等级制度 （6）
избежа́ние [中] 躲避，回避；避免 （16）
изде́ржки [阴] 花费，费用 （9）
изы́сканный [形] 非常讲究的，精致的 （9）
именова́ться [未] <文语> 叫做，名为 （14）
импортёр [阳] 进口商 （1）
ина́че [对别连接词](口语)否则，要不然 （14）
инвента́рь [阳] 某类用具、器材的总和 （12）
инвестицио́нный [形] 投资的 （4）
инве́стор [阳] 投资方 （7）
индентифика́ция [阴] 识别，标识 （8）
индоссаме́нт [阳] 背书(转让票据时，持票人在票据背面的签名) （13）
инициати́ва [阴] 发起，首倡 （3）
инка́ссо [不变, 中] <财> 托收(根据委托收款) （10）

Инкоте́рмс [阳] 国际贸易术语解释通则（11）
иннова́ция [阴] 革新，创新 （4）
инспекцио́нный [形] 视察的，检查的 （13）
институциона́льный [形] 制度上的；基本的，注意到的 （10）
интегра́ция [阴] 一体化，整体化，综合化 （5）
интеллектуа́льный [形] 精神的；智力的（4）
иск [阳] 诉讼，控诉 （16）
исключе́ние [中] (исключить-исключать的动名词) 开除，除去；排除；例外 （2）

К

каранти́ный [形] 检疫的 （13）
кардига́н [阳] 开襟绒线衫 （6）
карто́н [阳] 硬纸板，硬纸盒 （8）
карто́нный [形] 硬纸板的 （10）
кла́няться [未] кому或с чем 鞠躬，点头；问候，致意；向……致敬，脱帽致意 （2）
кле́тка [阴] 方格 （3）
колле́га [阳及阴] 同事，同行；(高等学校的)同学 （2）
колли́зия [阴] 冲突，矛盾 （14）
кома́ндование [中] 指挥 （6）
комбико́рм [阳] 配备饲料 （5）
компенса́ция [阴] <文语>补偿，抵偿，赔偿；抵偿费，赔偿费 （16）
конве́нция [阴] 条约，公约 （14）
конверти́ровать(ся) [未] 兑换，变换；变更条款 （10）
конверти́руемость [阴] (本国货币与外币)可兑换性，自由兑换 （10）
конкуре́нт [阳] 竞争者 （9）
коносаме́нт [阳] 提单 （12）
консо́рциум [阳] 财团 （5）

консультáция [阴] 协商，磋商，商讨；咨询 （2）

контéйнер [阳] 集装箱；货柜 （11）

контроли́ровать [未] кого-что 操纵，控制，管制 （3）

конфиденциáльность [阴] 保密，机密 （4）

конъюктýра [阴] 行情，局势，情况 （9）

координи́ровать [完，未] что или что с чем <文语>使协调一致，使协同动作 （3）

кóрдный [形] 帘子布的 （6）

корпорати́вный [形] 小圈子的，小团体的；公司的；共同的 （4）

корпорáция [阴] (由同一种职业或同一个阶层的人组成的)团体，社团；(某些国家的)公司，股份公司 （5）

кóсвенно [副] 间接地 （16）

котéльная [阴] 锅炉房，锅炉间 （4）

кóфе-брейк [阳] 茶歇 （1）

коэффициéнт [阳] 系数；率，比 （7）

креди́т [阳] 贷款，信贷；赊销 （10）

крéмний [形] 硅的 （5）

кристаллизáция [阴] 结晶 （7）

критиковáть [未] кого-что 批评，批判 （3）

кропотли́вый [形] 费力细致的，需要细心和耐性的 （1）

крупногабари́тный [形] 大型的，尺寸大的 （8）

крупномасштáбный [形] 大规模的；重要的 （8）

Л

левшá [阳及阴] 左撇子 （2）

лими́т [阳] 限额 （10）

лотóк [阳] 街头货摊，摊床；(沿街叫卖用的)托盘，货盘；排水槽，水沟 （11）

льнянóй [形] 亚麻制的 （3）

М

макрополи́тика [阴] 宏观政治 （10）

манёвренность [阴] 机动性；灵活性 （12）

манипуляцио́нный [形] 操纵的；键控的 （8）

мáркетинг [阳] 营销，营销学；市场营销 （2）

маркирóвка [阴] 唛头，标示，标志，标记，标号 （8）

мáсса [阴] <理，化> 质量；糊状物；大片，大堆；大量；<常复> 群众 （8）

массáж [阳] 按摩，推拿 （10）

материáльный [形] 非物质的，无形的 （7）

менталитéт [阳] <书>思潮；思维方式；心态，心理 （3）

мéсто [中] 地点；(行李、货物的)件 （13）

ми́ксер [阳] (配制奶油、鸡尾酒等用的)混合器，搅拌机 （7）

монито́ринг [阳] 监察，监控，跟踪；<经> (对公司的实际状况与力求达到的目标所作的)系统监控 （8）

мотивáция [阴] 动机，理由 （3）

Н

набивнóй [形] 印花的 （6）

навáлочный [形] 装载的，装货的；散装的，堆装的 （12）

накладнáя [阴] (公文)运(货)单，托(运)单；提货单；发货单 （12）

накладнóй [形] 贴上的，镶上的；外加的 （9）

наливнóй [形] 装运液体的 （12）

налогообложéние [中] 课税，征税 （7）

насекомое-вредитель [中] <动> 害虫 （15）
насос [阳] 泵；抽水机；抽气机 （12）
насыпной [形] 散装的；(沙、土、碎石等散状物)堆成的，堆起的 （8）
натуральный [形] 自然的，天然的；实物的，固然的 （7）
невредимый [形] 未受损伤的，未受损害的，平安的，安全的 （1）
негорючесть [阴] 不可燃性 （8）
недосмотр [阳] 注意不够，照顾不周；疏忽大意，漏阅，失察 （14）
недостающий [形] 所缺少的，短缺的 （16）
незамедлительно [副] <公文> 立刻的，毫不耽搁的 （15）
ненадлежащий [形] 不应有的，不应该的，不适当的 （16）
неоткрытие [中] 未开立；不开放 （16）
непредвиденный [形] 不测的，未预料到的；意外的 （3）
непременно [副] 一定地，必定地，必然地；必需地 （15）
нетто [нэ] [不变，形及副] 净重 （13）
неудовлетворённость [阴] 不满足，不满 （3）
неуместный [阳] 不得当的，不合时宜 （14）
нефритоый [形] 软玉制的，玉石制的 （10）
номер [阳] 号，号码；(旅馆、浴室等的)房间 （2）
нотариус [阳] <法> 公证人 （16）
ношение [中] носить的动名词 （8）
нумерация [阴] 编号 （13）

О

обогнать [完] что 超过 （1）
оболочка [阴] 外壳，外皮；外罩；外观 （8）
оборот [阳] 一周，旋转；周转 （3）
оборотный [形] 流动的，周转的；背面的，反面的 （12）
обоюдный [形] 双方(共同的)，双边的 （2）
обслуживающий [形] 服务的，服务性的 （2）
обязательный [形] 必须履行的，必须的；[只用长尾] 法定的，义务的；必备的 （15）
овощеводство [中] 蔬菜栽培(业) （5）
оговорённый [形] 规定的 （10）
ограниченный [形] 有限的 （7）
однопрофильный [形] 同一专业的，同一行业的 （5）
однофамилец [阳] 同姓的人 （5）
ООО [缩] (Общество с ограниченной ответственностью) 有限责任公司 （9）
операция [阴] （金融、贸易上的）业务；交易 （1）
опилки [复] 锯末，锯屑 （4）
оповестить [完] кого-что о ком-чём 通知，通告 （15）
опознавательный [形] 用于识别(辨认)的 （8）
оптовый [形] 整批的；批发的 （9）
органический [形] 有机的；器官的；本能的 （7）
оригинал [阳] 原件，原稿，原本 （14）
ориентироваться [完，未] 辨别方向；<转> 搞清楚，了解；<转> на кого-что 以……为目标；面向…… （9）
основываться [未] на чём 以……为根据，建立在……基础上 （4）
осуществление [中] 实现，实施 （1）
осуществляться [未] 实现 （2）
отбор [阳] 选择，筛选 （1）
отгрузка [阴] 运送；卸货；装运，起运 （9）

отда́ча [阴] 归还，退还；效率 （4）
оте́ль [тэ] [阳] (大)旅馆，(大)饭店 （2）
отзы́вный [形] 回答的；=отзывно́й <外交> 召回的，卸任的 （10）
откла́дывание [中] 推迟，延期 （3）
отложе́ние [中] 推迟，延迟 （6）
отложи́ть [完] кого-что 推迟，延期；放在一边 （15）
отскани́рованный [形] 扫描的 （14）
отчётность [阴] 会计制度；业务报表 （7）
о́фис [阳] (英office) 事务所，营业所，办事所，办公室 （10）
охва́т [阳] 包围，抱住 （13）

П

паке́т [阳] 一包，纸包；一系列，一组 （7）
пакети́рование [中] 打包，打捆，组装 （12）
пала́та [阴] (某些国家中一些机构的名称)局，厅，院 （11）
паро́мный [形] 轮渡的，渡船的 （12）
перева́лка [阴] 转运，转载；转运站，转载站 （12）
перево́зка [阴] 运送；转运；(船舶，航空)运输 （11）
перево́зчик [阳] (口)承运人；承运人 （9）
перегово́ры [复] 谈判，会谈；洽谈 （1）
переломи́ть [完] кого-что 拆毁；克服；扭转 （6）
переме́нный [形] 变幻无常的 （6）
перепрода́ть [完] кого-что 转售 （13）
периоди́чность [阴] 周期性，定期性 （12）
пестици́д [阳] 杀虫剂 （11）
пищево́й [形] 食品的；制造食品的 （5）
пла́стик [阳] 塑料 （12）
пла́та [阴] 付，支付；费用 （9）

плате́льщик [阳] 付款人，交款人 （10）
поведе́нческий [形] 行为反应的；(机体对外界环境的)习性反应的 （3）
поврежде́ние [中] 损坏，损伤，毁坏 （8）
погру́зка [阴] 装卸 （11）
подгото́вка [阴] 准备 （1）
поддо́н [阳] 底盘；货盘；集装托板，托架，托盘 （8）
Поднебе́сная [阴] 天下，全世界 （6）
подоплёка [阴] 内幕，内情 （6）
подсо́лнечный [形] 向日葵的，葵花子制的 （5）
подсо́лнечник [阳] 葵花(子)；向日葵(子) （5）
по́за [阴] 姿势，姿态，架势 （3）
пози́ция [阴] <会计>(库存、帐目的)总情况 （3）
по́иск [阳] 寻找 （1）
показа́тель [阳] 标志，指标 （3）
по́лис [阳] 保险单 （13）
полномо́чие [中] 权利，全权 （14）
положе́ние [中] 位置；姿势；地位；状况，情势 （2）
полотно́ [中] 麻布 （6）
полуго́дие [中] 半年 （1）
понести́ [完] что 遭到，受到 （16）
поощря́ть [未] кого-что 鼓励，奖励 （4）
попо́зже [副] 稍晚些，稍迟些 （2）
по́ристый [形] 有孔的，有孔隙的；汗孔大的 （7）
поста́вщик [阳] 供应者；<转> 供应地，产地 （9）
потерпе́вший [形] <法>受害人，受害一方 （16）
потреби́тельский [形] 消费的；消费者的 （8）

пошлина [阴] 税，关税，手续费 （13）
право [中] (单)法，法制；法学；权利；(复)许可证，证书 （14）
правовой [形] 法律的，法治的，权利的 （12）
прайс-лист [阳] (商品及服务项目的)价目表，价格单 （5）
предоставить [完] (кого-что кому-чему或во что) 给，赋予，使享有，提供 （10）
предосторожность [阴] 预防，防备；谨慎，小心 （14）
предположение [中] 推测，猜测；假设 （6）
предпосылка [阴] 先决条件；前提 （5）
предприниматель [阳] 企业家，企业主 （9）
предпринимательство [中] 经营，企业家的活动 （7）
представление [中] 呈请，出示；提出；向……介绍 （2）
предупредительный [形] 预防性的，警告性的 （8）
предусматривать [未] что 预先注意到，规定 （2）
предусмотреть [完] что 预见到；规定 （15）
претензия [阴] 索赔 （16）
прибыль [阴] 利润 （7）
приветствие [中] 致意，问候；欢迎 （2）
приемлемость [阴] 可接受性 （8）
прилагаться [未] 附加上；运用，使用 （13）
применимый [形] 可以应用的，适用的，有用的 （14）
приоритетный [形] 优先的 （10）
причал [阳] 码头 （11）
причинить [完] (что或无补语) 致使，引起；使遭受 （13）
провал [阳] 失败，垮台，破产 （1）
продажа [阴] 出售，售卖 （11）

продолжительный [形] 长期的，长时间的；持续(相当)长久的 （1）
проектор [阳] 投影仪，幻灯机 （1）
пронизывать [未] 穿(珠串)；(成为主要的)贯穿(行动、工作、组织等) （13）
противник [阳] 反对者；对手，对方 （1）
протокол [阳] 记录，笔录；<外交> 议定书 （14）
протягивать [未] что 拉；伸出 （2）
профессионализм [阳] 专业性 （4）
прядильный [形] 纺纱的，可纺的；出纤维的 （6）
пудра [阴] 粉，香粉；粉，粉末 （7）
пуловер [阳] 套头毛衣 （6）
пунктуальность [阴] 守时 （4）

Р

радушный [形] 亲热的，殷勤的 （2）
разгрузка [阴] 卸货 （11）
разобрать [完] кого-что 拆开，卸开，拆除 （8）
разработка [阴] 加工处理；深入研究，仔细分析 （1）
разрозненной [形] 不成套的；零散的；分散的 （4）
рапсовый [形] 油菜的 （5）
расписка [阴] 签名，签字；收据，收条 （12）
распространённый [形] 普遍的，普及的，详细的 （2）
расследование [中] 调查 （16）
растаможка [阴] 进口清关手续 （11）
расторгнуть [完] что <公文>解除，废除；<转>摆脱；断绝，破坏 （15）
рациональность [阴] 合理性，有理性 （7）
реагирование [中] 应对，反应 （1）

револьве́рный [形] <机> 回转的，旋转的（10）

регла́мент [阳] <旧>章程，规则，条例（14）

регули́ровать [未] что 调整，调节，校准（7）

регуля́рность [阴] 规律性；经常性；正规性（2）

резе́рвный [形] 后备的，准备的（10）

ре́йтинг [阳] 排行榜（1）

реквизи́т [阳] <法，财>(文据、票据等)要素，要项，应填项目（13）

реклама́ция [阴]<商>(由于商品质劣、分量不足等)索赔，要求赔偿（16）

ремнёвый [形] 传送带（6）

рента́бельность [阴] 盈利性；利润率；收益率（7）

репута́ция [阴] 名声，名望，声誉（9）

рефрижера́тор [阳] 制冷机；冷餐器；冷餐车，冷藏船（11）

речно́й [形] 河的，河流的；河运的（12）

ржа́вчина [阴] 锈; 铁锈；<植> 锈病（11）

рите́йлер [阳] 零售商（英语Retailer）（7）

ро́зничный [形] 零售的（1）

рука́вный [形] 袖子的，衣袖的（6）

рукопожа́тие [中] 握手（2）

С

садово́дство [中] 园艺栽培；园艺学（5）

самово́льный [形] 擅自的，自作主张的（16）

сати́н [阳] 缎纹织物（6）

сбыт [阳] <商> 营销，推销；非法销售（8）

своевре́менность[阴] 及时，适时（15）

связь [阴] 联络，通讯；邮电（机关）（5）

сде́лка [阴] 交易，议定书，契约（1）

себесто́имость [阴] <经> 成本（9）

се́ктор [阳] (国民经济)部门；(组成)部分（5）

серви́з [阳] 餐具，一套茶具（9）

се́рвис-ориенти́рованный [形] 服务型的（7）

синхро́нный [形] 同期的，同时的，同步的（1）

си́тец [阳] 印花布（6）

СИФ [缩，拼读] (英语CIF) 成本加保险费、运费(指定目的港)价格，到岸价格（9）

сказа́ться [完] (第一、二人称不用) на ком-чём 影响到（16）

скан [阳] 扫描件，扫描版（16）

ски́дка [阴] 折扣（10）

скkorректи́ровать [完] что 改正，矫正；校准，校对（7）

склади́рование [中] 仓储（15）

скребо́к [阳] 刮片，刮刀（10）

скре́щивать [未] кого-что 使交叉；<转>使对立（4）

слия́ние [中] 融合，合成一体（7）

смартфо́н [阳] 智能手机（1）

сме́шанный [形] 混合的（12）

соверше́нствование [中] 完善（1）

совпада́ть [未] с чем 相符，相似，吻合（4）

согласова́ние [中] 协调；一致关系（7）

согласо́ванный [形] 协调的，协同一致的（15）

содержа́ние [中] 含量（16）

сопостави́мый [形] 可比的；可以相提并论的（14）

сопроводи́тельный [形] 陪伴的；随同寄发的（13）

списа́ние [中] 转销，报销，注销（15）

ста́вка [阴] 费率（12）

сте́ла [тэ] [阴] (刻有文字或雕饰的)石碑，石柱（2）

стенд [阳] 展台（5）

страна́-партнёр [阴] 伙伴国（4）

стратéгия [阴] 战略，方案 （6）
страховáтель [阳] 投保人 （13）
страхóвщик [阳] 承保人 （13）
структурúрованно [副] 形成一定结构地（4）
сýдно [中] судá [复] 船，船舶，船艇 （12）
судохóдный [形] 通航的，能行船的 （14）
супрýга [阴] 夫人（多半用以称呼别人的妻子；在交际场合称жена是不够客气的） （2）
схóжий [形] 相似的，类似的 （8）
счёт, -a; счетá及счёты [阳] <财> 账户；账目
счёт-фактýра [阳] 账单发票，发货账单 （13）

Т

такт [阳] 分寸 （6）
тáктика [阴] 战术，方式，手段 （6）
тáнкер [阳] 油船，油轮 （12）
тарúф [阳] 运价 （12）
терминáл [阳] 航站楼，客运大楼；终端机；终点站 （11）
термостáт [阳] <专> 恒温器 （7）
терракотóвый [形] 赤陶的，赤陶色的，赤土色的 （2）
тестúрование [中] 检验，检测；(心理，能力方面)测验 （8）
товарораспределúтельный [形] 货物处理的，货物分配的 （12）
толщинá [阴] 厚度，深度，粗度 （10）
торжéственный [形] 隆重的 （2）
транзúтный [形] 中转的；联运的；直达 （8）
транспортёрный [形] <机>运输机的，输送器的；传送装置的，传送带的 （6）
трáтта [阴] <财> 汇票 （10）
трикотáж [阳] 针织品 （6）
трубопровóдный [形] 管道运输的 （12）

У

убедúться [完] в чём或接连接词что 确认，确信；信服 （2）
убыток [阳] 亏本，赔钱 （9）
увезтú [完] кого-что 带走，运走；偷走 （6）
увенчáться [完] чем <转，文语>得到好的结局，以(好的结果)而告终 （3）
удержáние [中] (удержать的动名词) 拿住，握住；留住 （8）
удобрéние [中] 肥料 （5）
ультимáтум [阳] 最后通牒 （6）
умéстность [阴] 针对性 （6）
умéстный [形] 恰当的，合适的，适当的；适宜的，适时的 （16）
урегулúрование [中] 调整，调节 （16）
урожáйность [阴] (农作物的)产量，收获量 （5）
услýга [阴] 效劳，效力，服务，帮助 （1）
устáвной [形] 条款的，条例的，章程的 （7）
утилизáция [阴] 回收，再生 （8）
учúтывать [未] кого-что 顾及，考虑到，注意 （2）
учредúтельный [形] 成立的，创立的 （7）
учреждáющий [形] 成立的，建立的 （7）

Ф

фармацевтúческий [形] 药学的；制药的；药剂师的 （5）
фарфóр [阳] [集] 瓷制品，瓷器；<电> 瓷料 （9）
филиáл [阳] 分支机构 （10）
фильтровáльный [形] 过滤用的 （6）
финáпсовый [形] 财政的，财务的，金融的 （9）
финансúровать [完，未] кого-что 向……提供资金，给……拨款 （7）

фи́тнес [阳] 健身 （2）
фла́гманский [形] 旗舰的；领头的 （1）
фонд [阳] 基金；储备(额)，储存(量)；总额，
　　总量，资源 （1）
форма́льный [形] 正式的；表面上的；形式的
　　 （2）
формо́вочный [形] 造型的 （7）
фрахтова́ние [中] 租船订舱 （15）
фрахто́вый [形] 运费的(主要指海上运费的)
　　 （12）
фрукто́за [阴] 果糖 （7）
фумига́ция [阴] 熏蒸 （15）
фурше́т [阳] 冷餐会 （1）
фут [阳] 英尺 （11）

Х

хромато́граф [阳] 色谱仪 （15）

Ц

ценово́й [形] 价格的 （9）
ценообразова́ние [中] <经> 价格形成(过程)，
　　价格制定 （9）
цепо́чка [阴] 连锁，细小的链子；一行，一连
　　串，一列 （15）

Ч

ча́ртерный [тэ] [形] 租用的，包租的(指飞机等)
　　 （13）

чек [阳] 支票；取货单，发票 （10）

Ш

шотла́ндка [阴] 苏格兰方格尼（布） （6）
штаб-кварти́ра [阴] <军> 大本营，总司令部；
　　<转> (某组织等的)总部，本部 （10）

Э

экспеди́тор [阳] 发送人，发货人 （12）
экспети́за [阴] 技术鉴定，检验 （13）
эксплуата́ция [阴] 开发，开垦；经营 （7）
экспортёр [阳] 出口商 （1）
экспре́сс [阳] 特别快车；快船；特快公共汽
　　车；快递邮件 （14）
эмпа́тия [阴] (希 empatheia) <心>人神；感情
　　移入，移情(指对他人同情，与他人产生感
　　情上的共鸣，也指将自己的主观感情、思
　　想、观念移入客观世界的物体或艺术作品)
　　 （3）
энергоресу́рсы [复] 能源，动力资源 （4）
эруди́рованный [形] 学识渊博的 （5）

Ю

юриди́ческий [形] 法律(上)的；司法的，法学
　　的 （7）

Я

я́рмарка [阴] 集市；交易会，展销会 （12）

Ключи к упражнениям

练习参考答案

Урок 1

Упражнение 1. Объясните следующие термины.

1) Внешняя торговля: Под внешней торговлей понимается обмен товарами, услугами и технологиями между одной страной (регионом) и другой (другим).

2) Внешнеторговые переговоры – это процесс переговоров по различным условиям сделки между различными заинтересованными сторонами в международной коммерческой деятельности для достижения определённой трансакции.

3) Внешнеторговая операция – это комплекс действий участников торгового процесса, представляющих разные страны, с целью осуществления торгового обмена.

Упражнение 2. Переведите следующие слова и словосочетания.

1) 准备外贸谈判 подготовка к внешнеторговым переговорам

2) 履约 исполнение контракта

3) 收集和分析信息 сбор и анализ информации

4) 音响设备的安装 установка звуковоспроизводящего оборудования

5) 智能手机市场 рынок смартфонов

6) 直销模式 прямые продажи

7) 代理销售 агентские продажи

8) международная коммерческая деятельность 国际商业活动

9) зарубежный бизнес 国外生意

10) подготовка аудиовизуальной техники 影音设备的准备

11) кофе-брейк 茶歇

12) объём продаж 销售额

13) канал продаж/канал сбыта 销售渠道

14) дистрибьютор 经销商

15) поставщик услуг 运营商

Упражнение 4. Прочитайте следующую информацию о российской компании «Связной» и выполните задания.

Задание 1. Переведите следующие слова и словосочетания на китайский язык.

1) 高科技零售网

2) 多渠道发展战略

3) 平板电脑

4) 四旋翼飞行器

5) 智能房屋体系

6) VR头显

Задание 2. Переведите следующие предложения на русский язык.

1) Миссия компании – сделать позитивным опыт взаимодействия человека с технологиями.

2) Компания предоставляет расширенный спектр услуг, включая в себя оплату интернета, цифровое ТВ, коммунальные услуги и много другого.

3) Компания Связной также оказывает финансовые услуги, к примеру, оформить кредитные и дебетовые карты, сделать денежный перевод, погасить кредит.

Упражнение 5. Прочитайте тексты и ответьте на вопросы.

Задание 1. Ответьте на следующие вопросы.

1) Какие основные направления работы включает в себя подготовка к переговорам? Расскажите о них.

Подготовка к внешнеторговым переговорам включает два основных направления работы: решение организационных вопросов и проработка основного содержания переговоров. К организационным вопросам относят, прежде всего, определение времени и места встречи, формирование количественного и качественного состава делегации: цель визита делегации, её персональный состав и уровень представительства, с точки зрения протокола, самые существенные моменты, которые определяют уровень делегации и особенности её приёма. Другими словами, форма приёма зависит от цели приезда делегации и ранга её главы.

2) Как выбрать контрагента во внешнеторговой сделке?

Выбор контрагента – вопрос очень важный и сложный. Он зависит от характера и предмета сделки, страны заключения и исполнения контракта, ёмкости рынка, конъюнктуры на данном рынке. При выборе контрагента возникает вопрос, на каком рынке (т.е. в какой стране) лучше продать или купить товар, а также с каким иностранным покупателем или поставщиком лучше заключить сделку. В период подготовки к заключению сделки производятся выбор и установление контактов с предполагаемым контрагентом.

3) Как подготовить документы для подписания контракта?

При подготовке к проведению внешнеторговых переговоров необходимо подготовить пакет документов для подписания. Состав и количество документации будет зависеть от вида внешнеторговой операции, от страны-партнёра, от того, чьё законодательство будет использовано при заключении контрактов.

Задание 2. Ответьте на следующие вопросы.

1) Какое положение у китайских брендов смартфонов на зарубежных рынках в 2018 г.?

   Благодаря освоению зарубежных рынков китайские бренды смартфонов стабильно удерживают прочные позиции на глобальном рынке, предполагается, что в этом году их доля увеличится до 54 %.

   Согласно данным разных исследовательских компаний, в 2017 году доля китайских компаний на мировом рынке составляла от 42 до 45 %. Однако, вслед за ускоренным выходом предприятий страны за границу, их доля постепенно превышает 50 % за первые шесть месяцев этого года. Особенно стремительное расширение их деятельности наблюдается в Индии, России и странах Европы.

2) Почему китайские бренды смартфонов доминируют на мировом рынке?

   Китайские бренды одерживают победу в конкуренции и продолжают осваивать обширные рынки благодаря успешной ценовой политике, соответствию цены и качества, а также большому ассортименту.

3) Какие бренды могут одержать победу в эпоху глобальной конкуренции?

   В будущей конкуренции в эпоху глобализации победителями будет те, кто способен в соответствии с моровыми торговыми правилами развивать свои технологии и продукцию.

Урок 2

Упражнение 1. Переведите следующие словосочетания.

1) 晚宴 вечерний банкет
2) 商务经理 коммерческий директор
3) 碑林博物馆 Музей «Лес стел»
4) 五星级宾馆 пятизвёздочный отель (5-звёздочный отель); отель 5 звёзд
5) 健身房 фитнес-зал
6) 服务处 бюро обслуживания
7) 中央空调 центральный кондиционер
8) 言语礼节 речевой этикет
9) рабочий визит 工作访问
10) глава прибывшей зарубежной делегации 国外代表团团长
11) загадка века 世纪之谜

12) Горячие источники Хуацинчи 华清池

13) услуга «Звонок-будильник» 叫醒服务

14) деловая делегация 贸易代表团，商务代表团

Упражнение 2. Впишите недостающие реплики в диалогах.

1) – Как долетели?

– <u>Немного устали.</u>

– Предлагаю, что сначала разместиться в гостинице и немного отдохнуть.

2) – Профессор Петухов очень хотел познакомиться с Вами.

– <u>Я тоже хотел бы с ним познакомиться.</u>

– Хорошо. Он будет ждать Вас в холле отеля в 17 часов.

3) – У нас насыщенная программа.

– Будет время посетить Терракотовую армию?

– <u>Конечно. Это организовано в нашей программе.</u>

4) – Разрешите Вам помочь?

– <u>Можно ли перенести время ужина ?</u>

– Я спрошу у нашего директора.

Упражнение 3. Отметьте правильные предложения знаком (+), неправильные – знаком (–).

1) Встреча в аэропорту предполагает представление и знакомство хозяев и гостей. (<u>+</u>)

2) При встрече и знакомстве желательно давать визитные карточки. (<u>+</u>)

3) После прилёта необходимо зарегистрироваться в миграционной службе аэропорта. (<u>+</u>)

4) Размещение в гостинице предполагает регистрацию на стойке регистрации и получение ключей от номера. (<u>+</u>)

5) Паспорт – самый важный документ для заселения иностранцев в гостинице. (<u>+</u>)

6) При всех проблемах по питанию необходимо обращаться к дежурному администратору гостиницы. (<u>-</u>)

7) В состав каждой делегации входит гид-переводчик. (<u>-</u>)

8) Обычно в номерах гостиницы есть бесплатный Интернет и телефон. (<u>+</u>)

Упражнение 4. Прочитайте тексты и выполните задания.

Задание 1. Ответьте на следующие вопросы.

1) Что нужно делать, если в составе делегации есть женщина?

Если в составе делегации есть женщина, то на встречу в аэропорт также должна поехать женщина.

2) Что должен глава принимающей стороны делать при встрече делегации в аэропорту?

Встречая делегацию в аэропорту или на вокзале, глава принимающей стороны должен вручить цветы всем дамам, входящим в состав делегации или прибывшим вместе с членами делегации.

3) Какие правила действуют в различных странах в отношении обычая целовать руку женщине?

Что касается обычая целовать руку женщинам, то во многих странах в настоящее время он практически не употребляется, кроме Польши.

В Австрии женщинам руку целуют лишь в особо торжественных случаях.

В России этот жест уместен только в закрытых помещениях.

4) Как проходит церемониал проводов?

Церемониал проводов практически аналогичен церемониалу встречи.

Задание 2. Заполните пропуски в следующих фрагментах текста.

1) В международной протокольной практике места в автомобилях делятся на почётные и менее почётные.

Первым почётным местом является место на заднем сиденье справа по ходу движения машины.

Если глава делегации прибыл с супругой, то первое почётное место занимает супруга, супруг находится рядом на менее почётном месте.

На переднем месте рядом с водителем садится переводчик или один из сопровождающих лиц.

Если в качестве транспорта используется личный автомобиль и водитель – встречающий член делегации, то тогда самым почётным местом для гостей будет место рядом с ним.

2) Перед тем, как гости сядут в автомобиль или захотят выйти из него, необходимо открыть им дверцу, а затем закрыть её за ними. Эта обязанность лежит на членах встречающей делегации и, в зависимости от рассадки по автомобилям, может лежать либо на водителе, на переводчике или на одном из сопровождающих лиц.

3) По прибытии в гостиницу гостей провожают до вестибюля, в случае необходимости помогают оформить все необходимые документы и прощаются.

Провожать гостей до номера не принято, так как в этом случае гостеприимный человек вынужден пригласить провожающего на чашечку чая или кофе, к чему он совершенно не готов.

Задание 3. Ответьте на следующие вопросы.

1) Когда была найдена Терракотовая армия императора Цинь Шихуана?

В марте 1974 года неподалёку от города Сиань была обнаружена Терракотовая армия, выполненная из глины. Статуи были обнаружены местными крестьянами во время бурения артезианской скважины к востоку от горы Лишань.

2) Какое место занимает Терракотовая армия Цинь Шихуана?

Некоторые окрестили её восьмым чудом света. На сегодняшний день Терракотовая армия является одной из главных достопримечательностей Китая, наряду с Великой Китайской стеной.

3) Какое значение, по преданию, имеет Терракотовая армия?

Она располагалась рядом с гробницей императора, и согласно верованиям древних китайцев, должна была охранять его в загробной жизни.

4) Почему рабочих, занимающихся построением могилы, были заживо погребены в могилу?

Экспертиза показала, что все эти люди были заживо погребены в могилу. Скорее всего, это делалось для того, чтобы скрыть тайну изготовления данной армии.

5) Когда была построена Терракотовая армия?

Терракотовые статуи были захоронены вместе с первым императором династии Цинь Шихуан. Через год после восхождения на престол в 246 году до н. э. 13-летний Ин Чжэн (будущий Цинь Шихуан) начал строить свою гробницу.

6) Почему Цинь Шихуан решил создать для себя гробницу?

По его замыслу, статуи должны были сопровождать его после смерти, и, вероятно, предоставить ему возможность удовлетворять свои властные амбиции в потустороннем мире так же, как он делал это при жизни.

7) Какие этапы археологических раскопок указаны в данном тексте? Перечислите и укажите их особенности.

Первый этап раскопок прошёл с 1978 по 1984 год. Второй – с 1985 по 1986.
13 июня 2009 начался третий этап раскопок.

8) Какие воины присутствуют в склепах?

Среди воинов присутствуют рядовые, лучники, кавалеристы и главнокомандующие.

9) Что остаётся загадкой для современных учёных?

Учёные и сегодня ломают голову над тем, каким образом изготавливались эти статуи. Определённо ясно то, что изначально фигурам предавалась та или иная форма, а потом происходил их обжиг. Но как?

Проблема в том, что поблизости археологи не обнаружили ни одной печи для обжига. И это не удивительно, ведь в то время люди ещё не обладали такими высокоразвитыми технологиями, необходимыми для изготовления подобных скульптур. Помимо этого, каждая статуя покрыта специальной глазурью и окрашена краской.

10) Когда главы каких иностранных государств побывали на Терракотовой армии?

В 1984 году экспозицию осмотрел президент США Рональд Рейган с супругой. В 1986 году там побывала королева Великобритании Елизавета II с принцем Филиппом. В 1998 году памятник посетил президент США Билл Клинтон с семьёй, а в 2004 году – президент России Владимир Путин.

11) Почему остановлены раскопки Терракотовой армии?

Причиной приостановки археологических исследований является то, что согласно легенде, в загробном мире сопровождать императора должны реки из ртути.

Задание 4. Заполните пропущенные цифровые данные.

1) Терракотовая армия представляла собой около 8100 глиняных воинов и коней, выполненных в натуральную величину.

2) Помимо этих фигур, археологи нашли останки 70 тысяч рабочих с их семьями, а также тела 48 наложниц императора.

3) Цинь Шихуан (объединил Китай и соединил все звенья Великой Китайской стены) в 210-209 годах до н. э.

4) Армия глиняных воинов покоится в боевом построении в параллельных склепах в 1,5 км на восток от гробницы императора.

5) Все эти склепы были найдены на глубине от 4 до 8 м.

6) Каждая человеческая статуя весит около 130 кг.

7) В 1987 году на 11-й сессии ЮНЕСКО Терракотовая армия была включена в Список Всемирного наследия, как часть комплекса «гробницы первого императора династии Цинь».

Урок 3

Упражнение 1. Переведите следующие словосочетания.

1) 谈判的氛围 атмосфера переговоров

2) 出乎意料的情况 непредвиденная ситуация

3) 通过协商达到一致 достичь консенсуса путём консультаций

4) 不可靠的信息 неверная информация

5) 引起抵触 вызвать сопротивление

6) 年营业额 годовой оборот

7) 技术指标 технические показатели

8) перед началом переговоров 谈判开始前

9) продление или откладывание переговоров 延长或推迟谈判

10) варьироваться от человека к человеку 因人而异

11) домашний текстиль 家用纺织品

12) льняная ткань в клетку 格子亚麻织物

13) ханьчжунский зелёный чай «Сяньхао» 汉中仙豪

14) каталог текстильных изделий 纺织品产品目录

Упражнение 3. Расставьте по порядку данные реплики в диалоге.

Диалог 1

1–3–5–4–2

Диалог 2

2–5–8–4–7–1–6–3–9

Упражнение 4. Прочитайте тексты и выполните задания.

Задание 1. Переведите подчёркнутые предложения на китайский язык.

① 美国人不喜欢太正式的谈判气氛，他们友好、开放、充满活力。他们对所有事情都反应迅速，并期望合作伙伴也能做到。

② 英式的谈判风格是务实，能够根据合作方的意见进行调整。

③ 英国人特别注意合同关系的期限。拟议交易的有效期越长，英国伙伴就越容易签订合同。

④ 德国的伙伴善于算计和吹毛求疵。他们只有在确定将要签订合同时才进行谈判。

⑤ 在与实力较弱的商人进行谈判时，日本商人对其施加压力，但对他们使用威胁是无效的。

⑥ 一旦达成谅解，韩国商人就更愿意"尽力而为"。他们倾向于清晰明了，不喜欢抽象推理。

⑦ 中国式谈判的特点是明确划分了各个阶段。

⑧ 在西方谈判代表看来，俄罗斯谈判风格的主要特点在于：它主要关注共同目标，很少关注如何实现这些目标。

Задание 2. Ответьте на следующие вопросы.

1) Что означает слово «оплот» в данном тексте? Объясните его смысл на русском языке.

   Надёжная опора, защита.

2) Что определяет развитие текстильной промышленности в Китае?

   В силу соотношения факторов и международного конкурентного преимущества, развитие текстильной промышленности по-прежнему определяется затратами труда и технологиями.

3) В каких отраслях играет важную роль трудоёмкий процесс?

   Трудоёмкий процесс для текстильной промышленности, в частности для сектора химических волокон, капитал и технологии становятся всё более и более важными.

4) Какое положение в мире у текстильной промышленности Китая?

   Текстильная промышленность Китая показывает специфическое превосходство перед другими развивающимися странами.

5) Что является особым преимуществом в текстильной промышленности Китая?

Особым преимуществом в текстильной промышленности Китая является привлечение прямых иностранных инвестиций.

Задание 3. Ответьте на следующие вопросы.

1) Что включает в себя текстильная промышленность?

   Текстильная отрасль представлена предприятиями по производству шерсти, льна и конопли на севере Китая и шёлка и джута – на юге.

2) Каково текущее состояние текстильной промышленности Китая?

   Китай занимает первое место в мире по экспорту одежды из х/б тканей, в стране расположены производства многих международных фирм. Китайская лёгкая промышленность играет очень важную роль в экономике страны и является одной из самых крупных по объёмам производства. Такое развитие обусловлено доступностью основных факторов производства: Китай очень богат дешёвыми трудовыми ресурсами, также развито и производство тканей, как натурального хлопка, так и синтетических волокон. Одним из преимуществ Китая перед другими экспортёрами в отрасли — наличие иностранных инвестиций и выгодные для них экономические условия.

3) Что в основном входит в пищевую промышленность?

   Морепродукты, чайная промышленность.

4) Какое место занимает текстильная промышленность в экономике Китая? Подтвердите фактами.

   Китайская лёгкая промышленность играет очень важную роль в экономике страны и является одной из самых крупных по объемам производства.

5) Какая ситуация в Китае у чайной промышленности?

   Исторически развита чайная промышленность: с XIX века Китай не теряет свой статус одного из главных поставщиков чая. Размещены предприятия чайной отрасли в основном исторически, так как собранное сырье необходимо сразу перерабатывать, что делается на уже построенных заводах.

Урок 4

II. Прочитайте следующую информацию, переведите подчёркнутые предложения на китайский язык.

① 高新技术开发区（国家高新技术产业开发区，HIDZ）是大学、研究机构、小型创新公司、咨询公司、服务机构、地方行政部门和大型工业企业之间进行科技合作的一种特殊形式。

② 在中国的许多大城市中，大学、学术机构和行业研究机构在城市中彼此相邻。

Упражнение 1. Переведите следующие словосочетания.

1) 公共准则 общедоступные корпоративные правила
2) 掌握表达的艺术 владение ораторским мастерством
3) 工作环境 окружение на службе
4) 个人空间 личное пространство
5) 中国国务院 Госсовет КНР
6) 增长极 полюс роста
7) 温室效应 парниковый эффект
8) 矿物质能源 минеральные энергоресурсы
9) 掌握两门语言 владеть обоими языками
10) компетентность и грамотность работы 工作能力和素养
11) язык тела 肢体语言
12) местный этикет 地方礼仪
13) экономические показатели 经济指标
14) центр исследований и разработок 研发中心
15) электроэнергия из биомассы 生物质发电
16) независимое право интеллектуальной собственности 自主知识产权

Упражнение 2. Объясните следующие понятия на русском языке.

1) Деловой этикет – это серия правил и концепций, которым должны следовать деловые люди во время деловых встреч, переписки или телефонных разговоров.
2) Биоэнергетика – междисциплинарная наука, раздел биологии, изучающий совокупность процессов преобразования внешних ресурсов в биологически полезную работу в живых системах.
3) Парниковый эффект – повышение температуры нижних слоёв атмосферы планеты по сравнению с эффективной температурой, то есть температурой теплового излучения планеты, наблюдаемого из космоса.
4) Энергический кризис – явление, возникающее, когда спрос на энергоносители значительно выше их предложения. Его причины могут находиться в области логистики, политики или физического дефицита.

Упражнение 3. Прочитайте тексты и выполните задания.

Задание 1. Переведите подчёркнутые предложения на китайский язык.

① 商业环境中，仅仅是一个举止优雅、有教养、有礼貌的人是不够的。
② 在公司环境中，哪怕对于不诚实的合作伙伴也不能表现粗鲁或不予以注意。需要学会控制自己，控制自己的情绪，并通过意志力调节行为。
③ 委婉指的是温和、流利、有表现力、重视用词。说赞美的话不认为是恭维和虚伪。

④ 组织负责人或雇员的负责程度，可以说明其分析、预测和评估情况、实力和可能性的能力。

⑤ 商业环境中，不守时、不能正确处理时间，被认为是不雅的，因为这表明一个人不珍惜自己或他人的时间。例如，等待一个重要的会议超过五分钟被视为严重违反商务礼仪。时间在商业中尤其宝贵。

Задание 2. Ответьте на следующие вопросы.

1) Как в России относятся к дресс-коду?

Деловой этикет в России достаточно строг. В России такая расслабленность не приемлема. Именно поэтому во многих компаниях введен строгий дресс-код, который дисциплинирует сотрудников.

Чем выше позиционирует себя компания, тем строже у неё дресс-код. В особо крупных корпорациях следует не только правильно подбирать цвета рубашек и галстуков, но и точно отмерять длину юбок дамам. Чуть выше на 1 см – и дресс-код уже нарушен.

2) Какое существует отношение к коммерческой тайне?

Коммерческая тайна – дело святое

В компаниях России соблюдение коммерческой тайны приравнивается к верности Родине. Если один из сотрудников «слил» какие-то секреты конкурентам, родная компания заклеймит его, как предателя. Велика вероятность, что и в другие фирмы никто не захочет брать такого ненадежного работника.

3) Каковы правила курения в офисе?

Во многих компаниях работники, позволяющие себе такие вольности, облагаются штрафами. Курящих вообще не очень охотно берут на работу, совершенно справедливо полагая, что сотрудник с вредной привычкой будет львиную долю рабочего времени тратить впустую.

4) Как изменилось отношение к телефонным разговорам по личным вопросам в рабочее время?

В прошлом остались и бесконечные разговоры секретарш и других сотрудников по служебному телефону со всеми своими родственниками и друзьями. Сейчас это строго пресекается. Быть замеченным в подобной слабости равносильно подписанию смертного приговора своей карьере. На работе все должны работать. И точка.

То же самое касается и Интернета. Переписки с приятелями, мониторинг любимых социальных сетей – обо всем этом нужно забыть, если вы хотите удержаться на своей должности как можно дольше.

5) Существуют ли правила приёма делегаций и проведения переговоров? Какие из них

указаны в данном тексте?

При этом строго соблюдается протокол, планируется время и контролируется достижение целей. После приёма возможен фуршет, обмен подарками, но всё должно быть «в рамках» и не обязывать партнёров.

Задание 3. Прочитайте текст и переведите следующие словосочетания на китайский язык.

1) 全国低碳产业试点区
2) 中华人民共和国国家发展和改革委员会
3) 中华人民共和国工业和信息化部
4) 国家改革发展委员会
5) 战略与新兴产业
6) 示范集群
7) 闭环模型
8) 节能生态产业园
9) 减少二氧化碳排放

Урок 5

II. Ознакомьтесь со следующими словосочетаниями, касающимися сельского хозяйства, переведите их на китайский язык.

1) экспонируемые продукты 展出的产品
2) механизация и технология сельского хозяйства 农业机械化与技术
3) тепличное хозяйство 温室种植业
4) ирригационная система 灌溉系统
5) агрохимические препараты; ядохимикаты; сельскохозяйственные препараты; пестициды 农药
6) семена, рассада, саженцы 种子、幼苗、苗木
7) экологическое сельское хозяйство 生态农业
8) молоко и молочные продукты 牛奶和乳制品
9) растительные масла 植物油

Упражнение 1. Переведите следующие словосочетания.

1) 餐饮业 общественное питание
2) 物流服务 логистические услуги
3) 人员培训 подготовка квалифицированных кадров
4) 采购组织 организация по заготовке
5) 制药工业 фармацевтическая промышленность

6) 农业部 Министерство сельского хозяйства

7) 农业科技创新竞赛 конкурс сельскохозяйственных научно-технических инноваций в области сельского хозяйства

8) 主要业务范围 главная сфера бизнеса

9) 项目投资 инвестиции в проекты

10) 大豆油 бобовое масло

11) содержание масла 出油率

12) Министерство торговли 商务部

13) Зелённая кремниевая долина 绿硅谷

14) семена сельхозкультур 农作物种子

15) растительное масло 植物油

16) председатель правления корпорации 集团董事长

17) подсолнечное масло 葵花籽油

18) рапсовое масло 菜籽油

19) растительный белок 植物蛋白

20) семена улучшенных сортов 经改良的种子

Упражнение 2. Расшифруйте нижеследующие аббревиатуры и переведите их на китайский язык.

1) АПК: агропромышленный комплекс 农工综合体

2) ФАО: Продовольственная и сельскохозяйственная организация （联合国）粮食与农业组织

3) ТОО: товарищество с ограниченной ответственностью 有限责任公司

4) СКО: Северо-Казахстанская область 北哈萨克斯坦州

Упражнение 3. Прочитайте тексты и выполните задания.

Задание 1. Переведите подчёркнутые предложения на китайский язык.

① 俄罗斯农业部将与莫斯科政府一起举办首届金秋全国美食节。

② 红场上，将展现真正的俄罗斯田野、果园、带有动物雕塑的微型牧场和其他艺术品，这些构成了俄罗斯的微型农业博览会。

③ 来自全国50多个地区的100多家农业生产商将会把他们最好的产品带到红场——乳制品、肉制品、蔬菜、水果、糖果、蜂蜜和其他食品，这些都是俄罗斯的"名片"。

Задание 2. Прочитайте текст и ответьте на вопросы.

1) Какое место занимает Китай в мире по производству овощей и фруктов?

Более половины всех производимых в мире овощей и треть фруктов приходится на Китай.

2) Какие сельскохозяйственные товары поставляет Россия на китайский рынок? Приведите примеры.

Муку, крупу, подсолнечное масло, алкоголь и башкирский мёд.

3) Почему российские поставщики относятся осторожно к экспорту продуктов питания из Китая?

Для производства китайских продуктов питания используется много химических удобрений.

4) На что следует обратить внимание при производстве сельхозпродукции гражданами Китая на территории России?

Одной проблемой является недостаточный контроль овощей и фруктов, производимых китайцами на территории России.

Привыкнули бесконтрольно использовать химические удобрения для выращивания сельскохозяйственной продукции.

Не так давно был зафиксирован факт поступления на рынки Свердловской области продуктов, содержащих пестициды в количествах, опасных для человека.

Задание 3. Прочитайте текст и ответьте на вопросы.

1) Как ещё называют Янлинскую выставку новых высоких технологий в сфере сельского хозяйства?

«Сельскохозяйственной олимпиадой».

2) Какое тематическое название у 27-ой Янлинской выставки?

«Научно-технические инновации, ведущие к качественному развитию».

3) Какие соглашения были заключены на выставке?

Соглашения, направленные на укрепление и расширение сотрудничества в сфере сельского хозяйства, были заключены с правительствами 20 стран, включая США, Германию, Новую Зеландию, Россию и Казахстан.

4) Какие перспективы Янлина отмечены в данном тексте?

По мере того, как китайская инициатива «Один пояс и один путь» завоёвывает признание по всему миру, «круг друзей» Янлина продолжает непрерывно расширяться, а сам район становится «зелёной визиткой» китайской модели международного сотрудничества в сфере сельского хозяйства.

Урок 6

Упражнение 1. Переведите следующие словосочетания.

1) корректировать контрмеры

2) установление чувств

3) держать такт

4) превращать оборону в атаку

5) визитная карточка

6) тщательная подготовка

7) технические специалисты

8) 素色和印花棉织物

9) 国产设备

10) 最后期限

11) 缺乏诚意

12) 拉锯战

13) 生产部门

14) 纺、织、染生产线

15) 指挥军队

Упражнение 2. К прилагательным подберите подходящее существительное из правой колонки. Согласуйте форму прилагательных с существительным. Составьте предложения с полученными словосочетаниями.

1-в 2-ё 3-з 4-е 5-ж 6-а 7-г 8-б 9-д

Упражнение 4. Прочитайте тексты и выполните задания.

Задание 1. Переведите подчёркнутые предложения на китайский язык.

① 你应该知道自己的交易条件。请全面思考下，如果交易不能达成会发生什么。我们经常关注我们需要什么和我们想要什么。应该明确地知道你的出发点，如果已经达到，你就可以离开。

② 制定"Б计划"

应总是问自己：如果这行不通，我们该往哪里走？下一步该怎么做？这样您会为遇到困难的情况或意外的结果做好准备。估计好意料之外的事情，这样，未预知因素不会使您出局。

③ 避免负面效应

谈判中的"胜利"反而可能导致这样的情况，即您发现自己处于重要关系的失败一方。应在实现最高目标的愿望与建立良好关系的需求之间取得平衡，建立牢固的关系将使您处于更好的位置。

Задание 2. Ответьте на следующие вопросы.

1) На какие виды делятся ткани? Что является основой такого разделения?

Все ткани в текстильной продукции подразделяются на две основные группы: натуральные и химические. Натуральные ткани в свою очередь делятся на отдельные группы по своему происхождению – животного (шерсть, шелк и т. д.) или растительного (лен, хлопок, джут, дрок и пр.). Химические ткани делятся на текстиль минерального, искусственного и синтетического происхождения. Синтетические волокна используются в чистом виде и в виде добавок.

2) Какие особенности имеют хлопчатобумажные ткани?

Среди наиболее распространенных натуральных тканей можно назвать хлопчатобумажные, которые производятся из чистого хлопка или из хлопка в смеси с другими волокнами. Хлопок производится из мягких волосков на семенах растения хлопчатника и состоит из натурального полимера – целлюлозы. Каждое волокно представляет собой примерно тридцать слоев целлюлозы. Хлопчатобумажные ткани могут различаться по внешнему виду, в зависимости от плотности: к самым тонким относится батист, к средним по плотности – бязь, сатин, ситец, фланель, сукно, а к самым плотным – джинсовая ткань.

3) Переведите абзац о льняном волокне на китайский язык.

亚麻纤维是亚麻科的一年生植物。由于亚麻纤维的弹性低，不易缠结，因此这种织物的生产成本比棉纤维高。用亚麻做的布匹触感相当硬，此外，在其表面可以看到纤维的明显增厚。

4) Чем отличается шерсть как волокно от других тканей?

Шерсть – это волокно натурального (животного) происхождения, которое применяется для прядения и ткачества как в чистом виде, так и в смеси с другими видами волокон. В большинстве случаев производители используют овечью шерсть.

Каждый волосок шерсти высокого качества имеет три слоя. Верхний слой состоит из множества чешуек, которые перекрывают друг друга. Второй слой состоит из ороговевших клеток веретенообразной формы, а третий, внутренний, слой имеет пористую структуру. Ткань, которая производится с использованием шерстяных волокон, хорошо сохраняет тепло, не мнется, отлично впитывает влагу и запах.

5) Для чего используются искусственные (синтетические) ткани?

Вискозные ткани по химическому составу близки к хлопковым тканям. При этом они имеют ряд преимуществ – привлекательный внешний вид, хорошие гигиенические свойства и шёлковистость. Ацетатные ткани легкие, гладкие и имеют более блестящую поверхность, нежели шелковые ткани.

Полиамидные ткани (капрон, нейлон) имеют гладкую поверхность, обладают высокой прочностью и устойчивостью к износу.

Полиэстеровые ткани (в чистом виде или в смеси с натуральными волокнами) относятся к числу самых распространенных видов текстиля, который используется для производства одежды.

Задание 3. Ответьте на следующие вопросы.

1) Чем занимается текстильная промышленность?

   Текстильная промышленность вырабатывает из различных видов растительного, животного и химического (искусственного и синтетического) волокна ткани текстильные, трикотажные и другие изделия.

2) Какие отрасли включает в себя текстильная промышленность?

   В состав текстильной промышленности входят отрасли: первичной обработки текстильного сырья, хлопчатобумажная, льняная, шерстяная, шёлковая, нетканых материалов, пенько-джутовая, сетевязальная, текстильно-галантерейная, трикотажная, валяльно-войлочная.

3) Какое положение занимает текстильная промышленность в дореволюционной России?

   В начале 18 в. возникло много крупных шерстяных (суконных), льняных (главным образом парусных и полотняных) и шёлковых мануфактур, которые создавались в районах, где население издавна занималось домашним производством льняных тканей. Хлопчатобумажная промышленность возникла в России значительно позже др. отраслей т.п. и развивалась на базе льняного ткачества.

4) Что способствует повышению производительности труда в текстильной промышленности России?

   Научно-технический прогресс в отраслях текстильной промышленности и рост квалификации рабочих способствуют повышению производительности труда. В настоящее время текстильную промышленность обсуживают 10 научно-исследовательских и 5 проектных институтов, в которых работает свыше 7 тысяч специалистов различного профиля. Для подготовки технологов и художников созданы текстильные институты в Москве, Санкт-Петербурге, и других странах, а также ряд техникумов.

Урок 7

Упражнение 1. Переведите следующие словосочетания.

1) 国际分工 международное разделение труда

2) 共担风险 совместно распределять риски

3) 无形资产 нематериальные активы

4) 股份有限公司 АО (Акционерное общество с ограниченной ответственностью)

5) 实物形式 натуральная форма

6) 文化融合 культурное слияние

7) 《外商投资法》 Закон «Об иностранных инвестициях»

8) ориентировочная оценка 粗略计算

9) коэффициент инвестиций 投资比例

10) основные средства (фонды) 固定资产

11) сервис-ориентированное предприятие 服务型企业

12) уставный капитал 注册资本

13) масштабы предприятия 企业规模

14) «Протокол о намерениях по созданию совместного предприятия» 《合资意向书》

Упражнение 2. Объясните следующие термины на русском языке.

1) Совместное предприятие – это форма совместной деятельности, которая предполагает наличие у участников прав на чистые активы совместной деятельности. Другой формой совместной деятельности является совместная операция (в этом случае участники совместной деятельности имеют права на активы и несут ответственность по обязательствам деятельности).

2) Нематериальные активы – это объекты, которые не имеют физических свойств, но включаются в активы компании. Что относится к нематериальным активам, как учитывать такие активы в налоговом и бухгалтерском учёте.

3) Уставный капитал – это сумма средств, первоначально инвестированных собственниками для обеспечения уставной деятельности компании; уставный капитал определяет минимальный размер имущества юр. лица, гарантирующего интересы его заемщиков.

Упражнение 4. Прочитайте тексты и выполните задания.

Задание 1. Переведите подчёркнутые предложения на китайский язык.

① 合资企业是一种比较新的国际商业形式，旨在为国内和国外投资者的共同经济活动创造条件。

② 有趣的是，在俄罗斯立法中并没有"合资企业"的概念。其实，它是俄罗斯和国外企业创建的组织的非正式名称。它是作为正常企业登记的，也就是以民法规定的形式登记的。

③ 根据《俄罗斯联邦民法》第88条，该机构的参与者应在50个自然人以内，其中包括外方企业人员。

④ 表决权分配不均衡；利润分配不均衡；确定退出有限责任公司的条件；固定成员的补充权利和义务等等。

⑤ 根据《民法典》第96条，股份制公司的法定资本为股份，拥有这些证券的股东仅应根据这些股份的价值承担义务。

Задание 2. Ответьте на следующие вопросы.

1) Что такое органический шоколад?

Шоколад, гордо носящий звание органического, это такой шоколад, для изготовления которого использованы какао-бобы, выращенные не только в экологически чистой зоне, но и без использования синтетических удобрений. Но это касается не только какао-бобов, а также и молока и других ингредиентов, из которых изготавливают такой шоколад. И, конечно же, в органическом шоколаде полностью исключена добавка красителей или консервантов.

2) Как появился органический шоколад?

Впервые органический шоколад появился в Англии в 1991 году. Эта великолепная идея пришла в голову Крейгу Самсу, который возглавлял в то время сертификационную комиссию по эко-стандартам Soil Association. Именно в 1991 году он попробовал шоколад, который был изготовлен из какао-зерен, приобретенных в рамках проекта справедливой торговли.

3) Что сделал Крейг Самс для популяризации органического шоколада?

Крейг с женой создают компанию Green&Black, которая выпускает органический шоколад и использует для его производства какао-бобы. Крейг и его кондитеры попытались воссоздать пряный и бодрящий вкус настоящего шоколадного напитка майя, добавив в шоколад «Золото Майя» апельсин, мускатный орех, ваниль и корицу.

4) На что нужно обратить внимание, если вы решили купить именно органический шоколад?

Нужно обратить внимание на маркировку шоколада, и на то, что пишут на упаковках. Во-первых, на упаковке должен стоять знак сертификации органического товара. Этот знак гарантирует, что все ингредиенты, из которых изготовлен этот шоколад прошли проверку.

Во-вторых, в составе шоколада не должны фигурировать никакие добавки, включая красители и геномодифицированные продукты.

В-третьих, выбирайте органический шоколад известных производителей, репутация которых проверена временем.

Урок 8

Упражнение 1. Переведите следующие словосочетания.

1) 国际营销 международный маркетинг

2) 方便运输 облегчение транспортировки

3) 散装货 насыпные грузы

4) 纸箱 картонная коробка

5) 红木家具 мебель (из) красного дерева

6) 绿色包装材料 зелёный упаковочный материал

7) 资源浪费 разбазаривание ресурсов

8) 消费特征 потребительская характеристика

9) упаковочный материал 包装材料

10) предупредительные знаки 警告性标志

11) транспортно-упаковочная отрасль 包装运输行业

12) коллективная транспортная тара 集合运输包装

13) манипуляционный знак 指示性标志

14) деревянная рама 木架

15) композиционные материалы 复合材料

Упражнение 2. Прочитайте тексты и выполните задания.

Задание 1. Переведите подчёркнутые предложения на китайский язык.

① 《GOST 17527-2003》中说明了这些概念的实质。根据该文件，不允许将这两个概念用作同义词。

② 包装容器和包装的区别在于它们的功能。包装容器更方便，它是作为将不同类型的产品堆放、倒灌或倒填的容器来使用的。

③ 包装主要是"销售"产品的工具。不能将其用于仓库中的剩余原材料或收集废物。如前所述，包装容器是为货物包装、转移、储存之用。

④ 但是，考虑到运输过程中容易损坏，最好将设备放在装有泡沫的盒子中，并用塑料膜包裹。所有这些材料都是包装。

Задание 2. Ответьте на следующие вопросы.

1) Как определяется согласно ГОСТ 17527-2003 «упаковка»?

В документе упаковкой считается средство или целый комплекс средств, которые обеспечивают защиту продукции от каких-либо повреждений. Окружающая среда при этом защищена от любых загрязнений в процессе эксплуатации. Кроме того, упаковка обеспечивает облегчение процесса перевозки товара, его хранения и дальнейшей продажи.

2) Как понимается «тара» согласно ГОСТ 17527-2003?

Тара – главный элемент упаковки, который предназначен для помещения внутрь него продукции. Таким образом, товар невозможно реализовать, если он не помещен в эту ёмкость.

3) Какая польза от промышленной тары?

Промышленная тара позволяет поместить большое количество товара даже в маленьких складах и торговых площадках. Они могут увеличить продажи, так как покупателей привлекают товары в компактной таре необычной формы.

4) На какие разновидности разделяется тара?

Потребительская тара, транспортная тара, промышленная тара.

Задание 3. Ответьте на следующие вопросы.

1) Почему красное дерево является материалом для создания элитной мебели?

   Потому что твёрдая древесина имеет красно-жёлтую расцветку. Впоследствии она начинает постепенно темнеть и становится красной с коричневым или малиновым оттенком, на котором явно выделяются прожилки. Этот цвет во все времена считался благородным и использовался в дорогой элитной мебели из красного дерева.

2) Переведите подчёркнутую часть текста на китайский язык.

   但是仅仅过了几十年，这种时尚就传遍了整个欧洲大陆——国王、侯爵夫人、伯爵和贵族试图用橱柜专门为其宫殿和城堡装饰。

3) Какие особенности производства изделий из красного дерева в России?

   К началу XIX в. такая мебель стала появляться и в России, при этом российские краснодеревщики стремились сохранить природную текстуру и узор махагони в виде уникальных «языков пламени».

4) Какими качествами обладает мебель из красного дерева?

   Чаще всего из красных пород изготавливались классические предметы мебели в академическом стиле – простом и функциональном. Само дерево при этом придавало изделиям благородство и делало интерьер спокойно-изысканным. Популярность мебели из красного дерева основана на том, что данный материал: красив; благороден; долговечен; устойчив к колебаниям атмосферных показателей.

Упражнение 4. Переведите нижеследующие манипуляционные знаки.

1) 易碎物品！ 2) 怕热！ 3) 怕湿！ 4) 温度极限！ 5) 易腐货物！
6) 禁用手钩！ 7) 向上！ 8) 重心！ 9) 热带包装！ 10) 由此打开！
11) 远离放射源！ 12) 禁止翻滚！ 13) 不能卡夹！ 14) 堆码层数极限！
15) 禁用叉车！ 16) 防辐射！ 17) 密封包装！ 18) 由此吊起！
19) 禁用手推车！ 20) 禁止堆放！ 21) 从货物正后方吊起！

Урок 9

Упражнение 1. Переведите следующие словосочетания.

1) 减少开支 сокращать расходы

2) 价格上限 верхняя ценовая планка

3) 利润值 величина прибыли

4) 制成品 готовая продукция

5) 固定价格 фиксация цены

6) 固定价格的方式 способ фиксации цены

7) 商业报价 коммерческое предложение

8) 鉴定证书 аттестационное свидетельство

9) 长久的合作 продолжительное сотрудничество

10) ценовой показатель 价格指标

11) затратное ценообразование 开支定价

12) накладные расходы 附加费用；杂费；间接费用

13) экспортный конкурент 出口竞争者

14) единица измерения цены 价格计量单位

15) практическая ценность 实用价值

16) способ производства 制作方法

17) стандарт фрахта 收费标准

Упражнение 3. Прочитайте текст и выполните задания.

Задание 1. Дополните пропущенные по тексту содержания.

1) Основой для определения экспортных и импортных цен во внешнеторговой практике выступают <u>цены основных товарных рынков</u>.

2) Особой разновидностью обычных торговых операций являются поставки на основе <u>долгосрочных соглашений</u>, а также в рамках международных товарных соглашений.

3) Цены мирового рынка базируются на <u>интернациональной стоимости</u> и формируются на <u>затратах ведущих стран-экспортеров</u> на мировом рынке.

4) Проще решать вопрос о мировой цене на <u>сырьевые товары</u>. И при установлении мировой цены основную роль играет <u>соотношение спроса и предложения</u>.

5) На рынках готовой продукции наблюдается значительный разброс цен на <u>изделия одинакового применения</u>.

Задание 2. Переведите подчёркнутые предложения на китайский язык.

① 国际价值——在世界平均社会正常生产条件和世界平均劳动生产率水平下，商品生产的社会必要劳动成本。

② 全球价格必须满足两个关键要求：第一，任何打算参与国际交换领域贸易交易的卖方或买方都可获得该价格；第二，对于世界贸易来说须是可靠的，并具有代表性的价格的商品。

③ 关于包括机器和设备在内的制成品供货商价格的信息，一般比关于这些产品的消费者价格的信息，更为正规且应用范围广。

④ 世界贸易价格的差异可能由多种情况引起：运输因素（地区价格差异）、贸易交易的特点（通常，特殊）、商业供应条件（商业价格差异）等。

⑤ 市场上有大量竞争方，因此，在设定世界价格时，供求关系起主要作用。

Задание 3. Ответьте на следующие вопросы по Тексту 1.

1) Какие факторы воздействуют на цены во внешней торговле?

К таким факторам относятся колебания спроса и предложения, монополизация рынков, регулирование цен на государственной основе, инфляция в стране и другие.

2) Какую роль играют цены основных товарных рынков?

Основой для определения экспортных и импортных цен во внешнеторговой практике выступают цены основных товарных рынков.

3) Как формируется интернациональная стоимость?

Она формируется преимущественно под влиянием условий производства в тех странах, которые считаются главными поставщиками товара на мировой рынок.

4) Какие признаки характеризуют мировые цены?

Исходя из практики международной торговли, выделяют пять признаков, характеризующих мировых цен:

(1) Это должны быть цены крупных регулярных сделок в международной торговле (не эпизодические).

(2) Сделки должны носить коммерческий, а не специальный характер (исключать товарообменные операции).

(3) Сделки должны заключатся в твёрдой свободно конвертируемой валюте.

(4) Сделки должны быть экспортными или импортными.

(5) Экспортные или импортные операции должны совершаться на рынках со свободным режимом.

5) Какие сделки относятся к обычным торговым операциям?

К обычным торговым операциям относятся сделки, характеризующиеся спедующими признаками: раздельность; взаимная несвязанность экспортных и импортных поставок; регулярность их осуществления; платеж в свободно конвертируемой валюте; осуществление в условиях свободного торгово-политического режима.

6) Что такое мировые цены?

Мировые цены – цены важнейших экспортеров или импортеров либо цены основных центров мировой торговли, относящиеся к обычным крупным регулярным раздельным операциям, осуществляемым в условиях открытого торгово-политического режима с платежом в свободно конвертируемой валюте.

Задание 4. Переведите подчёркнутые предложения на китайский язык.

① 贵族陶瓷的成分于1738年在法国开发，他们在很大程度上重复了中国的古老配方，因此可以生产软瓷。

② 烧瓷分两个或三个阶段进行。第一次烧制——专家们将此阶段称为"用于废料"或"用于亚麻"（"亚麻"是指未上漆的粗糙瓷器），其目的是获得未经处理的高质量模塑产品。第二次烧制（"浇水"）用于熔化艺术作品上应用于初级产品的釉料。

③ 在中国古代，瓷器被称为"天子"，意思是"天的儿子"。同时，中国的"天子"一直被称为皇帝。波斯人只复制了标题：古代波斯语中的baarura就像土耳其语中的farfura一样，意为"中国皇帝"。

Задание 5. Ответьте на следующие вопросы.

1) Откуда происхождение названия фарфора?

По мнению отдельных лингвистов, русская «синь» – все та же калька с китайского tseane. Ведь первые изделия из китайского фарфора декорировались исключительно синей минеральной краской. Значит ли это, что славяне познакомились с китайским фарфором тысячи лет назад? Любопытная, но неподтвержденная наукой гипотеза.

2) Почему, по-вашему, фарфор родился в именно Китае?

Секрет происхождения фарфора кроется в сырьевых предпочтениях. Мастера всего мира предпочитали для изготовления керамики брать жирную красную глину. Китайцам же посчастливилось оперировать глиной каолиновой – веществом хотя и тугоплавким, но зато красивым, особенно после интенсивного, с расплавлением внешнего слоя, обжига.

3) Какая разница между мягким и твёрдым фарфорами?

Разница между типами определяется составом. Мягкий фарфор содержит большее количество так называемых плавней – компонентов, имеющих относительно низкую температуру плавления. Твердый фарфор обжигается в печах, разогретых на 300 градусов сильнее. Технические фарфоры, как правило, относятся к твердым.

В состав твердого фарфора входит каолин (50 % от массы), кварц и полевой шпат (равными или примерно равными долями, вместе до 50 % от массы). В мягком фарфоре процентное содержание полевого шпата и других плавневых добавок гораздо выше, чем в твердом, а количество кварца уменьшено.

4) Какая проблема может возникнуть при окрашивании фарфоровых изделий?

Окрашивание фарфоровых изделий осуществляется красителями, состоящими из растертых окислов металлов. И если подглазурная роспись никогда не вступает в контакт с окружающей средой, металлы из надглазурной росписи в некоторых случаях могут мигрировать из поверхностного слоя посуды в пищу. К сожалению, в стремлении удешевить продукцию некоторые современные производители посуды окрашивают фарфор нестойкими красками.

Урок 10

Упражнение 1. Переведите английские сокращения на русский и китайский языки.

1) D/P—Documents against Payment/документ против платежа付款交单
2) D/A—Documents against Acceptance/документ против акцепта承兑交单
3) L/C—Letter of Credit/ аккредитив信用证

Упражнение 2. Переведите следующие словосочетания.

1) 价格货币 валюта цены
2) 制度设施 институциональный объект
3) 在微观经济层面 на микроэскономическом уровне
4) 承兑汇票 акцептовать тратты
5) 保兑信用证 подтверждёный аккредитив
6) 备用信用证 резервный аккредитив
7) 信汇 почтовый перевод
8) 翱翔 парящий полёт
9) 现货 наличиый товар
10) 实名认证 подтверждение личности
11) устранение валютного риска 消除货币风险
12) текущий счёт 经常账户
13) авансовый платёж 预付款
14) безотзывный аккредитив 不可撤销信用证
15) переводной аккредитив 可转让信用证
16) денежные переводы 汇款
17) нефритовый скребок Гуаша для лицг 面部玉石刮痧板
18) адрес доставки 收货地址

Упражнение 3. Прочитайте следующие тексты и выполните задания.

Задание 1. Заполните пропущенные содержания в следующих предложениях по Тексту 1.

1) Прежде всего она позволяет найти <u>чёткий баланс</u> между интересами экспортёров и покупателей, то есть импортёров.
2) В целом, аккредитив – это документальное соглашение, после подписания которого <u>банк-эмитент</u> обязуется по прошению <u>клиента (плательщика)</u> произвести операцию по оплате документов непосредственно <u>третьему лицу</u>, то есть <u>бенефициару</u>, для которого открывался аккредитив.
3) Банковское обязательство по аккредитиву является <u>самостоятельным,</u> не зависящим

от отношений сторон в правовом поле действия коммерческого контракта. Данное положение установлено с целью защиты банковских и клиентских интересов.

4) Стороне-экспортёру, в свою очередь, оно обеспечивает создание стойких ограничений к требованиям по оформлению документов и, соответственно, получению платежей на основе существующих условий аккредитива, а импортёр получает гарантию выполнения условий данного документа экспортёром.

Задание 2. Ответьте на следующие вопросы.

1) Что такое международный аккредитив?

Международный аккредитив – это условное обязательство, выраженное в денежной форме и применяемые банком-эмитентом за поручением плательщика по аккредитиву на мировом финансовом рынке.

2) Какими преимуществами (недостатками) обладает аккредитив?

положительные стороны:

- ликвидация риска возникновения ситуации, когда создаются некорректные маршруты денежных средств;
- устранение рисков по неплатежеспособности; ликвидация возможности изменений условий договора в одностороннем порядке после заключения сделки и, соответственно, выставления аккредитивного соглашения;
- устранение рисков утраты денежных средств;
- ликвидация возможности нарушения правовых норм одной из сторон, регулирующих часть договора по неполучению выручки в валюте международных расчётов, которые существуют относительно валютного законодательства;
- для участников появляется возможность использования аккредитива в системе связанных сделок как средство финансирования коммерческих отношений, а также как обеспечение данного финансирования;
- обеспечение гарантий в силу правовой силы документа, а также исполнение всех обязательств в полной мере двумя сторонами;
- обеспечение правовой и документальной защищенности интересов сторон.

Что касается минусов, они выглядят следующим образом:

- трудности с большими объемами документов на различных этапах оформления аккредитивов;
- большие затраты на оформление подобных форм расчёта для сторон по внешнеторговой сделке.

3) Кто является участниками аккредитива?

Сторонами реализации международного аккредитива являются следующие субъекты:

1. Претендент – покупатель, который поручает своему банку открыть аккредитив на условиях, выработанных в их соглашении.
2. Банк-эмитент – финансовая инстанция, открывающая аккредитив за поручением претендента и за его счёт.
3. Бенефициар – поставщик (экспортёр), то есть юридическое лицо соглашения, получающее аккредитив.
4. Авизо-банк – банк, целью которого является поручение в форме расчётов известить в пользу экспортера об открытии аккредитива и, соответственно, передать полный текст документа.
5. Исполнительный банк – производит операции по платежам и имеет полномочия на проведение подобных операций от банка-эмитента.
6. Подтверждающий банк – помимо основных положений соглашения к перечню обязательств добавляет по аккредитиву обязательство по условиям соглашения между финансовыми учреждениями производить аккредитивные платежи.
7. Переводящий банк – производит операции по переводу аккредитива за поручением бенефициара и наделенный полномочиями на проведение подобных действий; данный банк будет, соответственно, и исполнительным.

4) Какие виды аккредитивов представлены в классификации UCP500?

- Отзывной аккредитив – это форма расчёта, когда у банка-эмитента появляется возможность изменять или аннулировать условия договора, предварительно не сообщив экспортеру. В практике используется, однако, крайне редко.
- Резервный аккредитив – это банковская гарантия, использующаяся в случаях нарушения обязательств контрагентами по международному торговому контракту. Однако в силу того, что данный вид подчинён требованиям UCP500, на него распространяются все без исключения положения, урегулированные данными требованиями.
- Переводной аккредитив – форма расчётов, при которых экспортёр просит переводной банк об использовании финансового инструмента одним или несколькими другим экспортерами.
- Подтвержденный аккредитив – это форма расчёта, которая по поручению эмитента подтверждается другим финансовым учреждением. Данное учреждение имеет аналогичные обязательства, что и эмитент.

5) Как реализуется аккредитив?

Реализация аккредитива – платёж по аккредитивному соглашению. Особую роль в данном случае играют денежные аккредитивы, когда филиалу банка за рубежом делегируется право на проведение платёжных операций. Случаи реализации аккредитивов:

• по требованию, то есть когда представлены все необходимые документы;

• при помощи акцепта, которые выписываются на подтверждённый банк;

• при помощи негоциаций: негоциирующий банк оплачивает экспортёру стоимость представленных документов (или обязуется произвести операцию по оплате) до получения от эмитента расчёта.

Этапы реализации аккредитива

Выделяют несколько основных этапов в реализации аккредитива:

1. Предварительный: клиентам необходимо составить основные положения договора.

2. Заключается соглашение между сторонами.

3. Даётся поручение ответственному банку импортёра составить заявление на открытие аккредитива по форме банка на открытие аккредитива.

4. Открытие аккредитива.

5. Мониторинг корректности составления аккредитива.

6. Выполнение экспортёром условий по предоставлению услуг или товарных поставок.

7. Мониторинг соответствия содержания контрактов условиям аккредитива.

8. Банк сообщает о найденных расхождениях и возвращает документацию на доработку обратно экспортеру.

9. Проводятся расчеты по контрактам по поручению банка.

10. Банк передает все документы компании-импортёру.

Задание 3. Переведите подчёркнутые предложения на китайский язык.

① 对于中国人来说，最主要的是确定生命能量的循环以及阴阳的相互关系。如果违反这两个条件，则会导致疾病和不适。欧洲医生只治疗症状，而不深究能量失调。

② 按摩。在中医里有数十种不同的种类，其间可以使用专门的工具（比如玉刮板等）。

③ 在东方，真空罐按摩是借助不同尺寸的罐子。这个过程有助于恢复能量平衡，净化和加强机体。这个过程也有助于预防传染病。

④ 针灸：用细细的针灸可以影响最活跃的能量穴位。在身体上，大约有3000个这样的穴位，每个穴位负责特定的器官和系统。这一程序不仅适用于内脏疾病，而且在免疫力低下或有神经疾病的情况下可发挥作用。

⑤ 负责长寿的穴位位于膝盖下方小腿的外侧。

⑥ 为了改善视力和使肝功能正常化，您需要锻炼眼睛：从右侧向左侧转动眼球，再向相反方向转动。在那之后，您需要紧闭双眼再猛地睁开它们。

Урок 11

Упражнение 1. Переведите следующие словосочетания.

1) 以下简称为 далее именуемый …; в дальнейшем именуемый …

2) 交付货物 сдать товар

3) 促进全球贸易活动 содействие глобальной торговой деятельности

4) 最新版本 последняя редакция; последняя версия

5) 贸易条件 условия торговли

6) 供货合同 договор поставки

7) 支付运费 оплата транспортных расходов

8) 货物清关 таможенная очистка товаров/таможенное оформление

9) оформление страховки на груз 办理货物保险

10) досрочная поставка 提前交货

11) нарушение договора 违约

12) Международная торговая палата 国际商会

13) возвращение НДС 退还增值税

14) контейнер-рефрижератор 冷藏集装箱

15) полная утрата товаров 货物全损

16) географическое указание 地理标志(指商品)

Упражнение 2. Прочитайте тексты и выполните задания.

Задание 1. Переведите подчёркнутые предложения на китайский язык.

① 《国际贸易术语解释通则2020》中交货条件EXW的解释为«Ex Works» named place，翻译为"工厂交货"，指定地点。

② 买方应交付货物并完成进口清关。

③ 《国际贸易术语解释通则2020》中交货条件FOB 的解释为«Free On Board» named port of shipmen named place，翻译为"船上交货"，指定装运港。

④ 买方有责任：在卸货港卸货并接收货物，办理进口海关手续。

⑤ 卖方有责任：办理出口清关，将货物交付目的地并卸货。

⑥ 主要区别在于——根据DDP交货，卖方承担最大责任。

Задание 2. Ответьте на следующие вопросы.

1) Какие обязанности у покупателя по условиям поставки FAS?

Покупатель обязан: погрузить товар на судно и доставить в порт разгрузки, а также выполнить импортное таможенное оформление.

2) Какие обязанности у продавца по условиям поставки CIF?

Продавец обязан: выполнить экспортное таможенное оформление, застраховать, погрузить товар на борта судна и доставить в порт разгрузки.

3) Какие обязанности у покупателя по условиям поставки CIP?

Покупатель обязан: разгрузить товар и выполнить импортное таможенное оформление.

4) Какие обязанности у продавца по условиям поставки DAP?

Продавец обязан: выполнить экспортное таможенное оформление и доставить товар до согласованного пункта назначения.

Задание 3. Переведите подчёркнутые предложения и словосочетания на китайский язык.

1) 中国作为"世界工厂"，不仅出口服装、电子产品、建筑材料和设备，还出口饮料、蔬菜、冷冻食品、方便面、糖果、饼干、香料、水产品、茶等。来自中国的油、米、蘑菇、新鲜和脱水蔬菜以及水果在外国买家中非常受欢迎。

2) 由于生活节奏快

3) 工作忙碌

4) 冷冻蔬菜、水果罐头、真空包装的蔬菜块、根据客户食谱制成的罐头食品、面粉产品等。

Задание 4. Прочитайте текст и ответьте на вопросы.

1) Почему Россия увеличивает импорт овощей и фруктов из Китая?

В результате осложнившихся отношений с США и странами Европы Россия ввела ограничения на импорт ряда товаров из стран, которые ввели против нее санкции. Под санкции попали говядина, свинина, птица, фрукты, орехи, сыры и вся молочная продукция. Китайские производители сельхозпродукции и экспортно-импортные предприятия не могли упустить выпавший на их долю редкий шанс, поэтому Китай сразу же выразил готовность полностью обеспечить российский рынок овощами, фруктами и мясом. Россия уже подтвердила свою готовность долгосрочно импортировать из Китая крупные партии соответствующей продукции.

2) Какие овощи и фрукты из Китая россияне постоянно покупают?

Из овощей россияне охотно покупают китайские брокколи, фасоль, овощные смеси с кукурузой и др., но особенно россиянам пришлись по вкусу фрукты из Китая – сочные персики и сладкие ананасы.

3) Какие пункты, связанные с сельхозпродукцией для экспорта в Россию, создаются в Китае?

Уже сейчас Китай создаёт специализированные торговые зоны для экспорта овощей и фруктов в Россию. Одна зона располагается в уезде Дуннин пров. Хэйлунцзян, а вторая – в Суйфэньхэ (т.е. также в пров. Хэйлунцзян).

Урок 12

Упражнение 1. Расшифруйте нижеследующие аббревиатуры и переведите их на китайский язык.

1) НПЗ – нефтеперерабатывающий завод 石油加工厂
2) АТР – азиатско-тихоокеанский регион 亚洲太平洋地区, 亚太地区
3) ВСТО – Восточная Сибирь – Тихий Океан 东西伯利亚—太平洋
4) КННК – (英语CNPC) Китайская Национальная Нефтяная Корпорация 中国石油天然气集团公司

Упражнение 2. Объясните следующие термины на русском языке.

1) Под международными перевозками понимается перевозка грузов из одного места в одной стране в одно место в другой стране между двумя или более странами.
2) Международные, но не внешнеторговые перевозки рассматриваются как перевозки некоммерческих грузов, к примеру, ярмарочных и выставочных грузов, спортивного инвентаря для участия в соревнованиях, оборудования для киносъёмок, и так далее, а также гуманитарной помощи.
3) Перевозки грузов осуществляются между регионами одной и той же страны.
4) Пакет – укрупнённое грузовое место, состоящие из нескольких меньших грузовых мест, с использованием средств пакетирование в поддонах или без них.
5) Паром – специальное судно, предназначенное для перевозки транспортных средств.
6) Экспедитор – это транспортное агентство, которое главным образом занимается услугами, связанными с перевозкой грузов.

Упражнение 3. Переведите следующие словосочетания.

1) 销售交易 сделка купли-продажи
2) 体育器材 спортивный инвентарь
3) 空运 воздушные перевозки
4) 通关 таможенное оформление
5) 多式联运提单 коносамент смешанной перевозки; коносамент на смешанную перевозку
6) 轮渡运输 паромные перевозки
7) "东西伯利亚—太平洋"输油管道 нефтепровод «Восточная Сибирь – Тихий океан»
8) речное судно 内河船
9) водные (морские и речные) перевозки 水（海和河）运输
10) автомобильные перевозки 汽运
11) страхование перевозки грузов 货物运输保险
12) товарораспределительная функция 物权凭证功能
13) сырая нефть 原油
14) фрахтовые ставки 运费

Упражнение 4. Прочитайте тексты и выполните задания.

Задание 1. Расшифруйте нижеследующие аббревиатуры и переведите их на китайский язык.

1) СМГС – соглашения о международном прямом железнодорожном сообщении 国际铁路货物联运协定

2) МТТ – международный транзитный тариф 国际铁路过境运价

3) ТТН – товарно-транспортная накладная 商品运输货单

Задание 2. Переведите подчёркнутые предложения на китайский язык.

① 始发站接受运输货物即视为签订了铁路运输合同，并应在发货单上加盖始发站的日历印章作为证明。

② 根据距离确定运输1吨货物的汽车运费，并从规定好的金额中收取一定的加价、折扣和罚款。

③ 技术落后、磨损和国内运输缺乏，首先同机关本位主义、整体经济效率低下有关。

Задание 3. Прочитайте текст 1 и ответьте на следующие вопросы.

1) Что обозначает «международные железнодорожные перевозки»?

Международные железнодорожные перевозки осуществляются па основании двусторонних и многосторонних соглашений, которые заключаются соответствующими министерствами государств – участников соглашения.

2) Что является причиной расширения услуг экспедиторов?

Объясняется это тем, что продавцы, покупатели и перевозчики товара не всегда бывают заинтересованы или в состоянии выполнить те или иные услуги, связанные с транспортировкой товара от производителя к потребителю, особенно в рамках развития интермодальных способов транспортировки или перевозок «от двери до двери».

3) Какие услуги экспедиторов (не менее пяти) представлены в данном тексте?

Важнейшими услугами экспедиторов являются: рекомендации клиенту по формулированию транспортных условий контракта и консультации по повышению эффективности транспортировки за счет выбора наиболее рациональных маршрутов и способов перевозки грузов различными видами транспорта; предложения по снижению расходов по упаковке, погрузочно-разгрузочным и другим операциям, по транспортно-экспедиторскому обслуживанию; осуществление годового, квартального, месячного планирования перевозок внешнеторговых грузов, согласовывание месячных планов перевозок грузов с транспортными ведомствами; хранение грузов на складах; составление необходимых документов для расчетов; высылка клиентам товаросопроводительной документации.

4) Какие причины не позволяют российскому транспорту обеспечивать потребности грузовладельцев?

Основных причин здесь, по-видимому, три: нехватка современных транспортных средств практически всех видов; изношенная, устаревшая материально-техническая база большинства портов, пограничных переходов и т. п.; устаревшие формы организации перевозок внешнеэкономических грузов.

5) Какое положение у российского флота для перевозки внешнеторговых грузов?

Средний возраст судов российского флота составляет 14,2 года, однако если учесть только торговый морской флот, то средний возраст судов будет находиться на уровне 15 лет. «Старение» флота серьёзно снижает возможности российского флота в обеспечении нужд участников внешнеэкономической деятельности.

Задание 4. Добавьте пропущенное содержание по Тексту 2.

1) России удалось занять долю в 15 % в китайском импорте нефти.
2) С учётом данных EIA, в 2019 году, на поставки в Китай пришлось практически 30 % российского экспорта нефти.
3) Россия занимает ведущие позиции по экспорту сырой нефти в КНР, увеличив в 2018 году объём поставок на 27,4 %, а также лидирует по экспорту электроэнергии.
4) Страны ОПЕК обеспечили 55 % нефтяного импорта Китая, что оказалось наименьшим показателем с 2005 года.

Задание 5. Ответьте на следующие вопросы.

1) Какое положение было в 2019 году у Китая по импорту нефти?

В 2019 году Китай нарастил средний импорт нефти практически на 10 % – до 10,1 млн баррелей в сутки. Основными причинами для такого роста EIA называет увеличение нефтеперерабатывающих мощностей в КНР на 1 млн б/с, стратегическое накапливание запасов и стабильный с 2012 года уровень внутренней добычи.

2) Какая ситуация у экспорта нефти стран ОПЕК в Китай?

Страны ОПЕК обеспечили 55 % нефтяного импорта Китая, что оказалось наименьшим показателем с 2005 года. Так, Саудовская Аравия экспортировала в Китай больше нефти, чем когда-либо прежде, но её доля в китайском импорте была меньше чем та, которую она занимала с 2008 по 2013 год.

3) Почему снизился импорт нефти из других стран в первом квартале 2020 года?

Главным образом снижение произошло в результате мер китайского правительства, связанных со сдерживанием распространения коронавируса COVID-19.

Урок 13

Упражнение 1. Переведите следующие словосочетания.

1) 报关 выполнения таможенных формальностей
2) 海关发票 таможенная фактура
3) 提货 получить товар
4) 保险单 страховой полис
5) 原产地证书 сертификат происхождения
6) 随附商业票据 сопроводительный коммерческий документ
7) 结算货款 расчёт платежа за товары
8) 货物单价 цена за единицу товара
9) 物权凭证 право собственности
10) 提单正本 оригинал коносамента
11) 可转让单据 оборотный документ
12) таможенная очистка 通关，结关，清关
13) чартерный коносамент 租船提单
14) документы против платежа (D/P) 付款交单
15) страховая премия 保险费
16) пункт отправления 起运地
17) передаточная надпись 背书
18) урегулирование претензий 理赔
19) вес нетто и брутто 净重和毛重
20) право на владение и распоряжение грузом 占有和处理货物的权利
21) упаковочный лист 装箱单
22) импортные пошлины 进口关税

Упражнение 2. Объясните следующие термины на русском языке.

1) Коносамент – документ, выдаваемый перевозчиком грузовладельцу. Удостоверяет право собственности на отгруженный товар.

2) Сертификат происхождения – документ, однозначно свидетельствующий о стране происхождения товаров и выданный компетентными органами или организацией данной страны или страны вывоза, если в стране вывоза сертификат выдается на основе сведений, полученных из страны происхождения товаров.

3) Упаковочный лист – товаросопроводительный документ, в котором содержится полный перечень товара по каждому товарному месту в отдельности (коробка, ящик, паллета и т.д.).

4) Коммерческий счёт-фактура – документ, удостоверяющий фактическую отгрузку товаров или оказание услуг и их стоимость.

Упражнение 3. Соотнесите нижеследующие словосочетания слева и справа.

А – е; Б – г; В – а; Г – б; Д – в; Е – д

Упражнение 4. Прочитайте тексты и выполните задания.

Задание 1. Ответьте на следующие вопросы.

1) Что такое таможенная декларация?

   Таможенная декларация – это документ, в котором содержится информация о перемещаемом через государственную границу товаре. Данный документ оформляется в соответствии с правилами, установленными тем или иным государством. Под товарами подразумеваются не только экспортируемая и импортируемая продукция, но и вещи, находящиеся в ручной клади или багаже пассажира, ценные предметы, валюта.

2) На какие виды товаров составляется таможенная декларация?

   Таможенная декларация составляется на следующие виды товаров:
   - товары, провозимые через таможенную границу;
   - товары, попадающие под изменение таможенного режима;
   - товары, являющиеся отходами, получившимися после применения таможенного режима переработки;
   - другие товары.

3) Какая информация содержится в таможенной декларации?

   Таможенная декларация – это письменное заявление, в котором содержится точная информация о грузе, применяемом к нему таможенном режиме и транспорте, на котором товар перевозится.

4) Какие функции выполняет таможенная декларация?

   Таможенная декларация не просто подтверждает сведения о товаре, но и служит доказательством того, что экспортно-импортная операция разрешается специальными органами. Таможня ставит свои отметки, которые говорят о законности перемещения товара. Помимо перечисленных функций таможенная декларация выполняет ещё одну – является источником информации для статистики.

5) Какая обязанность у декларанта?

   Декларант обязан выполнить следующие условия:
   - предоставить оформленную в соответствии с государственными нормативами декларацию в таможенные органы;
   - если этого потребует таможенный инспектор, предоставить для контроля как сам товар, так и транспортное средство, на котором он перевозится;
   - оплатить таможенные платежи;
   - содействовать таможенным работникам в ходе оформления.

6) Какую задачу выполняет таможенная служба?

Таможенная служба осуществляет проверку правильности сведений и заполнения декларации, сверяет её с другими документами, поданными для правильного оформления груза.

Задание 2. Расшифруйте следующие аббревиатуры и переведите их на китайский язык.

1) ТД – таможенная декларация 报关单

2) ДТ – декларация на товары 货物报关单

3) ТН ВЭД – товарная номенклатура внешне-экономической деятельности 对外贸易商品目录

Задание 3. Ответьте на следующие вопросы.

1) Как перевести словсочетание «пуховое одеяло» на китайский язык?

绒里被（鸭绒被，羊绒被，牦牛肉被，羽绒被）

2) Объясните значение глагола «согреться» в этом тексте, и напишите к ним синонимы.

Согреться – стать тёплым, горячим.

Синонимы: подогреться, нагреться

3) Какие особенности имеются у пухового одеяла?

Мягкое и при этом лёгкое одеяло, набитое пухом и обшитое шёлковой или хлопчато-бумажной тканью, помогает согреться даже в самую суровую зимнюю стужу. Но не все изделия из пуха одинаковы. Пуховое одеяло отличается особой лёгкостью и повышенной гигроскопичностью. Они прекрасно сохраняют тепло.

4) Чему нужно уделять внимание при выборе пухового одеяла?

Соотношение пуха и перьев; развновидностям наполнителей; качеству исходного наполнителя и т.д.

5) Чем отличаются натуральные наполнители пухового одеяла?

Лёгкостью, повышенной гигроскопичностью, хорошим сохранением тепла.

6) Из чего делаются «элитные» одеяла?

Самыми элитными считаются изделия из гагачьего оперенья. Этот вид птиц обитает в северных широтах, в холодном климате, так что их перьевой материал как ничто другое способен согревать даже в мороз.

7) Какие минусы у козьего пуха для производства одеял?

Высокая теплоизоляция (это может быть как плюсом, так и минусом, всё зависит от того, на какое время года вы планируете приобрести изделие);

требовательность к термической обработке и стирке (неверно выбранный режим стирки или неправильно подобранная температура воды могут сгубить ваше одеяло).

Урок 14

Упражнение 1. Объясните следующие термины на русском языке.

1) Договор Международной купли-продажи товаров относится к соглашению, заключенному между сторонами, коммерческие предприятия которых находятся в разных странах, в соответствии с которым одна сторона предоставляет товары и передаёт право собственности, а другая сторона оплачивает поставленные товары.

2) Конвенция ООН о договорах международной купли-продажи товаров (CISG) – многостороннее международное соглашение, имеющее целью унификацию правил международной торговли.

3) Электронный договор – это соглашение между сторонами в условиях сети, которые для достижения определенных целей четко устанавливают взаимные обязательства посредством электронной почты и электронного обмена данными.

4) Типовой закон об электронной торговле, принятый Комиссией Организации Объединенных Наций по праву международной торговли 16 декабря 1996 года, направлен на урегулирование правовых коллизий, возникающих в глобальной электронной торговле. В нём принята гибкая форма «типового закона», чтобы предоставить странам набор международно признанных Правовых норм. Этот закон является первым в мире единым регламентом электронной торговли.

Упражнение 2. Переведите следующие словосочетания.

1) 国际货物买卖合同 Договор Международной купли-продажи товаров

2) 生效 вступить в силу

3) 商标 товарный знак

4) 计量单位 единица измерения

5) 船公司 судоходная компания

6) 保险费率 ставка страхового взноса

7) обязанности, права и интересы 责、权、利

8) отсканированная копия договора 合同扫描件

9) доверенность на право заключения договора 签约授权书

10) способ определения цены товара 商品的作价方法

11) из предосторожности 以防万一

12) председатель совета директоров 董事长

Упражнение 3. Прочитайте тексты и выполните задания.

Задание 1. Ответьте на следующие вопросы.

1) Какую роль должна иметь Венская конвенция 1980?

Принятие единообразных норм, регулирующих договоры международной купли-продажи товаров и учитывающих различные общественные, экономические и правовые системы, будет способствовать устранению правовых барьеров в международной торговле и содействовать развитию международной торговли.

2) Что в данной конвенции понимается под «письменной формой»?

Не требуется, чтобы договор купли-продажи заключался или подтверждался в письменной форме или подчинялся иному требованию в отношении формы. Он может доказываться любыми средствами, включая свидетельские показания.

Для целей настоящей Конвенции под «письменной формой» понимаются также сообщения по телеграфу и телетайпу.

3) Что такое оферта?

Оферта – это предложение о заключении сделки, в котором изложены существенные условия договора, адресованное определённому лицу, ограниченному или неограниченному кругу лиц.

4) Как отменить оферту?

Пока договор не заключён, оферта может быть отозвана оферентом, если сообщение об отзыве будет получено адресатом оферты до отправки им акцепта.

5) В течение какого времени продавец должен поставить покупателю товар?

Продавец должен поставить товар:

а) если договор устанавливает или позволяет определить дату поставки – в эту дату;

б) если договор устанавливает или позволяет определить период времени для поставки – в любой момент в пределах этого периода, поскольку из обстоятельств не следует что дата поставки назначается покупателем;

в) или в любом другом случае – в разумный срок после заключения договора.

Задание 2. Переведите подчёркнутые предложения в контракте на китайский язык.

① 卖方和买方据此确认，本合同缔结和履行卖方和买方所规定的条件，不违反俄罗斯联邦现行立法的规范，卖方也不违反买方所在国的经济或其他活动的法律规范，因此可确认本协定的缔结和其中规定的条件不违反双方活动的目的、构成文件的规定或双方的其他当地法令。

② 货物必须在规格书规定的期限内交付给买方。发货日期是＿＿＿＿＿＿＿发票上的盖戳日期。货物的交货日期是货物到达买方地址的日期。货物以约定的批次提前交付。

③ 运输货物的包装必须确保运输过程中货物的完整性。卖方应在每个场所均使用以下标记：卖方的名称、合同编号、件数编号、毛重和净重、序列号以及其他先前由买方传达给卖方的要项。

④ 货物的付款必须由授权银行的代理银行根据买方的授权书开立，不可撤销的跟单信用证

以美元支付，信用证由授权银行的代理银行以卖方为受益人。

⑤ 如果由于买方或其银行的过错而延误了信用证的开立，则卖方有权在 _____ 时间内 _____ 拒绝运输货物或终止协议。

Урок 15

Упражнение 1. Переведите следующие словосочетания.

1) 履行义务 исполнить обязательства

2) 合同履行的程序 порядок исполнения договора

3) 催证 напоминание об открытии аккредитива

4) 出口商品报验 заявление на инспекцию товара

5) 出口退税 возврат налогов за экспорт / экспортная бонификация

6) 增值税 НДС (налог на добавленную стоимость)

7) 仓储费 затраты на складирование

8) 开证行 банк-аккредитиводатель

9) изменить договор 变更合同

10) Российская авиатранспортная компания 俄罗斯航空运输公司

11) изменение в аккредитиве 改证

12) заявление на инспекцию товара 报验

13) протокол собрания 会议纪要

14) безотзывный аккредитив 不可撤销信用证

15) охватывать широкий спектр областей 涉及面广

Упражнение 2. Укажите соответствия русским и китайским терминам.

А-д Б-е В-а Г-г Д-в Е-б

Задание 1. Переведите подчёркнутые предложения на китайский язык.

① 海关手续是指运输货物越过俄罗斯联邦边境必须采取的一系列行动。

② 从接受申报的那一刻起，直到跨过关税同盟的边界，货物都受到海关管制。这意味着海关当局代表将采取一系列行动，《海关关税法》第16章详细说明了这些行动。

③ 口头提问。与货物所有人或其代表进行对话，以确认信息。

④ 海关检验。目视检查货物和车辆，不打开和破坏包装的完整性，包括铅封、印章和其他识别方式。根据检查结果，拟定行为。

Задание 2. Ответьте на следующие вопросы.

1) Что необходимо сделать, если процедура таможенного оформления проводится не на таможне?

При определённых обстоятельствах и при наличии согласия таможенного органа провести процедуру оформления можно и в иных местах, однако, придётся уплачивать повышенные сборы.

2) Каков порядок таможенного оформления экспорта предполагает?

Порядок таможенного оформления экспорта предполагает набор следующих действий:

• представление груза органам таможенного контроля;

• декларирование;

• внесение обязательных платежей.

3) Что такое ТК и ТС? Переведите их на китайский язык.

ТК – Это таможенный кодекс. 关税法

ТС – Это таможенная служба. 海关部门，海关

4) Кто такой таможенный представитель?

Это посредник, который по договору с экспортёром предоставляет услуги по таможенному представлению, уплате сборов, заполнению декларации – вплоть до организации перевозочного транспорта.

5) Какую цель преследует таможенная проверка?

Цель – убедиться в соблюдении требований законодательства Таможенного союза. К числу проверяемых лиц относятся декларант, таможенный представитель, ответственный за временное хранение товаров, владелец магазина беспошлинной торговли и иные участники сделок с товарами, проходящими таможенный контроль. Контроль имеет форму камеральной или выездной таможенной проверки.

Задание 3. Ответьте на следующие вопросы.

1) Что означает понятие «импорт товара»?

Импорт товара является таможенным режимом, характеризующимся тем, что ввезенные на таможенную территорию РФ товары находятся на территории их ввоза (импорта) и не связаны обязательством об их вывозе с этой территории.

2) Что нужно делать, согласно ст. 14 ТК РФ?

Все товары и транспортные средства, следующие через таможенную границу, в обязательном порядке должны проходить процедуры таможенного оформления при импорте товаров и таможенного контроля.

3) Кто такой декларант?

Декларант – это лицо, которое декларирует товары либо от имени которого они декларируются (пп. 15 п. 1 ст. 11 ТК РФ), то есть в случае ввоза (импорта) товара из-за рубежа им будет являться российский покупатель.

4) Кто такой таможенный брокер?

Таможенный брокер – это посредник, осуществляющий проведение таможенных операций от имени и по поручению декларанта. Им может быть только российское юридическое лицо, в обязательном порядке включённое в Реестр таможенных брокеров (представителей) (п. 1 ст. 139 ТК РФ). Организация-импортер должна заключить с ним договор поручения и выдать ему доверенность.

5) Какие разрешительные документы нужно представляться в таможенные органы?
Разрешительные документы, такие как: разрешения, лицензии, сертификаты и другие документы установленные для предъявления таможенным законодательством РФ.

Урок 16

Упражнение 1. Переведите следующие словосочетания.

1) 弥补所遭受的损失 компенсация понесённых убытков

2) 不当服务 ненадлежащие услуги

3) 延迟开证 позднее открытие аккредитива

4) 延迟发货 задержки с отгрузкой товара

5) 书面证明 письменное доказательство

6) 补足数量 восполнить количество

7) 分清责任 разграничить обязанности

8) 测定报告 отчёт об измерениях

9) 约定的金额 оговорённая сумма

10) цепочка поставок товара 商品供应链

11) во избежание обращения в суд 为了避免诉诸法庭

12) список претензии 索赔清单

13) вернуть приобретённый товар 退货

14) сокращение количества товар и повреждение товара 货差货损

15) судебное извещение 法院通知

Упражнение 2. Изучите образец претензии и письма-претензии. Выполните задания.

Задание 1. Переведите подчёркнутые предложения на китайский язык.

① 如货物质量不符合本合同规定的要求，可以就质量问题提出索赔。关于数量问题，如货物数量同运输单据的重量和件数的不符，也可就数量问题提出索赔。

② 违反本协议即为未履行或不当履行，即违反本协议内容所确定的条件。

③ 如果争端无法通过谈判解决，则应根据自1988年1月1日起实施的斯德哥尔摩商会通过的《斯德哥尔摩商会仲裁条例》的规定执行。

Задание 2. Заполните пропущенное содержание в нижеследующей части контракта.

1) Сторона не несёт ответственности за <u>нарушение</u> Договора, если оно произошло не <u>по её вине</u> (умысле или неосторожности).

2) Сторона считается <u>невиновной</u> и не несёт ответственности за нарушение Договора, если она доведёт, что употребила всех зависимых от неё мероприятий по <u>надлежащему выполнению</u> настоящего Договора.

3) Покупатель имеет право заявить Продавцу претензию на протяжении 60 дней от <u>даты получения груза</u>, которую Продавец рассматривает на протяжении 30 дней и даёт ответ по путём <u>уведомления</u> в срок <u>45 дней</u>.

Упражнение 3. Прочитайте текст и выполните задания.

Задание 1. Переведите подчёркнутые предложения и словосочетания на китайский язык.

① 根据俄罗斯《国标》8486条的规定，加工过的木材分为板材、条材。这些木材中的任何一个都由边（窄面）、涂层（宽面）和端点（端点，垂直于边缘）组成。

② 出口木材（加工的和未加工的）是一个相当费力的过程。由于恶劣的气候条件、季节性、使用各种运输工具的需要，工作变得很复杂。

③ 交易凭证；一封要求允许通关以便装运的信件；申请允许紧固件通关的申请；规格；发票；植物出口检验证书；用于支付海关和运输服务的付款单。

Задание 2. Ответьте на следующие вопросы.

1) Какие требования к экспорту пиломатериалов установлены при вывозе за границу?

При вывозе за границу законодательством установлены определённые требования к экспорту пиломатериалов: сертификация, лицензирование, квоты, санэпиднадзор.

2) Какую древесину экспортируют российские производители?

В России 2/3 леса – лиственница, на втором месте – сосна, на третьем – ель. Российские производители экспортируют главным образом именно эту древесину.

3) От чего зависит цена на обработанную древесину?

Цены на обработанную древесину зависят от многих факторов: местоположения участка и распила, влажности, сорта древесины.

4) Какие организации участвуют в процессе организации экспорта?

В процессе организации экспорта древесины участвует целый ряд организаций:

торгово-промышленная палата;

представительства министерства экономического развития и торговли;

станции защиты растений;

таможня;

транспортные предприятия;

банки и страховые компании.

5) Какие дополнительные документы оформляются по подготовке продукции к перевозке?

Договор с перевозчиками;

Счёт-справка для оплаты услуг перевозчиков;

Экспедиторские, транспортные, банковские и страховые документы;

Таможенные формальности.

本书另配有方便课堂教学的电子课件，特向使用本教材的教师免费赠送。相关专业任课教师，请完整填写本页下方的"教师联系表"，拍照发送至：pup_russian@163.com 我们将为您提供下载链接。

教师联系表

教材名称	《俄语外贸谈判：理论与实战》				
姓名：	职务：		职称：		邮编：
通信地址：					
电子邮箱：					
学校地址：					
教学科目与年级：				班级人数：	

欢迎关注微信公众号
"北大外文学堂"
获取更多新书信息